어린 시절이 나에게 하는 말, 애착 심리학

나는 그래도
날 잘 안다고
생각했는데

어린 시절이 나에게 하는 말, 애착 심리학

나는 그래도 날 잘 안다고 생각했는데

초판 1쇄 인쇄 2021년 5월 10일
초판 1쇄 발행 2021년 5월 17일

글 우르술라 누버 옮김 손희주

펴낸이 이상순 주간 서인찬 영업이사 박윤주 제작이사 이상광

펴낸곳 (주)도서출판 아름다운사람들
주소 (10881) 경기도 파주시 회동길 103
대표전화 (031) 8074-0082 팩스 (031) 955-1083
이메일 books777@naver.com 홈페이지 www.book114.kr

ISBN 978-89-6513-694-1 (03180)

이 도서의 국립중앙도서관 출판예정도서목록(CIP)은 서지정보유통지원시스템 홈페이지(http://seoji.nl.go.kr)와
국가자료종합목록시스템(http://www.nl.go.kr/kolisnet)에서 이용하실 수 있습니다. (CIP제어번호 :
CIP2019009352)

파본은 구입하신 서점에서 교환해 드립니다.

어린 시절이 나에게 하는 말, 애착 심리학

나는 그래도 날 잘 안다고 생각했는데

우르술라 누버 지음

손희주 옮김

차 례

만남

서문

지금 힘든 관계 속에서 사는 것이 유년기와 무슨 연관이 있을까? 왜 우리는 첫사랑이 우리에게 가르쳐준 것이 무엇인지를 알아야만 변할 수 있을까?

1

왜 우리는 내내 싸우기만 할까? 왜 자꾸 계속해서 오해를 할까? 우리 사이에 어떤 문제가 있을까? 올바른 질문을 할 시기가 왔다. 도대체 여기서 생각하고, 말하고, 행동하는 사람은 누구인가?

어떻게 관계를 이끌고 가야 할지 어떻게 알 수 있을까? 누가 우리에게 이것을 가르쳐 주었나? 우리에게 정말 좋은 선생님이 있었나? 당연히 의문이 생기기 마련이다.

가까이 다가가도 될까? 아니면 거리를 두는 것이 더 나을까? 쉽게 신뢰할 수 있을까 아니면 조심하는 것이 우세적인가? 애착유형은 이런 것과 깊이 연관된다. 검사를 통해 자신이 어떤 애착유형인지 알아보자.

친밀한 관계? 반드시 그래야 된다는 법은 없다. 애착을 기피하는 유형의 사람은 다른 사람보다는 자신을 믿는 편이다. 평생을 싱글로 살기도 한다. 누군가와 연인 관계를 맺고 살 때에도 그런 경우가 있다.

5

불안정 애착유형, 사랑은 노력해서 얻어야만 해! ... 115

관계는 쉽지 않다. 사랑은 저절로 굴러오지 않는다. 불안
한 애착유형을 지닌 사람은 사랑하는 사람이 곁에 머물
도록 모든 것을 한다. 그럼에도 머지않아 혼자가 될지도
모른다는 괴로운 감정을 떨쳐버리지 못한다.

6

양가성 애착유형, 이리 와, 저리 가! ... 135

"당신을 정말 사랑하고 싶어. 하지만 당신이 나를 실망시
키고 언젠가 떠날 거라고 생각하기 때문에 사랑과 당신
으로부터 나를 지킬 거야." 양가성 애착유형을 지닌 사람
은 감정의 혼돈에 둘러싸여 가끔은 마치 다른 사람이 적
이라도 되는 것 마냥 행동한다.

7

안정형 애착유형, 친밀함을 두려워하지 않는다 ... 161

"가까이 하고, 의지하고, 믿을 수 있는 사람이 있어서 정
말 좋아!" 안정 애착유형을 지닌 사람이 생각하는 문구
다. 자구심과 불신? 이런 것이 도대체 왜 필요하지!

어떤 사람에게 매력을 느낄까? 본인의 애착유형과 가장 잘 맞는 사람과 관계를 맺은 사람이 많을까? 아니면 오히려 '잘 맞지 않는' 사람과 사랑에 빠질까? 제일 많이 보이는 관계 양상을 살펴보면 잘 맞지 않는 사람과 사랑에 빠지는 경우가 많다. 적어도 그렇게 보인다.

두 사람은 솔직히 굉장히 잘 어울린다. 한 명은 사람들에게 경탄을 받길 원하고, 다른 한 명은 경탄을 할 준비가 됐다. 나르키소스와 에코는 서로에게 힘이 되려고 애를 쓴다. 과연 이런 일이 잘 될 수 있을까? 매우.

사람들은 왜 불륜을 저지르는 것일까? 그 뒤에는 어떤 욕구와 동기가 숨어 있을까? 이것은 애착유형과 어떻게 관련될까?

절대 의존하면 안 돼! 이런 슬로건에 따라 사는 사람은 쓸데없이 어렵게 살아간다. 안정적인 애착을 통한 안전장치가 빠진 자율적인 삶이란 불가능하기 때문이다. 모순처럼 들리나? 실제로는 그렇지 않다!

애착유형은 변한다. 안정감이 생기고, '나는 사랑받을 자격이 있다'라는 확신이 커간다. 이런 확신은 솔직하고, 신뢰할 수 있는 만남의 바탕이 된다.

아이의 애착유형은 어떻게 연구가 될까? 애착 불안과 청소년의 과격화 사이에는 어떤 연관성이 존재할까? 부부관계에 대한 애착연구의 중요성에 대해.

만남

9편의 러브 스토리와
하나의 공통점

남자와 여자가 사랑에 대한 대화를 나눈다. 희망을 깨우고, 갈망을 채워주는 사랑에 대한 이야기다. 하지만 고통을 주고, 실망시키고, 낙담하게 만드는 사랑 이야기도 있다. 이야기에서 특별하거나 이상한 점은 찾아볼 수 없다. 그저 우리에게 매우 친숙한 내용만 담겨 있을 뿐이다. 그들도 우리 모두가 그렇듯이 속 깊은 만남과 자신을 이해해줄 다른 사람을 찾아다닌다. 전적으로 신뢰하고, 안심함으로써 자신을 더 발전할 수 있게 도와주는 사람을 필요로 한다. 가끔은 그런 사람을 드디어 찾았다고 믿는다. 하지만 이들을 사랑하는 일은 너무나 힘이 든다.

이 책에 등장하는 사람은 세 커플과 네 명의 여성, 그리고 두 명의 남자다. 모두가 공통적으로 가장 바라는 것은 단지 상대방과 행복한 관계를 맺는 일이다. 하지만 왜 이런 소망이 실현되지 않는지 원인을 알지 못한다. 사례에 등장하는 모든 인물은 다르게 묘사되거나, 다른 이름을 사용한다. 하지만 모든 사례는 실제 현실에 있는 주변 사람들의 경험에 기초를 둔 러브 스토리다. 완전히 지어낸 이야기가 아니다.

마리아와 막스

두 사람은 서로를 세상에 둘도 없을 만큼 큰 사랑이라고 느꼈다. 대학교 파티에서 처음 눈을 마주쳤을 때 '우리는 서로 함께할 거야.'라는 사실을 단번에 알아차렸다. 남자는 자립심이 강하고, 자신감이 넘치는 젊은 여자를 보자마자 경탄했다. 여자는 자기의 이야기에 귀 기울일 줄 아는 부드러운 성품의 남자가 마음에 쏙 들었다. 두 사람은 얼마 지나지 않아 함께 살 집을 구해 이사를 하고 학업을 마치고 멋진 첫 직장도 찾았다. 둘 모두 성공의 가도를 달렸다. 완벽한 행복을 찾았다는 느낌에 가슴이 벅찼다. 하지만 그렇게 넘치던 행복이 지금은 거의 남아 있지 않았다. 저녁에 막스가 퇴근을 하고 돌아오면 마리아는 집에 아직 들어오지 않았거나, 집에 있는 날이면 막스에게 더 이상 자기를 위해 시간을 내지 않는다고 불평을 늘어놓았다. 막스가 자신만 생각하고, 일과 취미로 하는 운동에만 시간과 관심을 쏟는 것도 거슬렸다.

막스는 그렇게 말하는 마리아가 이해가 안 됐다. 자신은 두 사람의 관계를 위해 모든 것을 잘한다고 생각했다. 오히려 마리아가 자기에게 너무 많은 것을 요구한다는 느낌이 들고, 자신이 압박과 통제, 제지를 당한다고 생각했다. 마리아가 불만을 토로할수록 막스는 점차 화를 내면서 반응했고, 반격을 가하기 시작했다. "넌 이기적이고, 너무 소극적이며, 나만 바라보고 있어. 내가하는 일도 시기를 해대고."라며 마리아를 비난했다. 둘의 관계는비난과 비방으로 가득한 악순환 속에서 점점 더 엉켜갔다.

마리아와 막스는 곰곰이 생각해보았다. "어째서 마리아는 나에게 그토록 매달리고 불평을 하는 거지? 여태 굉장히 자립적인모습을 보여주었는데.", "막스는 왜 이해심을 갖고 나를 대하지못하는 걸까? 왜 그렇게 절망적으로 저항하는 거지?"

하넬로레

하넬로레는 몇 년 전부터 다시 싱글이 되어 인터넷에서 새로운 사랑의 파트너를 찾고 있다. 무엇인가 될 성싶은 데이트를 꾸준히 하지만 거의 대부분은 수포로 돌아갔다. 매번 패턴이 똑같이 지나갔다. 수 시간에 걸쳐 상대방과 전화로 대화를 나눈 후에 첫 데이트 시간을 정하고 만난다. 남자가 조금이라도 가까워지고 싶어 하는 기색을 보이면 하넬로레는 빨리 사랑에 빠지고는 한다. 상대방이 약간 밀어붙이면 처음 혹은 두 번째 만남에서조차 벌써 그 남자와 잠자리를 가질 때도 있다. 하지만 그 뒤에 찾아오는 것이라고는 '속쓰림'일 뿐이다. 남자는 관계에서 소극적이 되고, 갑자기 연락이 되지 않거나 아예 다른 여자가 있다고 고백을 한다. 그때마다 하넬로레는 세상이 무너지는 것 같고 가지고 있던 용기를 모두 잃고 숨어버리고만 싶다. 왜 모든 남자가 자기에게 끝까지 관심을 보이지 않는지 너무 궁금했다. 그러고는 항상 자신에게 책임이 있다며 스스로를 책망했다. 너무 못생기고, 뚱뚱하고, 멍청하고, 어쩌면 누군가와 관계를 맺을 능력이 아예 없다고 생각했다. 틀림없이 무엇인가를 근본적으로 완전히 잘못한다고 느꼈다. 그러다가 기분이 다시 조금 나아지면 또다시 다른 남자를 찾기 시작한다.

하넬로레는 "내가 무엇을 잘못하는 거지? 왜 나는 매번 잘못된 사람과 사랑에 빠지는 걸까? 아니면 내가 잘못된 걸까? 왜 아무도 내 옆에 머물지 않는 거지? 나는 관계를 맺는 능력이 없는 사람인가?"라고 고민한다.

조와 울리케

조의 본명은 요제프다. 하지만 요제프는 조라는 이름이 훨씬 현대적이고, 젊은 인상을 준다고 생각한다. 조라는 이름처럼 남들에게 젊고, 역동적으로 보였으면 하는 바람도 크다. 부동산 중개업자로 일을 하는 데 있어서 다른 사람에게 확신을 줄 수 있는 외모는 자동차 브랜드만큼이나 매우 중요하다고 생각한다. 당연히 조는 SUV도 타고 다닌다. 하지만 얼마 전에 직장에서 쌓은 성공이 무너지고, 번아웃에 걸린 느낌이 들었다. 좋은 실적을 내는 데 익숙했는데 몇 달 전부터 사업이 부진하게 흘러갔다. 조는 "이 분야에서 사업이 들쑥날쑥 하는 건 보통 있는 일이에요."라고 말했다. "그런데 그런 걸 안다고 안심이 되는 것은 아니에요. 몇 시간 동안 사무실에서 일하고, 사람들에게 전화를 하고, 관계를 맺으려고 노력을 하는데 더 이상은 먹히지 않아요." 조는 중간 정도의 우울증에 걸렸다. 함께 일하는 동료는 물론 경쟁상대조차 경탄을 금하지 않을 정도로 엄청난 실적을 내던 공인중개사 조는 자신이 이제 가치 없는 사람처럼 느껴졌다. 다른 사람은 근검절약을 하면서 사는 일을 일상으로 생각했지만 조에게는 재앙처럼 다가왔다.

부인인 울리케는 "직장 사정 때문에 우리의 관계까지 점점 영향을 받아요."라며 슬퍼했다. "조는 집에서도 단지 한 가지 일만 생각할 뿐이죠. 바로 힘든 부동산 시장 상황에 대해서요. 남편은 제가 부동산 시장을 부흥하는 이야기에 귀를 기울이기 바라죠. 하지만 내가 무엇인가 원하는 것이나 문제에 대해 말을 꺼내고 싶어 하면 절대 견디지 못해요. 내가 감정의 충전소로서 자기 옆에 있어 줄 때에만 만족할 뿐이에요. 아직은 조에게 그런 서비

15

스를 제공하지만 이제 저도 점점 힘이 다 빠져가요. 그렇게 하는 일은 나를 지치게 하고, 굉장히 힘들어요. 누가 자기를 조금이라도 비판하면 전혀 받아들이지 못하고, 나를 인정하거나 한 번이라도 협상을 할 준비도 안 되어 있어요." 울리케는 조와 일상적인 관계를 유지하는 일이 더 이상 상상할 수 없을 만큼 힘들다.

두 사람은 이런 질문을 해 본다. "성공적이며, 확신이 가득했던 조는 왜 변했을까? 직장에서 일어난 힘든 일을 왜 더 잘 해결하지 못하는 걸까? 울리케가 이런 상황에서 맡아 해야 할 역할은 무엇일까?"

요하나

요하나는 사춘기 때부터 여성에게 마음이 더 끌린다는 사실을 깨달았다. 그 당시에 여자 체육 교사를 존경하고, 흠모하고, 선생님이 한 번 정도 자기를 안아주면 좋겠다고 바라기도 했다. 스무 살이 됐을 때는 확연하게 나이 차이가 많은 한 여성에게 매력을 느낀 적도 있었지만 깊은 사랑은 아니었다. 그 다음에도 계속해서 여러 사람과 사랑에 빠졌지만 진짜 이 사람이다, 라고 느껴진 사람은 없었다. 그러다가 엘라를 알게 됐다. 처음부터 "그래, 바로 이거야!"라는 것을 알았다. 엘라를 알게 된 후부터 요하나는 누군가를 사랑하고, 갈망하는 것이 무슨 뜻인지 이해가 됐다. 엘라와 함께 같은 집에서 살고, 아이를 입양하고, 결혼하고 싶었

16

다. 하지만 엘라는 요하나가 너무 서두른다고 느꼈다. 사실 엘라 때문에 힘들 때도 많았다. 엘라가 작은 일에도 질투를 하고, 잠깐 사이에도 요하나 옆에 꼭 붙어 있다가 또 금세 매정하게 대하기도 했다. 하지만 요하나의 마음은 엘라의 이런 태도에도 흔들리지 않았다. 엘라가 자기를 사랑한다는 것에 한 치의 의심도 품지 않고 꼭 잡았다. 엘라는 요하나의 이런 신뢰감이 당혹스러웠다. 여전히 이런 평화로움을 믿기 힘들었다. "과연 이런 상태가 영원히 지속될까? 아니면 요하나가 언젠가는 이런 내 모습에 질리겠지?"

다른 한편에서 요하나는 "엘라는 왜 내 계획에 쉽게 '응' 하고 대답하지 못할까? 무엇 때문에 주저하는 걸까?" 하고 궁금했다.

마티아스

마티아스는 어쩔 줄 몰랐다. 사실은 수잔네를 처음 만났을 때 꿈에 그리던 여성을 찾았다고 생각했다. 두 사람 사이에는 공통점이 많았고, 수잔네와 함께 있으면 시간이 편안하게 흘러갔다. 그런데 최근 들어 수잔네가 미래에 대한 이야기를 많이 꺼냈고, 그때마다 마티아스는 마음이 불편했다. 수잔네는 둘의 사이가 앞으로 어떻게 발전할지 몹시 궁금해 했다. 함께 살 집과 아이는 한 명쯤? 이런 말을 들으면 마티아스는 '어이구, 세상에'라는 생각이 들고 그 자리를 피해야 할 것만 같았다. 게다가 아직도 가깝게 지내는 여성 친구와 만나기도 하고 가끔씩 잠자리를 같이 할 때도 있다. 마티아스는 왜 이런 관계를 유지하는지 스스로도 자세히 말할 수 없다. 어찌됐든 수잔네가 알아서는 절대 안 되는 일이다. 수잔네를 잃고 싶지 않기 때문이다. 하지만 수잔네를 선택하겠다는 결정도 마찬가지로 내리지 못한다.

마티아스는 자신의 내면을 알고 싶다. "도대체 나는 왜 그럴까? 왜 결정을 못내리는 거지? 수잔네를 사근사근하게 대하지 못하는 이유는 무엇일까?"

아날레나와 톰

지금까지 두 사람 사이에는 아무 문제도 없었다. 서로 잘 이해하고, 둘 사이에 있는 수많은 공통점을 잘 살리는 한 팀으로 여겼다. 그런데 톰은 '그 사건' 이후부터 모든 것이 달라졌다고 불평했다. '그 사건'이란 아날레나가 '유방암이 의심된다는 소견'을 가지고 집에 온 때를 말했다. 당연히 톰은 커다란 충격을 받았고, 아날레나도 무서웠다. 아날레나는 검진을 받으러 갈 때 톰이 같이 가주면 좋겠다고 생각했다. 하지만 그때 톰은 직장에 중요한 미팅이 잡혀 있어서 휴가를 내는 일이 부담스러웠다. 톰은 "아무 일도 없을 거야"라며 아날레나를 안심시키려고 했다. 하지만 이런 톰의 반응은 아날레나에게 충격으로 다가왔으며 지금까지 둘 사이에 존재하던 작은 틈새가 이제 벌어지는 느낌이 들었다. 톰은 함께 병원에 가주는 일이 아날레나에게 얼마나 큰 의미가 되는지를 깨닫고 미팅을 뒤로 연기하겠다고 제안했다. 하지만 때는 이미 너무 늦었다. 아날레나는 혼자서 병원에 갔다. 의심했던 암이 아니라는 말을 듣자 아날레나는 당연히 기뻤다. 톰에게 느낀 실망감이 너무나 큰 나머지 내키지 않았지만 마지못해 그에게도 결과를 알려주었다. 그 사건 이후로 아날레나는 더 이상 톰을 편안한 마음으로 대할 수 없다. 톰도 역시 마음이 불편했지만 동시에 화도 났다. 결국 일이 그렇게 된 것이 자신 탓은 아니라는 생각이 들었다.

두 사람에게 "무슨 일이 있던 거지? 우리가 내내 서로를 속이며 살았나? 어떻게 이런 사건 하나로 우리가 이렇게 갈라질 수 있는 거지? 우리는 무엇을 못보고 지나친 걸까?"라는 질문이 생겼다.

아그네스

아그네스는 이혼을 한 뒤에 오랫동안 혼자 살았다. 다시 누군가와 고정적인 관계를 갖는 일은 상상할 수 없었다. 그런데 한 영화 페스티벌에서 마음을 단번에 사로잡은 한 남성과 마주쳤다. 행복에 마음이 설레고 이런 감정이 되살아난 것에 스스로도 놀랐다. 남자도 이혼을 한 경험이 있었다. 전부인과의 사이에 여섯 살 된 딸이 한 명 있는데 딸에 대한 양육권이 둘에게 다 있었다.

모든 것이 완벽해보였다. 남자가 2주에 한 번씩 딸을 데리고 오면 아그네스는 다른 일을 했고, 남자가 딸과 함께 휴가를 가는 것도 당연하게 여겼다. 아그네스는 아빠와 딸의 관계에 전혀 끼어들지 않았다. 하지만 그런 거리두기는 겨우 6개월도 채 못갔다. 남자가 이제는 자신의 딸을 알고 지내야 될 시기가 온 것 같다고 말했을 때 아그네스는 이에 동의했다. 딸에게 자신에 대해 긍정적인 인상을 심어주는 일이 매우 중요하다고 생각했고, 생각대로 성공했다. 딸은 아그네스가 '멋지다'고 여겼다. 이제 딸이 아빠 집에서 주말을 보낼 때 아그네스도 함께 했다. 그러다 보니 아그네스는 남자와 전부인과의 사이에 발생하는 문제에 대해 점점 더 많이 알게 됐고 딸아이가 학교 문제로 근심을 할 일이 생기면 함께 관여하고 숙제를 봐주는 등 두 번째 엄마 노릇을 했다. 아직은 모든 것이 좋아 보였다. 하지만 아그네스는 점차 불만이 쌓여갔다. 애인을 원한 것이지, 가족을 원한 것이 아니라는 생각이 자꾸만 들었다. 남자가 자기에게 더 관심을 갖고 딸에게 신경을 덜 썼으면 하는 마음도 들었다. 아그네스는 남자에게 자신을 소홀히 대하고, 자신의 삶과 근심에 너무 관심이 없다고 비난했다. 항상 남자와 그의 딸과 딸이 원하는 것만 중요하게 여긴다고 불평을 했다. 아이 없이 둘이서 시간을 보낼 때에는 남자와의 사이가 무난했다. 하지만 딸아이가 등장하면 바로 불화가 일어났다. 남자는 자신이 그 상황에서 어떤 것도 바꿀 수 없다고 했다. 자신에게 아이가 있다는 사실을 받아들여야 한다는 입장이었다. 자기와 함께 지내고 싶으면 아이도 같이 있다는 것을 알았어야 한다고 주장했다.

아그네스는 "왜 나는 뒷전에 밀렸다고 느끼는 걸까? 도대체 조그마한 아이와 비교하는 게 무슨 의미가 있을까? 하지만 이러고 있으니. 왜일까? 내가 너무 이기적인 건가?"라고 의심이 들었다.

엘레나

엘레나는 마리오와 6년째 사귀고 있다. 머지않아 결혼을 할 계획이고, 결혼식 날짜도 벌써 정했다. 두 사람은 얼마 전에 처음으로 함께 살 집으로 이사를 했다. 기쁨과 기대의 시간으로 마냥 가득할 것만 같았다. 하지만 엘레나와 마리오는 행복하지 않다. 이미 오래 전부터 격렬하게 싸운 적이 많았다. 엘레나가 사소한 것을 꼬투리 잡아 마리오를 공격했기 때문이다. 친구들과 너무 오래 시간을 보내서 혹은 자기가 하는 이야기를 집중해서 듣지 않아서 아니면 자기가 좋아하는 상표가 아닌 다른 회사의 우유를 사왔다는 이유가 싸움의 근원이 됐을 때도 있다. 하지만 둘은 서로 사랑하고 대부분은 빨리 화해(싸운 뒤에는 종종 뜨거운 잠자리를 가질 때가 많았다)를 했기 때문에 엘레나의 불같은 성질 탓에 싸움이 일어났다고 생각하고 더 이상 이를 문제 삼지 않았다. 그런데 함께 살기 시작한 후부터 둘 사이의 충돌은 새로운 양상을 띠었다. 예전에는 엘레나가 단지 말소리가 컸다면 이제는 소리를 고래고래 지르고, 악을 쓰고, 물건을 깨트렸다. 예전에는 마리오가 엘레나를 진정시킬 수 있었지만 이제는 이런 상황을 가라앉히려면 자리를 뜨는 방법밖에 없다. 서로 사랑한다는 것에는 조금의 의심도 없지만 계속해서 이런 식으로 살 수도 없는 노릇이다.

엘레나는 곰곰이 생각해 보았다. "어디에서 이런 분노가 치미는 것일까? 왜 나는 자제를 못하지? 마리오의 책임은 무엇이지? 내가 좀 더 원활히 의사소통하는 법을 배우면 갈등이 첨예화되는 것을 피할 수 있을까?"

파울

파울과 잉가는 청소년기 때부터 알고 지냈다. 20대 초에 결혼을 했다. 두 사람에게 다른 사랑의 파트너는 존재하지 않았다. 둘은 지금까지 함께 걸어온 인생의 길에 굉장히 자부심이 컸다. 힘을 합쳐 목공소를 세워 크게 일으키고 각자 '똑바로 제 갈 길을 찾은' 네 명의 아이를 키웠다. 그런데 파울의 말을 빌리자면 이전에는 '아예' 생각도 못했을 만한 어떤 일이 일어났다. 바로 파울이 바람을 피운 것이다. 반 년 전에 불륜을 저지른 적이 있는데 어쩌다가 그것에 대한 이야기만 나오면 여전히 난리가 난다. 파울은 불륜을 일으킨 뒤에 이내 잉가에게 모든 것을 털어놓고, 되도록 솔직해지고 싶었다. 당연히 잉가는 이야기를 듣고 난 뒤에 온 세상이 무너지는 것 같았다. 서로를 배반할 수 있다는 생각은 수십 년을 함께 살아오는 동안 단 한 번도 떠올려본 적이 없었다. 두 사람은 끝없는 대화를 나누고 파울은 잉가에게 해명을 하고 잉가가 받은 고통을 인정하려고 애썼다. 부분적으로는 그렇게 할 수 있었다. 하지만 중요한 질문들에 대한 답을 아직 구하지 못했다.

파울은 자신에게 질문을 던졌다. "나는 어쩌다 이런 불륜을 저질렀을까? 그런데 왜 내가 저지른 과오가 진심으로 후회스럽지는 않을까? '당신 또 다시 그럴 거예요?'라고 잉가가 물었을 때 나는 왜 '아니요'라고 확실하게 대답을 못했을까?"

막스와 마리아, 하넬로레, 조와 울리케, 요하나, 마티아스, 아날레나와 톰, 아그네스, 엘레나, 파울. 이들은 모두 서로 다른 이유지만 사랑 때문에 고통을 받는다. 행복한 관계를 맺고자 하는 갈망과 지금껏 이를 실제로 찾지 못했다는 실망감이 모든 등장인물에게서 느껴진다. 이들의 이야기는 매우 다르고, 같은 이야기는 단 한 편도 없다. 하지만 이야기 사이에 하나의 공통점이 존재한다. 애정 전선에 빨간 경고등이 울릴 때 대부분은 항상 이것에 부딪힌다. 이 책은 바로 이런 공통점에 관한 이야기다.

서문

첫사랑

지금 힘든 관계 속에서 사는 것이 유년기와 무슨 연관이 있을까? 왜 우리는 첫사랑이 우리에게 가르쳐준 것이 무엇인지를 알아야만 변할 수 있을까?

"사랑처럼 큰 희망과 기대를 품고 시작했다가 결국은 반드시 실패로 돌아가는 활동이나 일은 없다." 1950년대 중반에 정신분석자인 에리히 프롬은 이렇게 말했다. 오늘날 같은 주제로 프롬에게 다시 묻더라도 분명 다른 대답을 듣지는 못할 것이다. 꾸준히 높은 이혼율과 대도시의 많은 1인 가구, 인터넷을 통해 연인을 찾으려는 수백만 명의 사람, 둘이서 행복한 삶을 꿈꾸었다가 일상적으로 서로 얽히고설키는 사람, 이제 진정한 사랑을 하는 일이 분명 어느 때보다 힘든 일이 됐다. 여성과 남성은 서로 만나서 지속적인 관계를 이어가면서 행복을 얻기를 갈구한다. 하지만 종종 순식간에 고공비행을 하고 난 뒤에 곧바로 추락하는 관계도 많고, 좀 더 오랫동안 멈추지 않을 것처럼 보이는 긴 하강 뒤에 일상이라는 딱딱한 바닥에 도달해서 끝나는 연인 관계도 있다.

행복하고, 지속적인 관계를 유지하는 일이 왜 그렇게 힘들까? 그 원인에 대해서는 충분히 많은 해석이 나와 있다. 전문가들은 사랑에 대한 지나치게 낭만적인 상상, 직장과 가족에게서 받는 압박감, 관계에 대한 부푼 기대, 그리고 '저기 저 밖에' 혹은 인터넷의 깊숙한 곳 어딘가에 지금보다 더 훌륭한 상대가 존재할 것이라는 기대를 사랑의 비극을 일으키는 원인으로 뽑는다. 그중에서도 마지막 사항은 근래에 와서 많은 주목을 받는다. 특히 젊은 축에 속하는 사람들이 그렇지만 그들뿐 아니라 요즘 사람들 대부분이 관계를 맺고 애착을 갖지 못한다고 평가를 받는다. 이들은 단지 자기 문제만 중요하게 생각하고, 자신을 발전시키기에 바쁘다. 베스트셀러인《혼자가 더 편한 사람들의 사랑법》(Generation beziehungsunfähig, 북하우스 출판사, 김현정 옮김)의 저자인 미하엘 나스트(Michael Nast)는 관계로 말미암은 문제가 발생하면 이들은 곧장 흔들린다고 지적한다. 완벽해야 한다는 압박감을 연인 앞에서조차 포기하지 못한다. "어딘가에 자신의 삶을 더욱 의미심장하게 보충해줄 누군가가 존재한다."는 것을 믿고 싶기 때문이다.

이런 진단은 틀리지 않다. 위에서 언급한 모든 측면은 연인관계가 실패로 이어지는 데 한 몫을 할 수 있다. 따라서 이런 문제를 해결하려 노력하고, 문제가 애정에 미칠 영향을 고려하는 일이 연인으로서 매우 중요하다. 하지만 이것만으로 충분할까? 사랑을 더 이상 낭만적으로 미화하지 않고 자신의 기대치를 낮추면 관계가 지속적으로 개선될까? 완벽한 상대를 찾는 일을 그만두고 '이 정도면 그냥 충분한' 사람과 함께 하는 데 만족하면 관계에 대한 만족도가 근본적으로 변할까?

누구 탓에 혹은 무엇 때문에?

나는 수년 전부터 심리학자와 부부 치료사로 일하면서 인생과 관계의 위기에 처한 사람을 어느 정도 가까운 곳에서 함께 하며 지켜볼 수 있는 커다란 특권을 누리고 있다. 직장 생활에 발을 들인지 얼마 안 되고, 연인을 찾고, 가족을 이룬 젊은 여성과 남성. 인생의 러시아워에 갇혀 일상에서 쏟아지는 스트레스 때문에 사랑을 잃어버릴까 두려워하는 연인. 오붓하게 같이 보낸 수년의 세월 뒤에 지금에 와서 고작 이것이 전부였는지를 묻는 중년의 남성과 여성.

조언을 구하러 온 사람 중에는 이성을 사랑하는 사람도 있고, 동성애를 지향하는 사람도 있으며, 상대방과 함께 와서 상담을 듣는 사람도 있지만 혼자서 찾아오는 사람도 많다. 관계가 실패로 끝났기 때문에 상대방이 연인 혹은 부부관계를 위한 상담에서 의미를 찾지 못하기 때문이다. 아니면 독신으로 지내면서 지금까지 자신에게 적합한 삶의 동반자를 찾지 못했기 때문인 사람도 있다. 이런 모든 남성과 여성이 사랑하는 사람을 만나서 이들과 겪은 이야기를 신뢰감을 갖고 내게 털어놓는다. 항상 똑같이 반복되는 갈등 상황과 (충분히) 사랑받지 못한다는 두려움을 이야기하고, 자신에 대해 의구심을 품고 혹시라도 자신이 관계 불능일까 겁을 내는 사람도 있다. 연인이 있는데도 느껴지는 고독감을 호소하거나 지금까지 아직 일생을 함께 하고 싶은 사람을 만나지 못한 것 때문에 괴로워하기도 한다. 이런 사람 중에 상대방에게 느낀 실망감을 이야기하며 자신에게까지 실망했다는 말을 하는 사람도 드물지 않다.

"우리는 사소한 것 때문에 많이 싸워요.", "아내가 직장 동료와 사랑에 빠졌어요.", "우리 사이에는 거의 대화가 없어요.", "매번 잘못된 남자(잘못된 여자)에 걸려들어요.", "가끔은 벽에 대고 말하는 느낌이에요.", "처음 한 결혼에서 낳은 아이들을 받아들이지 않으려고 해요.", "그 사람은 걸핏하면 저를 감시해요. 이제 더 이상 사생활이 없어요.", "그 사람에게 무엇인가를 바라면 완전히 차갑게 변해요.", "누가 계속 저한테 달라붙기만 하면 견딜 수 없어요.", "또 관계가 끝났어요. 2년 사이에 벌써 세 번째예요. 저한테 뭐가 이상이 있는 건가요?", "그 여자는 제게 가장 친한 친구랑 저를 속였어요.", "요즘에는 제가 남자들에게 투명인간이 된 것 같아요.", "제가 알게 되는 여자들은 짧게 혹은 길게 항상 제 문제로 싸움을 벌여요.", "시간이 지나면서 꽤 괜찮은 남자들을 만났어요. 그런데 이들을 쫓아 버리는 무언가가 제게 있는 것 같아요.", "더 자주 섹스를 하고 싶은데 아내가 원하지를 않아요. 저를 사랑한다고는 하는데 믿을 수가 없네요.", "아내의 전 남편이 저의 사이에 끼어들어요. 아내는 그에 대해 말은 안 꺼내지만 저는 그 남자가 여전히 제 경쟁 상대라는 걸 알아요.", "두 남자를 사랑하는데 둘 중에 누구를 선택해야 할지 고민이에요.", "남편은 전부인과의 사이에 난 아이를 저보다 더 소중하게 여겨요.", "서로 말도 안 통하는데 어떻게 함께 나이를 들어갈지 걱정이에요."

문제와 걱정거리의 원인은 이토록 다양하지만 사랑 때문에 불행하다고 느끼는 사람이 원하는 것은 한 가지다. 즉 이들은 모두 자신의 상황이 되도록 짧은 시간에 좋은 쪽으로 바뀌기를 바란다. 또한 일상에서 다른 사람과의 관계와 애정관계를 특별히 성공적으로 이끄는 것이 무엇인지 배우고 싶어 한다. 자신을 바꾸려 노력하고, 어떻게 하면 두 사람 간의 관계를 좀 더 수월하게 이끌지, 더 효과적인 의사소통과 충실한 성 생활, 그리고 전체적으로 조화를 이루고 함께 사는 삶에 어떤 것이 도움이 되는지 알고 싶어 한다. 또한 상대방도 상황을 파악하고 변화 단계를 시작하기를 원한다.

이해가 되는 희망 사항과 수긍이 가는 기대들이다. 하지만 대부분 사람들은 애정 문제를 위한 해답을 잘못된 곳에서 찾으려 한다. 부부는 더 이상 서로 대화를 나눌 수 없거나 육체적으로나 감정적으로 친밀함을 느낄 기회가 부족하거나 아예 충족시키지 못한다. 사소한 것 때문에 끊이지 않고 언쟁이 높아지며 불신이 둘 사이를 흔들고, 깊은 애정 관계를 엮어 나가지 못한다. 혹은 관계가 자주 실패로 돌아간다. 그런데 이런 모든 문제의 깊이 뿌리박힌 원인은 단지 문제의 증상에 지나지 않는다.

우리는 어떻게 사랑을 배울까?

대부분의 사람은 애정 관계에 위기가 닥치거나 연인과 자주 헤어지거나 혹은 관계 개선에 대한 바람이 실현되지 않는 이유를 자신의 개인적 약점과 잘못이라고 치부하거나 상대의 불능으로 돌린다. 하지만 현재 사랑 때문에 힘든 원인이 우리가 믿는 것처럼 개개인이나 상대의 대인관계능력에 놓인 경우는 드물다. 사랑 때문에 지금 너무나 괴로운 많은 남자와 여자는 어쩌면 자신이 이미 삶의 첫 시기부터 이런 문제를 안고 있는 것을 알지 못한다. 지금 이 순간의 문제가 함께하는 연인 때문이라기보다는 태어나서 마주한 첫 번째 여성 혹은 첫 번째 남성과 더 깊이 연관됐기 때문이다. 엄마와 아빠가 아이를 대하는 태도는 우리의 유년기에만 영향을 끼치는 것이 아니다. 생애 처음 시기에 사랑을 주는 대상과의 최초의, 집중적인 경험은 현재까지 우리의 삶과 애정관계에 지대한 영향을 준다.

부모는 우리에게 대인관계가 어떻게 작동하는지를 가르쳐준다. 세상에 태어난 뒤 첫 시기에 부모가 우리를 어떻게 돌보고, 관심과 애정을 쏟는지 아니면 엄하게 다루며 관심을 덜 보이는지 등 양육 방법을 통해 우리는 사랑하는 사람에게 무엇을 기대하고 혹은 기대할 수 없는지를 배웠다. 우리는 원하는 것을 표현해도 되는지 혹은 다른 사람에게 순종하고, 자신의 바람도 이들에게 맞추는 것이 좋을지를 배웠다. 다른 사람에게 얼마나 가까이 다가가도 될지, 어른을 신뢰하고, 따라도 될지 혹은 거리를 두는 편이 더 유익한지를 배웠다. 사랑을 얻으려고 안간힘을 써야만 하는지 아니면 항상 착하게 행동하지 않더라도 사랑을 받는지도 배웠다. 간단히 말해, 우리가 경험한 첫 번째 애정관계가 안정적인지 아니면 불안정한 장소인지를 배웠다. 이런 이른 시기에 배운 것과 이것에서 끌어낸 결론을 머릿속에 저장했다. 그런데 이렇게 저장된 것은 평생 우리를 따라다닌다. 훗날 경험할 타인과의 관계가 행복할지 아니면 사랑 때문에 불행함을 겪을지는 대부분 생애 이른 시기의 '수업'과 그 당시에 이루어진 관계에 대한 학습 내용과 관련된다.

지금 함께 하는 사람과의 관계가 삐거덕 거린다면 자신의 첫 번째 애정 관계를 반드시 살펴볼 필요가 있다. 이를 되돌아보는 일은 관계에서 반복해서 일어나는 갈등을 이해하는 데 도움이 된다. 최근에 와서 둘 사이에 연관성이 존재한다는 것이 더욱 확실하게 밝혀졌기 때문이다. 유년기의 경험은 성인이 되어 얼마나 원만하게 대인관계를 잘 하는지를 크게 좌우한다. 삶의 시작 단계에서 경험해야만 하는 혹은 경험할 수 있는 사랑에 대한 경험은 우리가 훗날의 관계를 구성하는 모델을 짠다. 소위 첫 번째 애정 관계는 원형이 되고 우리는 살면서 뒤따라오는 모든 중요한 관계를 이에 따라 형성한다. 이런 원형 모델이 항상 부담이 되지는 않는다. 하지만 가끔은 우리의 행동 능력을 좋지 않은 방식으로 제한할 때도 있다.

영국의 심리치료사이자 정신분석가인 존 보울비가 1950년대에 토대를 이룬 애착 연구의 흥미로운 이론은 아이가 이른 시기 때 경험한 부모와의 관계와 훗날 안정적인 애정 관계를 이룰 수 있는 능력 사이에 연관성이 있다는 점을 입증한다. 어린아이였을 때 어른에 대해 안정적인 애착을 경험하지 못하면 이런 부정적인 경험은 일종의 '관계모델'에 저장이 된다. 이런 모델의 질은 우리의 신체적, 정신적 건강을 좌우하고, 더 나아가 관계와 애착 능력까지 결정한다. 어른이 되어 다른 사람과 맺는 관계는 한 사람의 유년기 경험을 빼놓고는 관찰할 수 없다. 아이 때 했던 경험은 우리가 성인이 되어 어떻게 관계를 만들어나갈지에 영향을 끼친다. 이런 획기적인 이론은 부부관계의 갈등과 부부의 메커니즘을 더욱 깊이 이해시키고, 더불어 부부치료를 성공으로 이끈다.

심층 잠수 – 새로운 관점을 찾다

여태 경험한 관계의 역사가 성공과는 거리가 멀고, 지금까지 이를 개선하려고 한 모든 노력이 헛된 것처럼 보이면 '더 깊숙이 잠수를 하고' 현재 맺고 있는 관계의 정황을 새로운 관점에서 관찰하는 일이 중요하다. 이 책은 관점의 변화를 이끌어내고 현재와 미래만을 지켜보지 않고, 과거까지 들여다볼 수 있는 기회를 제시한다. 유년 시기에 거친 '관계 학교'에서 어떤 경험을 했는지에 대해 알면 알수록 자신을 더 잘 이해할 수 있다. 이것은 성공적인 부부관계를 지속하기 위해 갖추어야 할 가장 중요한 전제조건이다. 하지만 자신이 경험한 첫 사랑, 다시 말해, 부모에 대한 사랑과 현재 함께하는 사람과의 사이에 발생한 문제 간의 관련 여부를 알지 못하면 부부관계가 때로는 수수께끼와 문제로밖에 인식되지 않는다. 그러면 우리는 치명적인 실수를 계속해서 반복하는 '선고를 받는다'.

- 항상 자신의 애착 역사에 맞는 사람과 사랑에 빠진다. 하지만 이것은 사실 함께 잘 지낼 수 있지만 유감스럽게도 자

신의 유년 시절의 경험 탓에 지루하고, 흥미롭지 않다고 느껴지는 사람을 무시하는 것을 의미할 수도 있다.

- 너무 빠르게 사랑에 빠지거나 아니면 아예 사랑을 느끼지 못한다. 처음 접한 애착경험이 잘못된 조언을 하기 때문이다.

- 다른 선택의 여지가 없다고 믿기 때문에 자신에게 해로운 관계를 지속한다.

- 연인과 거리를 두려고 곧잘 교란을 일으킨다.

- 실망과 상처에 대한 두려움이 너무 큰 나머지 차라리 싱글로 산다.

현재의 관계가 힘들고, 갈등이 많은지, 누군가와 헤어졌는지, 언제나 잘못된 사람에 걸려드는지 혹은 원하지 않는데 싱글로 지내고 있는지 등은 아무래도 상관없다. 자기가 유년 시기에 어떤 애착 경험을 했는지 들여다보는 일은 정말 도움이 된다. 성인의 연령대의 애착에 관한 지식을 보면 이른 시기의 애착 경험이 애정관계에 가장 크게 영향을 끼친다는 사실을 매우 뚜렷하게 볼 수 있다. 부모와 아이 간의 관계와 가장 유사하기 때문에 당연한 일이다. 따라서 소통하는 능력을 개선하려고 노력하거나 부정적인 행동 양식을 바꾸는 법을 배우려는 것만으로는 절대 충분하지 않다. 그것보다는 오히려 일찍 형성된 애착 형태에 대해 잘 이해하고, 이것이 현재의 관계에 미치는 영향력을 약하게 하는 일이 훨씬 중요하다.

나는 이 책의 목표를 이런 발견의 여행을 뒷받침하는 데에 두었다. 성인의 애착 연구 분야에서 매혹적인 발전에 관해 알아보자. 학문적 지식을 애정과 관계의 삶에 어떻게 이롭게 활용할 수 있을지 경험하는 것도 이 책이 추구하는 점이다. 그리고 무엇보다 어렸을 때 자신이 어땠는지 더 잘 알아내는 법을 배우자. 더불어 배우자가 유년기에 어떤 경험을 했으며 이것이 어떻게 영향을 끼치는지를 알아내면 더욱 좋다! 어렸을 때의 모습이 현재의 관계 속에서 우리와 함께 살며 어쩔 때에는 관계를 통해 얻는 행복에 크게 훼방을 놓기 때문이다.

지금 반드시 깨닫고 이 책을 읽으면서 명심해야 할 점은 애착 유형이 운명이 아니라, 언제든지 바꿀 수 있다는 사실이다. 애착과 관련해서 어떤 과거가 있고, 누군가와의 가까운 관계에서 왜 자신이 그런 식으로 행동하는지를 이해하면 유형을 바꿀 수 있는 중요한 전제조건은 이미 갖추어진다.

1

예전에 아이였던 우리

왜 우리는 내내 싸우기만 할까? 이렇게 계속되는 오해는 무엇 때문에 생기는 것일까? 우리 사이에 어떤 문제가 있는 것일까? 지금 생각하고, 말하고, 행동하는 사람이 도대체 누구인지를 올 바르게 물어볼 시점이다.

누군가 다른 사람과 관계를 갖기 시작하면 그 관계의 성공 여부는 나에게만 달린 것이 아니라, 두 명의 성인이 좌우한다. '관계의 집' 안으로 한 명의 작은 소녀와 또 한 명의 작은 소년이라는 둘의 다른 존재가 함께 들어오기 때문이다. 혹은 동성애 관계를 맺은 사람이라면 이곳에는 두 명의 소녀 혹은 두 명의 소년이 함께 산다. 작은 소녀와 소년이란 누구를 의미할까? 우리가 이미 분명히 알고 있듯이 눈에 보이지 않는 작은 동거인이란 나와 배우자의 예전의 아이였을 적 모습을 말한다. 휘트니 휴 미실다인 (Whitney Hugh Missildine)은 "우리는 속에 모두 '이전의 아이였던' 모습을 지니고 있으므로 부부 생활을 하는 동안에는 이런 네 사람이 서로 잘 조화를 이루고 살 수 있게 노력해야 합니다."라고 한다. "현재에서 활동하는 두 명의 어른과 각자 다른 가정환경에서 뛰어다니며 노는 두 명의 아이가 있는 셈이죠."

우리 안에 들어 있는 작은 아이는 가끔 문제를 일으키지 않을 때도 있지만, 대부분은 평화를 깨는 훼방꾼이다. 이들은 의욕이 넘치고, 묻지도 않았는데 자발적으로 유쾌하게 어른의 일에 끼어든다. 이들이 행복한 유년기를 보내고, 부모를 통해 접한 첫 번째 애정 관계에서 긍정적인 애착 경험을 모았다면 아무런 문제가 되지 않는다. 따라서 이들이 성인이 됐을 때에 삶에 개입을 하는 것은 해가 안 된다. 혹시라도 무엇인가 기대하던 대로 되지 않으면 토라지고, 화가 나는 일 때문에 가끔 케이크를 적어도 두 조각을 먹어야 기분이 풀릴 것 같고, 일하러 가기 싫어서 아침에 이불 밖으로 나오고 싶지 않아 할 뿐이다.

이와는 반대로 '아이'가 이른 시기의 애착 대상인 부모에 의해 부정적인 경험을 하고, 스트레스를 받았다면 두 사람은 성인이 되어 만나 관계를 맺더라도 이것을 심각한 도전이라고 받아들일 확률이 높다. 이런 사람은 자신의 희망사항이나 욕구를 집요하게 들이대고, 관심 받기를 원하며, 혼자 남겨지는 것을 싫어하고, 경쟁 상대에 질투심을 보인다. 아이들은 얼마만큼 가까워지는 것이 참을 만한지 혹은 어느 정도 거리를 두어야 할지를 스스로 정하고 싶어 한다. 이들은 고독해지거나 누군가에게 의존하는 것을 두려워한다. 이를 두고 두 아이의 의견이 일치하는 경우는 드물다. 한 아이는 다른 아이가 원하는 것과 다른 것을 좋아하고 아니면 반대인 경우도 있다. 둘이 각각 상대방의 일에 이해심을 갖는 경우는 거의 없다고 말해도 과언이 아니다. 대부분은 서로 관심과 애정을 얻으려 사사건건 충돌한다. 온 힘을 다해 다른 아이가 우월해지지 못하도록 막는다. 유년기의 부정적인 경험에 짓눌려서 두 어른의 관계에 끼어든 아이와 함께 사는 삶이 전혀 즐거워할 일이 아니라는 것이 손바닥 보듯 훤하다.

네 명이서 지내는 혼란스러운 삶

휘트니 휴 미실다인에 따르면 많은 관계에 갈등이 일어나는 원인은 "이전의 '내면의 아이'가 방해를 하며 끼어들기"를 하기 때문이다. "표면적으로는 섹스와 돈, 질투 혹은 끊임없이 불평을 늘어놓는 파트너 때문이라고는 해도 부부문제의 근본적 원인은 내면에 들어 있는 이런 아이 때문입니다." 어른들은 각각의 아이가 네 명으로 이루어진 4중주 속에서 굉장히 큰 영향력을 행사하고 있다는 점을 잘 알아차리지 못한다. 그래서 아이가 보내는 방해신호를 쉽게 무엇이라고 정의내리지 못한다. 자기 내면에 있는 아이의 행동을 눈치 채는 일도 어렵지만, 상대방의 속에 자리 잡고 있는 작은 소녀나 소년을 발견하기란 훨씬 더 어렵다. 한때 우리였던 이전의 아이는 매우 솜씨가 빼어나기 때문이다. 아이는 자신이 무엇을 원하는지 굉장히 잘 숨겨서 마치 어른이 된 지금의 내가 그것을 원한다고 믿게 만든다. 이런 믿음은 가끔 갈등 상황에서 배우자가 자기와 자기가 가진 두려움, 욕구, 희망사항에 주의를 하게 하려고 성인 여자나 혹은 성인 남자를 '아이처럼' 행동하게 한다. 그러면 어른이 필요 이상으로 격하게 울고, 어찌할 바 모르며 상대를 향해 소리를 지르고, 입을 꾹 다문 채 들어가 버리거나 격분해서 물건을 벽에 던지고, 절망적으로 상대에게 매달리고, 화를 내며 발을 쿵쾅거리는 일이 생긴다. 이렇게 하면 사실 대부분은 사태가 더 심각하게 흘러간다. 하지만 나의 '내면에 있는 아이'에게 관심과 애정을 얻고 싶으면 간접적인 방법을 사용하라고 추천할 때도 있다. 겉으로 보기에 진정한 어른의 모습으로, '이성적인' 논의나 혹은 '실질적인' 비평의 형태로 자신의 욕구를 포장한다. 예를 들어, 집안일을 전혀 할 의향이 없다고 상대방에게 불평을 늘어놓는다. 배우자가 회사일이나 친구에게 너무 많은 시간을 할애하면 과민하게 반응을 보이거나 배우자에게 집에 돌아오는 시간이 항상 너무 늦다고 비판을 한다. 아니면 애인에게 내가 하는 말은 귀담아 듣는 적이 없고 오로지 섹스만 원할 뿐이라고 불만을 토로한다. 나 없이 혼자 파티에 가서 늦게까지 집에 오지 않으면 걱정된다는 핑계를 대며 늦은 밤까지 깨어 기다린다. 자기가 배우자보다 가계 지출을 위해 더 많은 돈을 충당한다고 연설을 늘어놓는다. 항상 친구와의 교류와 다른 사람들 생일선물을 도맡아 챙겨야 한다고 비판한다. 배우자에게 자기 엄마와는 매일 전화 통화를 하면서 자신의 부모는 충분히 신경 쓰지 않는다고 질책한다.

이런 질책이 얼마나 타당하게 보이고 얼마나 이성적으로 근거를 제시할 수 있을지는 몰라도 그 뒤에 숨어 있는 동기가 현실과 아무런 관련이 없을 때가 많다. 오히려 많은 경우 사람들은 이런 방법을 통해 어린아이 같은 욕구를 충족하려고 한다. 관심을 너무 적게 받았던 유년기에 가졌던 욕구의 예로, 아이였을 때 집이 안전한 장소가 못되고 무엇을 두려워하고, 원하는지에 대해 어른이 주의를 기울이지 않았다면 아이는 "내가 실제로 어떻게 느끼는지 아무도 알고 싶어 하지 않아."라고 배운다. 따라서 어른이 되어서도 자신이 지금 어떻게 지내는지를 다른 사람에게 있는 그대로 보여주지 못한다. "당신이 필요해! 제발 나를 보살펴줘!", "너무 외로워!"라고 다른 사람에게 진심으로 고백하는 일은 유년기에 겪은 역사를 들춰내거나 곧바로 파산 선고를 당하는 것처럼 느껴진다. 그렇다 보니 마음속에 사는 아이의 '충고'를 따르고, 자신이 진정으로 원하는 것을 '떼쓰기'와 가짜로 꾸민 사실적 논의라는 비판 속에 감춘다.

우리는 자신이 그런 사람이라는 것을 당연히 알지 못한다. 자신이 혼자 남겨지고, 외롭다고 느끼고, 직장일로 병이 들고, 해낼 수 있는 것 이상으로 과다한 요구를 받는다고 느끼거나 아니면 어떤 다른 일이 마음을 무겁게 누르기 때문에 다른 사람의 위안과 도움을 필요로 한다는 사실을 대부분 느끼지 못한다. 우리는 연인에게서 보호받기를 바라고, 연인이 나의 내적 고통을 줄여주기를 원한다고 느낀다. 하지만 이런 바람을 솔직히 내보이지 않고, 대부분의 경우 부적절하다고 생각되는 방법으로 표출할 뿐이다. 이처럼 간접적으로 신호만 보내기 때문에 친밀감과 이해심, 도움을 듬뿍 받고 싶은 마음과는 다르게 대부분은 아무것도 얻지 못한다.

아이는 더 잘 알지 못한다!

예전의 자신의 모습이었던 아이가 부리는 방해는 꽤나 성가시다. 아이는 내가 원하는 것을 어떻게 하면 가장 잘 얻을 수 있을지 안다고 믿는다. 게다가 너무 마음을 활짝 열어 보이면 안 되며, 주의를 하는 것이 제일 현명하다고 확신한다. 마음속에 있는 아이가 지닌 관계 모델은 현재 함께 하는 사람을 어떻게 다루어야 제일 좋을지를 결정한다. 아이는 더 잘 알지 못한다. 아이였을 때 한 경험은 단편적이고, 아이는 경험한 것을 바탕으로 삼아서만 느끼고, 행동할 수 있다. 이런 아이를 무시하거나 그의 존재에 대해 전혀 모르거나 알려고 하지 않으면 우리는 아이에게 휘둘리고 만다. 아이는 그러면 어떤 방해도 받지 않고 우리의 관계에 끼어들어 삶을 힘들게 한다. 이전에 자신의 모습이기도 했던 아이가 지금의 문제에 관여하는 것을 깨닫지 못하는 한, 문제의 원인과 해답을 잘못된 곳에서 찾아 헤맨다. 그러는 과정에서 항상 똑같이 일어나는 갈등 상황을 해결하고, 반복적으로 생기는 동일한 오해의 소지를 없애려는 일에, 그리고 매번 서로를 그렇게 대하는 것에 대한 스스로에 대해 실망감을 느낀다. 또한 자신과 상대방이 항상 두 가지 완전히 다른 언어로 말을 한다는 느낌을 지울 수 없다. 하지만 이전의 나였던 아이가 현재 진행 중인 관계나 애정 생활에 전체적으로 방해만 일으킨다는 것을 알면 내가 하는 '이상한' 행동이 더 잘 이해되고, 다음과 같은 질문에 대해서도 답을 더 빨리 찾을 수 있다.

- 배우자와의 사이에서 왜 항상 똑같은 갈등 상황이 벌어질까?

- 나와 배우자 간에 그토록 많은 오해가 생기는 원인은 무엇일까?

- 왜 곁에 있는 사람과 다른 언어로 이야기하는 느낌이 들까?

- 내가 나의 감정과 우리의 관계에 대해 대화를 나누고 싶어하면 왜 상대방은 이야기를 끊고 자리를 피하는 것일까?

- 왜 나는 관계를 끝내야 할지를 두고 계속 고심할까?

- 왜 애정관계가 오래 지속되지 못하고 자꾸만 실패로 끝나는 것일까?

- 매번 나랑 정말 잘 어울린다고 생각되는 사람과 사랑에 빠지면서도 안정적이며, 지속적인 관계를 유지하지 못하는 이유는 무엇일까?

- 직장 일이 끝나면 부인이 혹은 남편이 기분이 상한 채 내가 퇴근해서 집에 오기만을 기다린다는 생각을 하지 않고 동료와 편안하게 맥주 한 잔을 나누지 못하는 이유는 무엇일까?

- 남편 혹은 부인은 내가 집을 떠나 있는 동안에는 그토록 나를 그리워하면서 정작 내가 집에 돌아오면 차갑게 대하고, 거리를 두는 것은 왜일까?

- 어째서 우리의 갈등이 심화될까?

- 어떤 이유에서 나는 훌쩍 집을 뛰쳐나와 완전히 먼 곳으로 가고 싶어 할까?

- 살면서 무엇인가가 예상하던 대로 제대로 이루어지지 않으면 왜 그렇게 기분이 쓸쓸하고, 우울해질까?

- 왜 나는 배우자에게 그토록 인정과 칭찬을 받으려고 매달

릴까?

- 누군가와 관계를 맺으면 빨리 지나치게 가깝다고 느끼는 까닭은 무엇일까?

- 왜 나는 항상 주는 사람이고, 다른 사람은 나에게서 받으려고만 할까?

- 나는 과연 관계 능력이 있을까?

- 나의 배우자는 정말 관계 능력이 있는 사람일까?

현재 내가 안고 있는 관계에 대한 문제 중 몇몇은 유년기를 들여다보았을 때 그 해답이 보인다. 따라서 어렸을 적에 구체적으로 어떤 애정 경험을 했는지, 이런 경험에서 어떤 결론을 얻었는지, 그리고 관계에 대해 무엇을 배웠는지 한 번쯤 짚고 넘어가는 일은 매우 중요하다.

2

관계란 이렇게 진행된다. 아닌가?

어떻게 관계를 이끌고 가야 할지 어떻게 알 수 있을까? 누가 우리에게 이것을 가르쳐 주었나? 우리에게 정말 좋은 선생님이 있었나? 당연히 의문이 생기기 마련이다.

아날레나와 톰

아날레나는 그다지 행복한 유년시절을 보내지 못했다. 농가에서 8명의 형제, 자매 중 장녀로 자라는 동안에 관심을 크게 받지 못했다. 모든 아이는 서로 알아서 도와야 했고, 부모는 어린아이를 돌볼 시간이 없었다. 특히 아날레나는 맏딸이 되다 보니 혼자서 책임을 도맡아야 했다. 이런 사정 탓에 아날레나는 매우 이른 시기에 벌써 되도록 눈에 띄지 않게 하는 것이 제일 좋다는 것을 배웠다. 엄마의 가사를 도울 때에만 약간 인정을 받았다. 사실 몸이 아픈 적도 전혀 없다. 딱 한 번 심하게 넘어져서 손목과 어깨가 부러진 적이 있었다. 여섯 살 때 일로 막 학교에 입학했을 무렵이었다. 아빠는 추수를 도우러 온 일꾼에게 아날레나를 들려 병원으로 보냈다. 아날레나는 "진짜 친절한 사람이었어요. 하지만 꽤 힘들었을 거예요. 제가 병원으로 가는 내내 울었거든요. 병원이 무서웠어요."라며 그때 일을 떠올렸다. 어린 시절의 경험은 아날레나에게 되도록 다른 사람에게 무엇인가 바라지 않고, 자신의 문제는 스스로 해결하려고 노력하도록 했다.

하지만 몇 주 전에 정기 검진에서 유방암이 의심되어 조직검사를 받아보라는 의사의 소견을 들었을 때 아날레나는 사실혼 관계에 있는 톰이 검사받는 병원에 함께 가고, 자기 옆에 있어주었으면 좋겠다고 생각했다. 톰은 아날레나에게 도움을 자처하지 않았다. 이제 아날레나가 나서서 자기가 무엇을 원하는지 명확하고, 분명하게 표현해야만 했지만 실제로 그렇게 하지 못했다. 자신이 원하는 것을 말하는 연습이 되어 있지 않았다. 아날레나는 자기가 바라고, 두려워하는 심정을 톰에게 전하는 대신에 화를 벌컥 냈다. "당신은 내가 필요로 할 때 한 번도 곁에 있어준 적이 없어. 내가 만약에 당신에게 더 이상 관심이 없으면 나는 솔직히 당장이라도 혼자 살 수도 있어." 톰은 갑자기 마른하늘에 날벼락을 맞은 기분이 들었고, 자신이 정당한 대우를 받지 못한다고 느껴서 아날레나에게 똑같이 비난을 돌려주었다. 제대로 된 해결의 실마리를 볼 수 없을 정도로 싸움이 격해졌다. 나중에 톰이 병원에 함께 간다고 손을 내밀었지만 결국 아날레나는 혼자 검사를 받으러 갔다. 더 이상 톰이 옆에 있기를 바라지도 않았다. "내가 강요해서 억지로 같이 가는 거라면 아무런 의미도 없어요."라고 생각한다.

아날레나는 어렸을 때부터 자신이 필요로 하는 사람에게 순종하는 것을 배웠다. 이들에게 어떤 것을 기대해도 되는지, 어느 정도 잘 지낼 수 있게 사랑과 주의를 받으려면 어떻게 행동해야만 하는지를 마음에 새겼다. 아날레나는 많은 것을 면밀하게 검토했다. "내가 소동을 부리면 엄마는 어떻게 반응하실까? 내가 조용히 가만히 있고, 방해하지 않는 것을 더 좋아하실까? 어떤 상황에서 사람들은 나에게 주목을 하고, 어느 때에 나를 본체만체할까? 내가 괴로울 때에 누가 나를 위로해줄까? 내가 도움이 필요하다는 것을 알아차리는 사람이 과연 존재할까?" 아날레나가 얻은 질문의 답은 신뢰감을 받고, 안정을 찾는 데 도움이 되지 못했다.

우리의 애착유형은 적응력이다

이 세상에 온 첫째 날부터 우리에게는 애착에 대한 생물학적 욕구가 있으며, 우리는 자기를 돌봐주고, 보호해야 할 사람과 가까워지려고 한다. 우리는 이런 타고난 '애착 체계'의 도움으로 정신적, 신체적 욕구를 잠재운다. 다시 말해, '애착 신호'를 보내 어른이 우리에게 주의를 기울이도록 한다. 배가 고프거나 목이 말라 괴로울 때, 피곤한데 잠을 이루지 못할 때, 끔찍할 정도로 혼자라고 느낄 때에 누군가 우리가 부르는 소리에 대답하고, 울음과 두려움에 알맞게 반응을 보이는 일은 우리의 생존을 좌우할 만큼 매우 중요하다. "나를 위해 누군가 여기 있구나!"라는 것을 느끼면 얼마나 안심이 되고, 마음에 끝없는 안정감이 찾아오는가.

우리는 이미 아기일 때부터 자기가 안전하다고 느낄 수 있는지와 어른이 관심을 보이는 것이 당연한 것이 아니라는 것을 배운다. 짙은 먹구름이 몰려오고 폭풍이 몰아칠 때 우리를 보살피는 사람이 안정적인 기반을 제공할지의 여부를 배운다. 이런 이른 시기에 경험한 안정감은 어린아이로서 벌써 인생에서 궂은일을 마주할 때에 믿을만한 보호막이 된다. 그런데 안정적인 기초에는 또 다른 중요한 기능이 있다. 안정감은 우리가 용기를 내어 세상을 탐구하고, 개척하려 할 때에 반드시 필요하다. 주요 애착 대상이 신뢰감을 주는 눈으로 지켜보고 있으면 아이는 놀이터에서 다른 아이와 함께 노는 일이나 약간 잘 모르는 사람에게 다가갈 용기를 낸다.

모든 사람은 태어난 뒤 처음 몇 년 동안에 아이로서 벌써 맞서야 할 크고, 작은 일에서 불안정하고, 갈팡질팡하지 않게 확신을 얻어야 한다. 또한 부모가 우리가 '미지의 곳'으로 향하는 것을 환영하고 믿으며 동행한다는 것도 알아야 한다. 애착연구가들은 훌륭한 애착대상이란 어린아이에게 '안전한 항구'와 같다고 말한다. 모르는 아이와 함께 겁내지 않고 놀거나 혼자 방에서 첫 걸음을 떼기 위해 떠날 수 있는 항구이자, 마음이 안 좋아져서 보호받기를 원할 때 돌아올 수 있는 항구다. '나에게는 튼튼한 기반과 항구가 있다'라는 소중한 경험은 심리적으로 안정감을 주는 버팀기둥을 세운다. 이런 기둥이 견고하면 자신이 안전하고, 보호받는다는 것을 느끼고 안정 애착유형이 발달한다. 하지만 안타깝게도 유년기에 누구에게나 버팀목이 존재하는 것은 아니다. 가끔은 기둥이 불안정하고, 흔들릴 때도 있으며, 아예 거의 없는 경우도 있다. 이것은 아이에게 어렵고, 힘든 상황을 의미한다. 아이가 두려움 속에서 안절부절 하지 않고, 불안함을 견딜 수 있으려면 도움의 전략이 필요하다. 이런 경우에 아이는 할 수 있는 한 최대로 불안정적인 상황에 적응하려 한다. 하지만 이것은 심각한 경우에 다음과 같은 것을 의미한다.

- '이곳은 안전하지 않아'라는 불안감으로 가득한 경험을 더이상 하지 않기 위해 중요한 애착 대상에 가까이 가는 일을 피한다.

- 자신이 원하는 것에 관심을 두는 사람이 없는 것을 지속적으로 경험하지 않으려고 마치 바랄 것이 아무 것도 없는 것처럼 욕구를 억누른다.

- 진정한 사랑이 어떤지 느껴본 적이 없기 때문에 어른이 하는 어떤 행동이 자신을 해쳐도 이것을 사랑이라고 해석한다.

이와 같이 가정환경에 순응하는 것은 아이가 어떤 경험을 하는지에 따라 매우 다양한 세기로 영향을 미친다. 하지만 아이의 애착유형을 형성하는 데 영향을 준다는 점에서는 모두 같다. 아이가 신뢰감, 안전, 애정 혹은 불신, 불안정, 방관에 대해 배운 모든 것은 유년기에 놓인 아이의 행동 방향을 정하고, 이후에 어른이 되고 난 후의 삶에도 행동 지침으로서 관계 모델을 형성한다. 이런 모델에는 아이가 성장하는 과정에서 '사랑이란 무엇인가? 관계는 어떻게 이루어지나?' 라는 주제 아래 다루어지는 전체 학습 내용만 저장되는 것이 아니다. 이곳에는 또한 '나는 다른 사람에게 얼마나 소중한 사람일까? 이들은 나를 얼마나 귀하게 여길까? 사람들은 얼마나 큰 사랑으로 나를 대하나? 나를 조건 없이 사랑하며, 인정할까? 아니면 이들은 내가 더 많이 사랑받을 수 있는 다른 아이가 되기를 원할까? 이들은 나에게 관심을 주며, 내 편에 서줄까?' 와 같이 자아에 대한 정보도 포함된다.

관계 모델에 저장된 삶의 이른 시기의 확신은 평생 활동을 한다. 우리는 매번 새롭게 애착을 경험할 때마다 작동모델에 저장된 경험과 비교를 하고 어떻게 하는 것이 가장 잘 대처하는 것인지 조언을 구한다. 모델에 저장된 데이터에 따라 대인관계에서 어떻게 행동해야 하는지에 대해 최상의 가르침을 얻는다.

아날레나는 유년기에 안정감을 경험한 적이 별로 없다. 반대로 애착 경험은 오히려 아날레나에게 사랑하는 사람에게 많은 것을 기대해서는 안 된다고 가르쳤다. 아이였을 때, 맡은 일은 반드시 해야 하고 다른 사람에게 관심은 조금 밖에 받지 못한 아날레나는 어른이 돼서도 자기의 욕구를 정말로 소중하게 여길 줄 모른다. 다른 사람이 자기를 도와주기를 애타게 바라지만 기대는 하지 않는다. 어릴 적에 집이 안전한 장소라고 거의 느끼지 못했던 것처럼 톰과 함께 사는 지금도 역시 안정적인 느낌이 들 때가 별로 없다. 애정 관계 속에서 서 있는 바닥이 흔들리고, 안정감과 믿음에 대한 견고한 느낌을 발전시키지 못한다. 아날레나는 마음을 온통 불안하게 한 의사의 진단을 듣기 전까지는 어느정도 이런 상황을 잘 헤쳐 왔지만 이제는 톰을 믿을 수 없는 연인이라고 단정지어야 해서 괴롭다. 아날레나의 애착유형은 '관계는 어떻게 진행될까'라는 질문에 부정적이며, 비관적인 답만 제시한다. 한 편으로는 불신과 불안정이 깊이 자리 잡은 애착유형을 띠면서, 다른 한 편으로는 하필이면 유년기에 겪은 애착대상과 비슷하게 행동하는 사람에게 관계의 상대로 관심을 갖는다. 아날레나가 선택한 톰도 이전의 경험에 비추어 나름의 관계모델을 발달시켰다. 그런데 그의 관계모델은 긴밀하게 애착이 이루어지는 것에 경고를 하기 때문에 아날레나가 바라는 주의 깊고, 마음을 헤아리며, 필요시에 적극적으로 도와주는 파트너가 되기 힘들다.

톰도 아날레나와 비슷한 배경에서 성장했다. 그는 '이리저리 치이는' 아이였다. 엄마는 재정적인 이유로 톰을 낳자마자 곧바로 다시 일을 시작해야 했고, 아빠는 집에 없는 경우가 허다했다. 그래서 톰은 크는 동안에 외가와 친가를 번갈아 오가며 조부모와 함께 살았다. 하지만 마음 놓고 편안히 쉴 수 있는 곳은 어디에도 없었다. 자신을 위한 공간이나 시간이 없다는 느낌을 받았고 항상 그냥 들러리처럼 묻어가는 느낌이었다. 톰은 일찍부터 더 이상 다른 사람들 눈에 띄지 않고 혼자서 시간을 보내는 것이 가장 좋은 방법이라는 것을 터득했다. 처음에는 주말에만 엄마, 아빠 얼굴을 잠깐 보다가 나중에는 방학 때에 약간 긴 기간을 부모와 함께 시간을 보냈다. 톰도 마찬가지로 너무 다가가지 말고, 의존하지 말라고 경고를 하는 관계모델을 갖추었다. 또한 아날레나처럼 의존감과 부족함을 생기게 하는 것은 전부 피하기 때문에 아날레나가 갑자기 가까이 다가오고 싶어 하면 너무나 부담스럽다.

아날레나와 톰은 자신의 애착유형에 강한 영향력이 있다는 사실을 전혀 모른다. 유년기에 어떤 애착 경험을 해야만 했는지, 또 이런 경험이 오늘 두 사람이 함께 하는 데 어떻게 영향을 끼치는 지도 알지 못한다. 다른 많은 사람도 그렇지만 둘의 이야기도 분명 똑같이 전개될 것이다. 즉 두 사람은 자신이 어떤 애착유형인지도 모르고, 언제, 어떻게 이것을 깨우칠지 알아차리지 못한다.

매우 심각한 문제가 아닐 수 없다. 이런 무지 탓에 애착과 연대감에 대한 욕구가 충족되지 못한 채 마음속 깊은 곳에 들어 있기 때문이다. 아이든, 어른이든 나이에 상관없이 누구나 이런 채워지지 않은 욕구를 느낀다.

평생을 따라다니는 애착에 대한 갈망

안정적인 애착에 대한 욕구는 평생 우리를 따라다닌다. 영국의 정신분석학자이자 애착이론의 창시자인 존 보울비가 표현한 것처럼 인간은 '요람에서 무덤까지' 애착을 원하는 존재다. 아이일 때에는 믿고, 자신을 맡길 수 있으며 우리를 안전하게 이끌어줄 사람을 원하고, 어른이 되어서는 심리적으로 안정감을 주면서 동시에 세상 밖으로 '나갈 수 있게 용기를 북돋아주는 사람이 있기를 바란다. 특히 독차지와 친밀감으로 이루어지는, 이전에 부모와 아이로서 가진 관계와 상당히 유사한 애정관계에서는 우리가 젖먹이 아기와 어린 꼬마였을 당시에 가졌던 욕구와 욕망이 그대로 똑같이 드러난다. 어쩌면 혼란스럽기도 하고, 심지어 부인하고도 싶겠지만, 어린아이였을 때 하던 행동이나 경험과 성인이 된 후에 보이는 행동 사이에는 놀랄 만한 공통점이 있다.

우리는 마치 다시 어린아이가 된 것처럼 믿을 수 있는 사람(배우자, 엄마, 아빠, 가장 친한 친구)이 우리 편에 서면 곧바로 훨씬 더 안심도 되고, 자신감도 더 커진다는 느낌을 받는다. 다 큰 어른이 된 우리도 어린아이가 하는 것처럼 기댈 수 있는 애착대상이 있다는 것을 알면 스트레스에 더 잘 대처하고, 참을성도 커지고, 끈기도 생긴다. 나이가 몇 살인지는 상관없다. 애착대상이 무관심하거나 외면하고, 거부반응을 보이면 무섭다고 느끼고, 신경질적인 반응을 보이며, 인내하지 못한다. 아이들과 마찬가지로 어른도 가장 가까운 사람이 자기를 위해 존재하는 것 같지 않다는 느낌을 받으면 즐겁게 주위를 둘러보면서 탐구하고 새로운 것에 관심을 쏟는 일에 집중하지 못한다. '어른'이 된 우리도 여전히 어린아이처럼 소중한 사람과 신체적인 친밀감을 통해 교류하고자 한다. 상냥함과 어루만짐, 포옹, 팔짱끼기, 입맞춤은 부모와 아이의 관계 뿐 아니라, 애정 관계에서도 나타나는 애착의 표시다.

어렸을 때에만 사랑하는 사람에게서 풍족할 정도로 안정감을 느끼는 일이 중요한 것은 아니다. 존 보울비가 표현했듯이, 우리는 어른이 돼서도 같은 편에 서고, 신뢰할 수 있으며, 힘든 순간에 위로가 되고, 자기를 소중히 생각한다는 것을 보여주는 '용감한 동반자'가 필요하다. 이런 동반자는 안정적인 기반을 마련하고, 좋을 때나 나쁠 때나 우리를 지원하며, 우리가 발전할 수 있게 하며, 계획한 것을 좋은 마음으로 지지하며, 누구나 언젠가는 인생에서 자기 길을 찾는다는 것을 받아들인다.

인생에서 이런 동반자를 만날 수 있을지, 그리고 자기가 먼저 다른 사람에게 안정감을 건넬 수 있는 사람인지는 과거에 어떤 애착경험을 했는지에 달려 있다. 즉 '사랑이란 무엇일까?'와 '관계는 어떻게 진행되나?'라는 질문에 아이였을 때 찾은 답에 좌우된다. 사랑에 대해 어떻게 배웠는지에 따라 예전에 학습한 관계에 대한 지식은 우리가 삶에 만족하고, 관계에서 행복함을 느끼게 한다. 반대의 경우에는 스스로 삶에 방해가 되고, 사는 일이 괴롭고, 다른 사람과 친밀한 관계를 맺는 일이 어렵다. 하지만 사정이 이렇더라도 반드시 계속해서 이런 상태에 머물라는 법은 없다. 애착유형은 다행히 숙명이 아니기 때문이다. 우리는 애착유형이 끼치는 영향력을 제한할 수 있다. 하지만 그러려면 먼저 애착유형에 대해 잘 알아두어야 한다. 자신이 어떤 애착 형태를 지녔는지 자세히 알수록 우리는 더욱 효과적으로 이에 대응할 수 있다.

3

안정 혹은 불안정,
나는 어떤 애착유형인가?

가까이 다가가도 될까? 아니면 거리를 두는 편이 더 나을까? 쉽게 믿을 수 있을 수 있는 사람일까 아니면 조심스러운 성향이 우세한가? 애착유형은 이런 것과 깊이 관련된다. 검사를 통해 자신이 어떤 애착유형인지 알아보자.

- 산책할 때 남편이 손을 잡고 마치 지금 금방 사랑에 빠진 사람처럼 둘이 오순도순 대화를 나누는 일을 좋아한다. 아니면 둘이서 아무 말 없이 조용히 길을 따라 걷는 것도 좋아한다.

- 저녁에 텔레비전을 보면서 배우자가 당신 쪽으로 다가와 당신 어깨에 머리를 기대면 하루 중 가장 아름다운 순간을 보내고 있다는 생각이 든다.

- 웅장하고, 사람이 많이 모이는 자리에 가면 마음이 어딘가

불편해진다. 남편이 당신의 그런 모습을 알아차리고 되도록 당신과 눈을 자주 마주치면 혼자라는 느낌이 조금은 수그러든다.

- 아내와 싸운 뒤에 다시 화해를 해야만 잠들 수 있다.

- 애인이 운전을 하고 집에 올 때 늦어지면 연락하는 일을 고맙게 생각한다.

- 출장 중에는 휴대폰을 마치 탯줄처럼 달고 다닌다. 배우자에게 기차가 연착되거나 목적지에 잘 도착했다고 알려주고 당연히 잠자리에 들기 전에 밤 인사를 전한다.

- 배우자와의 관계가 사실 잘 유지되는데도 버림받을지도 모른다는 두려운 생각이 항상 따라 다닌다. 이런 생각이 들때면 지금 내가 정말 사랑받고 있는지 우려한다.

위에서 소개한 상황이 낯설게 느껴지면 혹시 다음과 같은 상황이 익숙할 수도 있다.

- 누군가 너무 가까이 다가오면 불편하게 느껴진다. 자꾸 손을 잡거나 포옹하는 것을 좋아하지 않는다. 배우자가 나보다 더 나서서 친밀해지려고 하면 기분이 언짢다.

- 혼자 지내는 시간이 많았으면 좋겠고 자신의 이런 희망사항을 이해하지 못하는 사람을 이해하지 못한다.

- 내가 하는 모든 일을 설명해야 한다고 생각하면 성가시다.

- 관계에 대해 대화를 나누는 일을 좋아하지 않는다. 상처받을지도 모른다는 두려움에 자신과 자신의 감정에 대해 말하는 일을 어려워한다. 그래서 대부분은 배우자가 내 문제 혹은 둘 사이의 갈등에 대해 이야기를 나누기 원하면 거부한다는 의미로 입을 다문다.

- 몇 시간동안 혼자서 직장일이나 취미 생활에 푹 빠져 가까이에 있는 사람이 더 이상 인내하지 못하고, 언짢아하면 이유를 몰라 하며 이상하게 생각한다.

매우 다르게 보이는 두 가지 유형이지만 한 가지 공통점이 존재한다. 산책을 하면서 연인의 손을 찾거나 혹은 신체적으로 가까워지는 일을 피하는 경우, 상대방에게 자신의 생각과 감정을 전달하거나 혹은 입이 무겁고 말을 하지 않는 경우, 헤어지는 일(떨어져 있는 시간의 장단에 상관없이)을 견디기 힘들어 하거나 아니면 가능하면 거리를 두려고 하는 경우 등, 이런 모든 상황의 중심에 서는 주제는 애착이다.

애착 구하기, 애착 피하기

첫 번째 상황이 더 익숙하다고 느끼는 사람은 애착을 형성하고 싶어 한다. 이런 사람은 다른 사람에게 관심을 받고 싶거나 도움과 안정이 필요하다는 신호를 보낸다. 마음을 진정시키는 친밀함을 원하고, 이런 상황에서 거리낌 없이 다른 사람이 필요하다는 것을 똑똑히 표현한다. 애착을 형성하고자 하는 마음은 구체적으로 매우 다양한 모습으로 나타난다. 가끔은 되도록 자주 신체적으로 다가가기를 원하기도 한다. 다른 사람을 보듬기를 좋아하고, 다른 사람도 자신을 쓰다듬고, 안아주고, 때로는 입맞춤을 해주기를 원한다. 아니면 편안하게 연인과 함께 앉아 '바깥 세상 돌아가는 이야기'를 나누거나 둘의 관계에 대해 말할 수 있는 시간과 자리를 즐긴다. 적어도 하루에 한 번 전화 통화나 이메일 혹은 왓츠앱 등을 통해 연인과 안부를 주고받는 일을 당연하게 여긴다.

두 번째 예시 내용이 더 익숙하게 생각되는 사람은 애착을 회피하는 사람에 해당한다. 이런 사람은 다른 사람이 너무 가까이 다가오면 거리를 둔다. 또한 배우자나 연인이 지나치게 많은 주의와 관심을 달라고 요구하면 거부반응을 보인다. 이런 유형의 사람은 연인과 안락하게 소파에 앉아 따뜻하게 서로를 보듬거나 애정관계에 대해 어떤 생각을 하고 있는지에 대해 대화를 나누기보다 차라리 컴퓨터 앞에 앉거나 집안일과 정원 일에 몰두하는 것을 좋아한다. 너무 가까이 다가오는 일과 친밀함은 이들

68

에게 불편한 기억과 감정을 떠올린다. 그래서 자기가 충분히 거리를 두는지 항상 주의하고, 독립성을 고수하고, 절대 다른 사람이 자기에게 아니면 거꾸로 자신이 다른 사람에게 의존하는 것을 원하지 않는다. 여기까지는 아무런 문제가 안 된다. 애착을 구하는 사람의 욕구나 애착을 회피하는 사람이나 모두 이해가 간다. 하지만 애착을 원하는 사람이 애착을 피하려는 사람과 만났을 때에는 상황이 힘들어진다. 애착에 관해 전혀 다른 견해를 가진 사람들이 함께 하기란 결코 쉽지 않기 때문에 피치 않게 갈등이 일어나는 것은 당연하다.

예를 들어, 애착을 원하는 사람에 속하는 사람이라면 배우자에게 "당신은 나를 사랑하지 않아", "당신이 무슨 생각하는지 도통 모르겠어", "감정이라곤 눈곱만치도 없는 사람이야", "당신하고는 전혀 말이 안 통해", "당신은 당신 밖에 몰라", "내가 뭘 원하는지 너무 신경을 안 써" 라는 말을 했을 것이다. 아니면 애착을 회피하는 사람이라면 자기 입장만 생각해서 애착을 원하는 사람에게 "나한테 너무 매달리지 마, 자유공간을 좀 달라고", "제발 좀 의존적으로 굴지 마", "당신 혼자서 좀 하려고 해봐", "나만을 위한 시간이 좀 더 있으면 좋겠어."라고 한 말이 머릿속을 스쳐지나간 적이 많을 것이다. 다가오려고 하는 사람과 거리를 두려고 아마 창고가 넘치도록 전략을 비축해 놓고 있을 수도 있다. 직장에 늦게까지 남아 일을 하고, 야근을 하거나 골프나 경마와 같이 한 번에 시간이 많이 걸리는 취미 활동을 한다. 때로는 정치적, 사회적 활동과 온갖 종류의 직업 재교육과 워크숍을 연인과의 애착이 너무 강해지지 않게 하는 전략으로 사용할 때도 있다.

애착을 원하는 사람과 피하는 사람의 조합에서 갈등이 생기지 않는 경우는 드물다. 애착에 관한 엇갈린 견해 탓에 상황이 급격하게 나빠질 때도 있다. 애착을 원하는 사람은 자신이 홀로 버려졌다고 느낄수록 거리를 두는 사람에게 더욱 절망적으로 매달리지만 이런 행동은 오히려 애착을 피하는 사람에게 더 큰 거부감을 초래한다. 상대방과의 거리가 너무 가깝고, 좁고, 자기에게 매달린다는 생각에 상대방의 '비이성적이고', '미성숙하며', '유치한' 행동에 "다 큰 사람이 남한테 그렇게 매달리고, 다른 사람을 필요로 하는 것은 정상적이지 못해. 당신은 더 이상 애가 아니라고!"라며 화를 낼 때도 있다.

맞는 말이다. 하지만 애착을 구하는 사람이나 피하는 사람이나 앞에서 묘사된 상황은 전부 어렸을 때의 우리와 관계가 있다. 애착을 원하고, 누군가 옆에 있어주기를 원하고, 이를 잘 허용하는 사람 혹은 애착을 피하는 편이고, 다른 사람이 너무 가까이 접근하면 빨리 중압감을 느끼는 사람은 모두 유년기의 경험을 토대로 발달시킨 애착유형과 연관이 있다. 몇몇 다른 학습 내용에 대한 기억이 시간이 흐르면서 희미해지는 것과는 다르게 어린 시절에 관계에 대해 배운 것은 나중에 성인이 되고난 뒤에 맺는 대인관계에도 매우 강하게 영향을 미친다.

어느 날 어떤 사람이 매우 소중하게 생각되고, 그 사람과 애착 관계를 형성하고 싶다는 바람이 생기면 특히 그렇다. 이때에는 어린 시절에 비슷한 상황에 처해 겪은 기억이 떠오른다. 이것이 긍정적 아니면 부정적인 경험이었는지에 따라 애착에 대한 소망을 분명하고, 명확하게 드러내는 일은 전혀 문제가 되지 않거나 혹은 "내가 이 사람을 믿을 수 있을까? 말하는 것과 생각하는 것이 전부 일치할까? 나는 충분히 흥미롭고, 사랑을 받을 자격이 있는 사람일까? 그 사람은 분명히 나에게 실망할 거야."라며 의심으로 가득한 질문을 던지기도 한다. 이것은 친구, 직장 혹은 가까운 친척 간의 관계에서도 마찬가지다.

애정관계가 시작될 무렵이나 신뢰할 수 있는 연인을 원할 때에 사람들은 이전에 직접 겪은 애착경험과 가장 세고, 집중적으로 마주한다. 이미 앞에서 언급했지만 내가 사랑에 빠지는 사람은 세상에 처음 태어났을 때 부모가 그랬던 것처럼 나에게 굉장히 가까운 사람이기 때문이다. 이런 친밀함을 통해 지금까지 '수면 모드'를 켠 채 활약할 때만을 기다리던 유년기의 애착에 관한 가르침이 되살아난다. 그때 배워서 익힌 가르침은 조언과 경고, 우려를 동반하고. 좋거나 나쁜 기대를 하면서 우리가 계획하고, 원했거나 이미 이루어진 애정관계에 참견을 한다.

이때 중요한 것은 '관계에 대해 무엇을 배웠나? 안정감을 주는 관계였나 아니면 불안감을 주는 관계였나? 나는 친밀함을 구하는 애착유형의 사람인가 혹은 가까워지는 것을 피하는 사람에 속하나?'와 같이 질문을 하는 일이다.

자신의 애착유형을 탐구한다

"나의 유년시절은 어땠지?"라는 질문에 모두가 분명한 답을 할 수 있을 것이다. 행복하고 좋은 유년기를 보냈는지 혹은 생애 첫 시기가 스트레스로 가득했는지를 안다고 믿는다. 유치원에 다닐 때 어땠는지, 학교에 가는 것을 좋아했는지 기억한다. 엄마와 아빠가 나를 어떤 태도로 대했는지, 사랑을 듬뿍 받았는지 아니면 자주 벌을 받았는지에 대해 안다. 하지만 추측하건데 이런 모든 경험에서 어떤 결론이 나왔는지, 이런 결론이 다른 소중한 사람을 대할 때에 어떤 영향을 주는지에 대해서는 알지 못한다. 따라서 자신이 어떤 애착유형인지를 묻는 말에 대답하기 힘들어한다. 엄격이 따지자면 정답을 듣기 위해서는 전문가의 도움이 필요하다. 우리가 종종 접근하기 힘든 과거에 대한 매우 많은 정보는 분명한 표상을 얻기 위해 필수다. 하지만 전문가의 도움 없이 자기탐구를 통해 몇 가지 정보를 알아낼 길이 있다.

그 당시에 어땠지?

나는 아이였을 때 어떻게 행동했지? 혼자 지내는 것을 싫어했나? 엄마와 아빠 중에서 누구와 더 감정적으로 밀접한 관계를 맺었지? 부모 중에서 존경하거나 아니면 무서워했던 분이 계셨나? 예를 들어, 유치원을 다닐 때에 부모와 떨어지는 일처럼 누군가와 헤어지는 일에 어떻게 반응했나? 나는 일찍 자립적으로 되고, 어른에게 의존하지 않는 아이였나? 즐겁게 아무 문제없이 유치원에 다니고, 나중에 학교에 들어가서도 마찬가지였나? 아니면 이런 인생의 과도기에 엄마나 아빠와 헤어지는 일이 힘들었나? 어두운 곳에 있으면 무서웠는데 위로해주러 온 사람이 아무도 없었나? 아니면 도움과 위로, 관심을 필요로 할 때에 누군가 항상 곁에 있었나? 이와 같이 기억을 떠올려보면 자신이 얼마나 안정적인 혹은 불안정한 어린 시절을 보냈는지 알 수 있다.

애착연구가들이 계발한 질문을 자기탐구에 적용하면 좀 더 체계적으로 접근할 수 있다. 여기에 나오는 질문은 현재 어른의 관점에서 이전의 애착과 애착 경험을 파악하기 위한 신빙성 높은 방식의 하나인 Adult-Attachment-Interview(AAI, 성인 애착 면접)에서 기인한다. 캐럴 조지(Carol Georg)와 메리 메인(Mary Main)이라는 두 학자는 자신이 고안한 인터뷰에서 성인이 6세에서 12세 까지의 시기를 뒤돌아보며 자기가 어떤 가정에서 자랐는지에 대해, 그 당시 부모의 태도가 어땠는지에 대해 평가하도록 했다. AAI

의 전문적 평가 방식은 복합적이며 실제로 확실한 결과를 얻기 위해서는 훈련을 받은 노련한 전문가가 인터뷰를 시행해야만 한다. 그렇지만 유년시절의 상황을 떠올리며 곰곰이 생각하고 부모와 함께 살던 당시에 애착 형성을 위한 분위기가 어땠는지 알아보기 위한 자기성찰용 질문으로 활용할 수 있다.

- 어린 시절에 부모와의 관계가 어땠는지 설명해 보십시오. 제일 처음 기억나는 일부터 시작합니다. 엄마/아빠는 당신과 무슨 일을 같이 했습니까? 누가 당신하고 함께 놀아주었습니까? 엄마와 아빠는 언제 집에 있었습니까? 주말에는 무엇을 했습니까?

- 어렸을 때 엄마와의 관계를 적절하게 묘사할 수 있는 단어 다섯 개를 열거하십시오(예를 들어, '애정이 담긴', '엄격한', '무관심한' …).

- 이런 특징과 관련해서 특별하게 기억나는 일이 있습니까? 만약 그렇다면 어떤 기억입니까?

- 어렸을 때 아빠를 어떻게 생각했는지를 나타내는 다섯 가지 형용사를 대보십시오.

- 이런 단어와 관련해서 아빠와 함께 경험한 특별한 일이 기억나는 것이 있습니까?

- 아빠 혹은 엄마 중에 누구를 더 가깝다고 느꼈습니까? 이유가 무엇입니까?

- 당신과 엄마와 아빠와의 관계를 각각 비교한다면 둘 사이가 어떻게 차이가 납니까?

- 아이였을 때 혼란스럽거나 불안정할 때 혹은 기분이 안 좋을 때 무엇을 했습니까? 마음속에 있는 괴로움을 다른 사람에게 털어 놓았습니까?

- 어렸을 때에 아프면 어땠습니까? 누가 당신을 돌보아주었습니까?

- 언제 처음으로 부모와 떨어졌는지 기억합니까? 부모와 분리되는 일을 어떻게 받아들였습니까? 그때 몇 살이었습니까?

- 아이였을 때 거부당한다고 느낀 경험이 있습니까? 어떤 상황이었는지 기억합니까? 아이의 입장에서 이런 거부를 어떻게 받아들였습니까?

- 부모가 원칙을 내세우면서 혹은 그냥 재미로 당신을 위협한 적이 있습니까? 당신을 버리거나 고아원으로 보낸다고 혹은 이와 비슷한 말을 하면서 겁을 준 적이 있습니까?

- 이런 경험 탓에 어른이 된 지금도 여전히 괴롭다는 느낌이

들 때가 있습니까?

- 부모를 통해 경험한 일이 어른이 됐을 때의 성격 향상에 어떤 방식으로든 영향을 끼쳤다고 생각합니까?

- 당신이 어렸을 때 부모가 왜 그런 입장을 취했는지 설명할 수 있습니까?

- 부모 외에 사이가 좋고, 특별히 소중하다고 생각하는 다른 어른이 또 있었습니까?

- 아이였을 때 가까운 가족 구성원 중에서 돌아가신 분이 있습니까? 그 사람의 죽음이 당신에게 어떤 영향을 끼쳤습니까?

- 부모가 아직 살아 계신 사람의 경우, 현재 부모와의 관계는 어떻습니까?

위의 질문에 대해 차분하게 생각할 수 있게 충분한 시간을 들인다. 그래야만 기억과 감정이 살아난다. 이때 중요한 것은 '맞고', '틀리고'가 아니라, 나의 감정이다. 엄마와 아빠에 대한 기억이 긍정적인가? 집안 분위기는 어땠나? 긴장과 갈등이 감돌았나 아니면 기본적으로 서로 화목하다는 느낌을 받을 수 있었나? 유년 시절에 어떤 일로 압박감을 받아 괴로웠던 적이 있었나? 무섭다고 느낀 적이 많은데 위로해준 사람이 아무도 없었나? 부모님이 어떤 분이셨는지 설명해보자. 두 분 중 누구와 더 가까운 관계였다고 생각하나?

이런 모든 기억이 의미하는 것은 무엇인가? 단순히 일반적으로 정리하자면, 유년시기와 부모의 태도에 대한 기억이 긍정적이라면 위에 제시된 검사 질문에 대답을 할 때 자기가 보호와 사랑, 안정감을 받았다는 좋은 감정이 생긴다. 아이였을 때 가족 안에 기댈 수 있는 사람이 존재했다고 느끼는 사람은 분명 안정적인 애착을 발달시킬 수 있었다고 추정된다. 하지만 완전히 그런 것은 아니거나 혹은 전혀 그렇지 않았다고 기억하는 사람의 유년기는 불안정했다고 할 수 있다. 당신은 혹시 겁이 많은 아이였나? 아니면 어른의 따뜻한 품을 될 수 있으면 피하고, 일찍 독립적으로 되고, 어른에게 '당신네는 필요 없어!'라고 보여주는 사람이었나?

어릴 때 찍은 사진을 들여다보는 것도 도움이 된다. 아이였을 때에 당신의 모습이 어른이 된 지금의 당신 눈에 어떻게 보이나? 유쾌하게, 얌전하게, 진지하게, 건방지게? 이전의 사진 속에서 어른들은 아이 옆에서 어떻게 포즈를 잡고 있는가? 아이에게서 얼마나 가까이 혹은 얼마나 멀리 서 있는가? 누가 누구를 향해 몸을 돌리고 서 있나? 누구와 찍은 사진이 가장 많나? 엄마? 아빠? 아니면 혼자? 사진 속의 아이를 보면 느낌이 어떤가? 즐거움이 묻어나나 혹은 긴장해서 몸이 뻣뻣하게 굳은 것처럼 보이나 아니면 슬픈 표정을 하고 있나? 물론 사진은 단지 순간을 포착한 것에 불과하지만 당신이 어렸을 때 어땠는지를 알려줄 때가 많다.

이미 말했듯이, 전문가만이 AAI 질문에 대한 답을 믿음이 가게 평가할 수 있다. 하지만 이런 문제를 두고 혼자 집중해서 답을 찾으려는 시도는 자신의 애착유형을 발견하기 위한 길의 첫 걸음이 될 수 있다.

지금은 어떤가?

성인애착면접이 지나온 유년기의 경험과 집안 분위기를 대상으로 묻는다면, 또 다른 설문조사는 우리가 현재의 관계 속에서 어떻게 애착을 활용하고, 허용하는지의 방법을 묻는다.

다음과 같은 진술은 《성인의 애착Attachment in Adulthood》이라는 지침서에 등장하는 여러 가지 질문에서 유래한다. 마리오 미쿨린서Mario Mikulincer와 필립 R.셰이버Phllip R. Shaver가 책의 저자로, 이들은 일반적 애착유형만이 아니라, 친밀한 사람과의 관계에서 볼 수 있는 애착 태도에 대해서도 연구한다.

질문은 네 개 부분으로 나뉘어 정리됐다. 다음의 글을 주의해서 잘 읽고 완전히 혹은 거의 대부분 일치한다고 생각되는 곳에 체크한다.

부분 1

- □ 다른 사람보다 나 자신을 믿는 편이다.
- □ 관계를 형성하는 일보다 성과를 올리는 일이 중요하다.
- □ 다른 사람과 함께 있는 것보다 최선을 다하는 것이 중요하다.
- □ 다른 사람과의 관계가 전체적으로 얕다.
- □ 다른 사람을 신뢰하는 일이 힘들다.
- □ 다른 사람이 이미 자신의 문제로 힘들어하므로 내 문제로 더 많이 부담을 주지 않는다.
- □ 다른 일로 너무 바빠서 관계를 위해 시간을 낼 수 없다.
- □ 남에게 의존하지 않는 편이다.
- □ 다른 사람을 완전히 믿는 일이 힘들다.
- □ 상처받을까 봐 두려워서 다른 사람이 나에게 가까이 못오게 한다.
- □ 관계가 너무 가까워지면 불안해진다.
- □ 헤어지는 일을 전반적으로 잘 견딘다.
- □ 배우자가 자신의 감정에 대해 대화를 나누고 싶어 하면 빨리 성급해진다.
- □ 연인과 잠깐 떨어져 있을 때는 굉장히 그립다가도 다시 돌아오면 거리를 둔다.
- □ 관계를 통해 내가 바라던 것을 얻고 난 뒤에는 지루해지기 시작한다.
- □ 깊은 관계를 맺지 않고도 잘 지낸다.
- □ 대부분은 나 혼자만으로도 충분하다는 생각이 든다.
- □ 연인이 더 많은 친밀감을 원하면 마음속으로 괴로워한다.
- □ 다른 사람이 속으로 무슨 생각을 할지 혼자 추측을 하고 이들을 쉽게 믿지 못할 때가 많다.
- □ 다른 사람에게 속마음을 털어놓는 일이 어렵다. 상처 입을까 봐 두려워서 가까운 사람에게도 마음을 완전히 열지 못한다.

부분 2

☐ 다른 사람이 나를 좋아해주는 일이 나에게는 매우 중요하다.

☐ 다른 사람이 무엇인가를 싫어하는 것을 알면 그것을 포기한다.

☐ 다른 사람이 어떻게 생각하는지 모를 때에는 결정을 내리는 일이 어렵다.

☐ 가끔씩 내가 충분히 훌륭하지 않다고 생각될 때가 있다.

☐ 내가 남을 생각하는 만큼 다른 사람이 나에 대해 많이 생각하지 않을까 봐 걱정이 된다.

☐ 다른 사람과 함께 보조를 맞추지 못할까 봐 두렵다.

☐ 다른 사람이 왜 나와 함께 하고 싶어 할까 가끔 궁금하다.

☐ 누군가와 함께 관계를 맺으면 거의 쉬지 않고 상대방과 둘의 관계의 질에 대해 골똘히 생각한다.

☐ 자신이 버려졌거나 홀로 남겨졌다는 느낌이 들 때가 많다.

☐ 내가 다른 사람과 잘 어울리지 않을까 봐 두렵다.

☐ 누군가와 함께하는 동안은 안전하다고 느낀다.

☐ 애인이 나를 진실로 사랑하는 것이 아니며 언젠가 떠날 수도 있다는 생각이 자주 든다.

☐ 누군가와 맺은 관계에서 자신이 마치 작고, 어쩔 줄 모르는 아이 같다고 느낄 때가 많다.

☐ 나의 진정한 면을 알게 되면 연인이 내 곁에 더 이상 머물지 않을 것이라는 생각을 자주 한다.

☐ 새로운 사람을 알게 되면 빨리 멍청해질 때가 많다.

☐ 연인이 어떤 일로 괴로워하면 이것을 즉시 알아차린다.

☐ 내 자존감은 애인이 나와 같은 의견을 갖는지의 여부에 따라 정해진다.

☐ 원하는 것을 말해서 이기적이라는 말을 듣느니 차라리 조용히 감내하는 참는 편이다.

☐ 내가 주의를 기울이지 않으면 나를 떠날까 봐 두려워서 가깝게 느껴지는 사람에게 더욱 매달린다.

부분 3

- 다른 사람이 내가 원하는 만큼 내게 가까이 다가오기를 꺼린다는 인상을 받는다.
- 친밀한 관계는 매우 중요하다고 생각한다.
- 내가 필요로 할 때 다른 사람이 함께 하지 못하면 실망한다.
- 다른 사람들 때문에 실망할 때가 많다.
- 내가 남을 생각하는 것만큼 다른 사람이 나를 생각하지 않을까 봐 걱정한다.
- 문제가 있는 사람에게 끌린다는 느낌이 든다.
- 너무 많이 매달린다고 연인에게 불만을 들을 때가 많다.
- 혼자 지내는 것은 상상조차 할 수 없다.
- 누군가와 사랑의 관계를 맺지 않으면 내가 아예 세상에 존재하지 않는 느낌이다.
- 다른 사람과 완전히 하나가 되고 싶은데 이런 소망이 다른 사람을 쫓을 때가 있다.
- 가끔은 연인에게 매우 가까이 다가가고 싶다가도 어느 때에는 이 사람을 밀어낸다.
- 싸움이 재앙으로 끝날 때가 많다. 완전히 시끌벅적하게 일을 꾸밀 수 있지만 싸움이 끝난 뒤에는 굉장히 괴로워한다.
- 어떤 사람이 정말 나를 보살피고, 내가 어떻게 지내는지 신경 쓴다는 경험을 해본 적이 전혀 없다.

부분 4

- ☐ 나는 누가 뭐래도 소중한 사람이다.
- ☐ 내가 무슨 생각을 하는지 쉽게 들여다보인다.
- ☐ 도움이 필요할 때에 다른 사람들이 나를 도와줄 것이라고 믿는다.
- ☐ 다른 사람과 깊은 관계를 맺는 일이 쉽다.
- ☐ 다른 사람을 믿는 일에 문제가 없다.
- ☐ 누군가와 함께하면 안전하다고 느낀다.
- ☐ 다른 사람은 내가 하는 일에 전반적으로 관심을 갖고, 염려한다.
- ☐ 다른 사람이 나를 좋아하고, 존경한다고 믿는다.
- ☐ 애정을 담아 연인을 대하는 일이 쉽다.
- ☐ 현재의 애정관계에 대부분 만족하는 편이다.
- ☐ 내가 느끼는 감정과 근심, 생각을 연인과 공유하는 일이 좋다.
- ☐ 연인이 다른 사람과 시시덕거리는 것을 보면 마음이 상하기는 해도 그 사람이 곧바로 나와 헤어질 것이라며 걱정하지는 않는다.
- ☐ 연인에 구애받지 않고 자기가 무엇을 원하고, 원하지 않는지를 안다.
- ☐ 연인을 잃고 싶지 않지만 헤어져야 한다면 혼자서도 잘 해낼 자신이 있다.
- ☐ 연인이 행복하다고 느끼게 하는 것은 나 혼자만의 책임이 아니라고 생각한다.
- ☐ 정서적으로 가까운 관계를 맺기를 원한다.

표시한 답을 검토하면 애착유형을 알 수 있다

성인을 대상으로 한 연구에서도 어린아이의 경우와 비슷하게 애착유형을 네 가지로 나눌 수 있다. 아이의 애착유형과 비슷하지만 다만 일부 이름에서 차이가 난다. 성인에 관한 연구에서는 애착유형을 회피적 애착유형, 불안정 애착유형, 양가성 애착유형, 그리고 안정 애착유형으로 구분한다.

앞에서 살펴본 부분 1에서 4까지는 각각 네 가지 애착유형을 묘사한다. 이제 자신이 어떤 부분의 사항에 많이 일치하는지 직접 시험해 보자. 특정한 부분에 점수가 몰리는 경우에는 자신이 어느 애착유형에 속하는지 판단을 내리기 쉽다. 체크한 내용이 뚜렷하게 한 부분에만 있지 않다면 가장 해당 사항이 많은 부분에 집중한다. 어쩌면 두 가지 다른 애착유형이 발달했을 가능성도 있다. 즉 옛날에는 소심하고, 겁을 먹은 채 다른 사람에게 다가간 반면에 지금은 삶의 긍정적인 상황 덕분에 안정을 찾아서 부분 2와 부분 4에 묘사된 사항에 더 맞다는 판단을 할 수도 있다. 이런 경우에는 지금 현재의 모습에 더 어울린다고 생각되는 애착유형을 선택한다.

자 그럼, 평가해 보자

부분 1에 나온 사항에 많이 일치하는 사람은 회피적 애착유형이다. 이런 유형에 속하는 사람은 다른 사람과 밀접한 애착을 형성하지 않아도 매우 잘 살고 독립적이고, 자립적인 것을 제일 중요하다고 여긴다. 정서적으로 가깝게 지내는 사람이 없어도 지내는 데에 특별히 문제가 없다. 친밀감보다 독립성과 자립성을 훨씬 중요하게 생각한다.

부분 2에서 자기의 모습을 많이 발견하는 사람은 확신하건대 불안정 애착유형을 지녔다. 이들은 친밀한 애착을 굉장히 중요시한다. 하지만 다른 사람에 대한 믿음이 부족하다. 이들은 확신하지 못하며 "내가 정말 사랑받는다면 다른 사람을 믿을 수 있을까?"라며 의심을 품는다. 누군가에게 가까워지기를 너무나 갈망하면서도 상처받거나 곤경에 빠질지도 모른다는 두려움이 항상 따라다닌다. 가까워지고 싶은 욕구에 대해 상대방이 자신이 기대하는 만큼 반응하지 않으면 곧바로 불안해한다. 누군가와 친하게 지내면서 자신은 매번 주는 사람이고, 상대방은 자신이 원하는 만큼 많이 주지 않고 받기만 한다고 느낄 때가 많다.

부분 3에 제시된 사항에 많이 일치하는 사람은 양가성 애착유형일 확률이 매우 높다. 다른 사람과 가까이 지내기를 원하고, 밀접한 관계가 없이 사는 일은 상상조차 할 수 없다. 하지만 다른 사람이 너무 가까이 접근하는 것을 부담스럽게 여긴다. 이런 사람은 다른 사람과의 관계를 자신이 통제하고 싶어 한다. 무슨 일이 있어도 절대 상대방에게 의존해서는 안 된다고 생각하기 때문이다. 그래서 너무 가까워지면 사랑하는 사람을 재빨리 밀어내고, 스스로 관계를 끊으려고 한다. 누군가와 함께하는 과정에서 진이 빠질 정도로 '밀고 당기기'를 할 때가 많다. 다른 사람이 자신을 실망시키거나 상처를 입히기 전에 먼저 적절한 시기에 거리를 둔다.

부분 4에 쓰인 사항에 대부분 수긍이 되는 사람은 안정 애착유형을 지녔다. 이것은 감정적으로 알맞게 다른 사람에게 접근하는 일을 쉽게 생각하는 것을 의미한다. 다른 사람에게 의지하는 일을 아무렇지 않게 생각한다. 자존감이 안정적으로 자리 잡았고 다른 사람이 자신을 이해하지 못할까 봐 두려워하지 않는다.

두려움은 얼마나 크고, 기피하는 마음은 얼마나 강한가?

한 가지 안정적인 애착유형과 세 가지 불안정한 애착유형 사이에 있는 차이점의 특징을 두 가지 기준으로 살펴볼 수 있다. 즉 애착을 얼마나 강하게 회피하는 지와 분리 불안감이 얼마나 큰가라는 측면에서다. 애착 연구가인 킴 바르톨로메브(Kim Bartholomew)에 따르면 이런 양극의 특성에서 각각 어떤 애착유형인지를 유도해서 밝혀낼 수 있다.

- 회피적 유형. 약간의 분리불안감이 동반되고 강하게 거부하는 태도는 회피적 애착유형의 특성이다.

- 불안정 유형. 불안한 사람은 대부분 누군가와 밀접한 관계를 맺었을 때 상당히 두려움이 크지만, 거부하는 태도는 거의 없다.

- 양가성 유형. 회피와 불안이라는 두 가지 특징이 모두 강하게 나타나는 사람은 특성상 상반된 양면이 있는 애착유형을 지녔다.

- 안정 유형. 안정 애착유형을 지닌 사람은 관계에서 기피하고, 두려워하는 것이 적게 보인다.

나는 어떤 애착유형인가?

다른 사람과 관계를 맺었을 때 느끼는 불안감의 크기는 어느 정도인가? 불안감 아니면 회피, 둘 중에서 무엇이 당신의 태도를 결정하나? 아니면 당신은 안정적으로 다른 사람과 관계를 맺고 있고, 불안감도 거의 느끼지 않나? 다음 장에서는 네 가지 애착유형에 관해 더욱 자세하게 알아보겠다. 네 가지 애착유형은 모두 다음과 같은 질문에 대한 답을 제시한다.

- 특정한 애착유형은 어떻게 발달하나?

- 유년기의 어떤 경험이 애착유형의 발달에 바탕이 되나?

- 애착유형이 친밀한 관계와 우정, 자존감에 어떤 영향을 주나?

- 애착유형은 친밀감 혹은 거리를 두고 싶어 하는 마음에 어떤 영향을 끼치나?

- 애착유형은 다른 사람을 얼마나 개방적으로 아니면 폐쇄적으로 대하는지의 질문에 어떤 역할을 하나?

물론 자신의(혹은 연인의) 애착유형이라고 추측되는 유형을 설명하는 챕터로 곧장 책장을 넘겨 읽을 수도 있다. 하지만 다른 애착유형이 어떤지를 설명한 곳을 읽어보는 것도 원칙적으로 도움이 된다. 이렇게 하다 보면 자기가 추측한 것이 옳은지 더욱 확신할 수 있다.

4

회피적 애착유형,
제발 거리를 유지하세요!

친밀한 관계? 반드시 그래야 된다는 법은 없다. 애착을
회피하는 유형의 사람은 다른 사람보다는 자신을 믿는
편이다. 평생을 싱글로 살기도 한다. 누군가와 연인 관계
를 맺고 살 때에도 그런 경우가 있다.

마티아스

'Living apart together(같이 또 따로 살기).' 마티아스가 추구하는 연인관계다. 그는 여자 친구와 함께 살 마음이 추호도 없다. 10년 전에 부부 관계를 끝맺고 난 뒤에 '다시는 여자랑 같이 사는 일은 없을 거야!'라고 맹세를 했다. 수잔나하고도 절대 같이 살지 않겠다고 다짐했다. 마티아스와 수잔나는 4년 전부터 사귀었는데 수잔나가 조심스럽게 "함께 살 집을 구하면 어떨까?"라고 말을 꺼내면 마티아스는 그때마다 솜씨 좋게 답하는 것을 피할 수 있었다. 더 이상 그 문제로 왈가왈부하고 싶지 않았다. "수잔나는 너무 꼼꼼하고, 깔끔해. 함께 사는 일이 절대 좋게 굴러갈리 없어. 아마 싸움이 끊이지 않을 거야."라며 정말 '끔찍할 것'이라고 상상을 했다. 괜한 핑계에 지나지 않을까? 분명 그럴 수도 있다. 모니카와 바버라가 존재하기 때문이다. 마티아스는 아주 드물기는 해도 계속해서 두 여성 중 한 명과 만나서 멋진 곳에서 식사를 했다. 그의 표현을 빌리자면, '집중적인 대화'를 나누며, 이런 저녁에는 호텔까지 갈 때가 종종 생겼다. 마티아스는 당연히 수잔나가 알아서는 안 되는 일이라고 생각하며 이런 관계가 위태로워지지 않기를 바랐다. 마티아스는 "수잔나와 함께하는 것이 정말 좋아요. 우리 사이에 공통점도 굉장히 많고요. 둘 다 산에 가기를 좋아하고, 영화관에서 늦은 저녁 시간에 영화보기를 좋아하고, 새로운 포도주를 발견하는 일도 즐기고요. 같이 있으면 즐거워요. 그러다가도 마음이 스멀스멀 불편해질 때가 있어요. 수잔나가 저에게 너무 가까이 다가오거나 우리의 관계에 대해 말을 꺼내거나 육체적으로 너무 가까워지려고 시작할 때죠."라고 한다. 수잔나가 산책길에 손을 잡으려고만 해도 마티아스는 '알레르기' 반응을 일으킨 사람처럼 민감하게 반응을 한다. 그러고는 마음을 단단히 걸어 잠근다. 수잔나가 "자기, 무슨 생각해? 무슨 일 있어?"라고 궁금해 하면 마티아스는 "그냥 나 혼자 가만히 좀 있고 싶다고"라며 벌컥 화를 낸다.

마티아스는 사실 모니카와 바버라가 없어도 괜찮다는 것을 안다. 수잔나를 처음 보고 꿈에 그리던 여성의 모습을 찾았다고 생각한 것도 사실이다. "하지만 수잔나가 제 첫 번째 꿈의 여인은 아니에요. 이전에도 꿈꾸던 여성을 만난 적이 많거든요"라며 자아 비판적으로 단정한다. 하지만 어느 시기가 되면 이런 모든 꿈의 여성에게 실망감이 들고 현실을 깨달았다. 항상 같은 패턴이었다. 마티아스는 애인이 자립적이며, 독자적인 여성이기를 바랐다. 하지만 이런 여성을 찾았다고 믿어서 관계를 시작했는데 점점 관계가 깊어가면서 실망감이 들었다. 마티아스는 "갑자기 모든 여성이 기댈 어깨를 찾고 있는 거에요."라며 불만을 털어놓았다. "마치 혼자서는 한 걸음도 떼지 못하는 어린 소녀가 되죠." 마티아스는 이런 것을 참지 못했다.

마티아스는 애착유형 진단에서 분명 부분 1의 사항에 체크를 많이 했을 것이다. 그는 유년기에 관계에 대한 어떤 확신을 발달시켰는데 이것이 현재에서도 연인과의 관계에서 안전거리를 다소 유지하고 관계를 기피하는 듯한 태도를 취해야 한다고 말하고 있다. 부분 1에 적힌 사항에서 자신의 모습을 발견한 사람도 분명 이런 애착유형과 특징을 지녔을 것이다.

다른 사람보다 나 자신을 신뢰하는 편이다. 다른 사람을 믿는 일이 어렵다. 관계를 위해 마련할 시간이 없다. 다른 사람이 나에게 너무 가깝게 다가오지 못하게 한다. 긴밀한 애착이 없어도 잘 지내는 편이다. 다른 사람에게 의존하고 싶지 않다. 다른 사람이 나에게 의지하는 것도 좋아하지 않는다.

어떤 유년기를 보냈을까?

'애착 기피자'는 생애 첫 시기부터 분명 안정감이 전해지는 경험을 하지 못했을 것이다. 이들은 아이였을 때 틀림없이 중요한 애착대상이 불안정하고, 예측불가능한 사람이라는 경험을 해야만 했을 것이다. 이런 애착대상이 때로는 너무 가깝게 다가오고, 완전히 애정공세를 벌이다가도 갑자기 거부하거나 무시를 했다. 부모는 아이를 정서적으로 롤러코스터를 태워 높고 낮은 곳을 오가게 했다. 엄마나 아빠가 아이가 보이는 애착의 욕구를 가끔은 긍정적으로 받아들이고, 가끔은 거부를 하듯이 반응하면 아이는 어른을 신뢰할 수 있는 존재라고 절대 배우지 못한다. 순식간에 무관심한 태도를 보이거나 더욱 심할 경우에는 아이를 거부하기 때문에 이런 엄마나 아빠의 사랑은 확실한 담보가 되지 못한다. 아이는 이런 경험을 통해서 '누군가가 필요할 때 내 곁에는 아무도 없어. 혼자서 알아서 해야 돼. 반항을 하거나 울어도 아무 소용없어. 관심을 갖는 사람이 아무도 없으니까. 무엇을 원하고 무서워하는지를 아예 보여줄 필요도 없어. 아무도 거기에 관심이 없고, 신경을 안 쓰거든.'이라는 결론을 이끌어낸다. 결과적으로, 아이는 자신의 내면 상태를 '포커페이스' 뒤에 숨긴다. 아이가 어떻게 지내는지 어른이 절대 알아차리면 안 된다. 아이는 어른이 자신의 진정한 마음을 보고 승리하는 일을 허용하지 않는다. 따라서 '절대로 카드 패를 보여선 안 돼! 내가 다칠 수 있는 것을 보이면 큰일 나. 그렇지 않으면 내가 상처받을 거야.

되도록 조용히 입을 다물고, 쿨하게 보이면 적어도 혼날 일은 없어.'라는 모토를 따른다. 이런 전략은 불안함에 떠는 감정을 통제하게 도와주기도 한다.

아이는 혼자서 잘 지내기 때문에 자립적이고, 독립적이라는 인상을 준다. 그래서 아동심리치료사인 카를-하인츠 브리쉬 Karl-Heinz Brisch가 정의하는 것처럼 이런 불안한 애착유형을 지닌 아이는 '키우기 편하기 때문에 부모와 유치원 보모가 매우 좋아하는 타입이다. 문제없이 이틀 만에 유치원 생활에 적응하고, 울지도 않고, 스트레스를 받지도 않는다.' 하지만 이런 아이는 실제적으로는 극심할 정도로 스트레스를 많이 받으며, 신체검사에서도 볼 수 있듯이 긴장상태가 높고, 지속된다.

보기에 편안하고 감정도 없어 보이는 포커페이스는 지금도 여전히 회피적 애착유형자의 '특징'이다. 이런 애착유형은 발달 심리학자인 가브리엘레 글로거-티펠트Gabriele Gloger-Tippelt가 성인의 애착유형에 대한 연구를 위한 전문적 인터뷰인 성인 애착면접(AAI)를 바탕으로 진행해서 얻은 것과도 대부분 일치한다. '애착 기피자'는 이전의 고통스러운 경험을 밀어내거나 어렸을 때 느끼고, 견뎌야만 했던 것이 다시 떠오르지 않게 다르게 해석한다. 괴롭고, 상처받은 경험을 경시하거나 어쩔 때에는 자신의 발전을 위해 도움이 된다고까지 평가하기도 한다.

'애착 기피자'는 대부분 이런 식으로 유년기의 의미를 낮추어

왜곡한다. 예전의 경험이 자신의 인격과 아빠로서의 태도에 영향을 주는지의 질문에 한 응답자는 "내가 어떻게 컸는지가 매우 큰 역할을 한다고 생각하지 않습니다."라고 대답했다. 다른 것에 관한 이야기를 들어보면 분명히 매우 어려운 유년기를 보냈음에도 자신이 보낸 유년기는 '매우 정상'이었으며, 부모의 태도도 '전체적으로 사실 나쁘지 않았다.'고 강조하는 사람도 있다. 예를 들어, 한 여성이 아버지에 대해 말한 예시에서도 이런 특징이 드러난다. "아버지는 엄격하기는 했지만 저를 때린 적은 한 번도 없어요. 하지만 단 한 마디만 하셔도 바로 알 수 있었죠. 그러면 더 이상 반항하지 않았어요." 다른 응답자는 엄마가 자주 화를 냈다는 이야기를 들려주었다. 하지만 이런 일은 금방 또 지나갔고, '아이들에게는 매우 중요한' 좋은 일이라고도 말했다.

'애착 기피자'는 유년기에 당한 나쁜 일에 대한 기억을 떠올리면 '나를 죽이지 못한 것은 나를 강하게 만들 뿐이다'라는 좌우명에 따라 나쁜 기억을 다르게 해석한다. 한 응답자는 늦은 청소년기 때 아버지가 갑작스럽게 돌아가신 일이 어떤 영향을 주었는지에 대해 이야기를 들려주었다. 이런 경험은 자신을 강한 여성으로 만들었고, 훨씬 더 독립적인 사람이 되고, 더 이상 '미모사처럼 예민하게 굴지' 않게 했다. 또 다른 응답자는 어렸을 때 상처받은 정황을 아무런 감정도 표현하지 않고 무뚝뚝하게 묘사를 했다. "의사한테 가서 무언가 끼우는 것을 받았어요. 그게 전부예요. 우리 집에서는 그런 거는 특별한 일도 아니었어요. 야단법석을 떨만한 일이 있던 적은 한 번도 일어나지 않았는데요."

하지만 이런 애착을 기피하는 사람들의 유년기는 완전히 안개에 뒤덮여 있을 때가 많다. 유년기에 대해 물으면 "떠오르는 게 하나도 없네요."라며 건너뛰거나 아니면 '언젠가는 끝내야 되는 것 아닌가요? 평생 유년기 때의 일을 거들먹거리면서 살 수는 없잖아요.'라는 좌우명을 달고 적극적으로 방어를 할 때도 있다. 하지만 '애착 기피자'가 부모를 이상적으로 꾸미는 일도 있다. 한 여성은 유년기에 '나쁜 기억이라고는 눈곱만큼도 없으며' 엄마와 애정이 깊고, 진정한 관계를 가졌다고 말한다. 하지만 '애정 깊은' 관계가 무엇을 의미하는지 더 자세하게 설명해줄 것을 요청하면 구체적인 예를 들지 못했다.

마티아스도 역시 유년기의 기억에 대해 질문을 받았을 때 선뜻 답을 하지 못했다. "거의 기억이 나지 않습니다. 제 유년기는 짙은 안개 속에 있어요. 그냥 지극히 평범한 어린 시절을 보낸 것 같아요. 엄마, 아빠, 할머니, 이모. 우리 모두 한 집에 살았었죠." 부모님이 몇 년 동안 심하게 싸운 뒤에 결국 이혼을 했을 때에 마티아스는 겨우 열 살이었다. 여전히 그 일을 기억하지만 특별히 큰 의미는 두지 않는다. "네, 두 분이 무섭게 싸우셨죠. 그러면 항상 할머니한테 달려갔어요. 적어도 그곳은 조용했거든요." 열네 살 때에 양육권이 있던 엄마를 떠나 아빠가 사는 곳으로 이사를 한 일도 감정의 변화 없이 무덤덤하게 이야기했다. 아빠와 함께 살고 싶어 했던 이유가 무엇 때문인지 떠올리지 못했다. "그냥 그렇게 됐어요. 그렇게 결정해서 문제가 일어나지도 않았고요. 엄마와 같이 사는 일이 그다지 안 좋았어요."라는 무미건조한 답만 들려주었다. 마티아스는 거의 마지못해 이야기를 계속했다. "부모님이 이혼하신 뒤에 할머니가 낮 동안에 저를 돌봐주셨어요. 엄마는 일을 해야만 했거든요. 엄마는 일이 끝나고 저를 데리러 할머니 집에서 왔어요. 그런데 엄마가 오기 몇 시간 전부터 저는 불안해졌어요. 엄마 기분이 어떻게 변할지 알지 못했거든요." 엄마의 기분이 좋으면 마티아스는 마음이 한결 가벼웠지만, 엄마가 기분이 나쁜 날에는 어떻게 해야 엄마의 기분을 맞출 수 있을지 몰라 심란했다. "기분이 안 좋으면 엄마는 내 옷차림과 자세, 머리 모양, 내가 말이 없는 것 등 전부를 못마땅해 했어요. 그럴 때에 저는 그냥 사라지고 싶다는 생각 밖에 안 들었죠." 마티아스는 엄마가 굉장히 무서웠지만 그런 감정을 한 번도 드러내지 않았다. "제가 엄마를 얼마나 무서워하는지 아셨다면 진짜 무슨 말을 들었을지 상상도 안 돼요."

하지만 엄마가 마티아스를 자랑스럽게 여길 때도 자주 있었다. "엄마는 식당에 가는 걸 좋아했는데 가끔 저도 데리고 가주셨어요. 누가 '아들이 정말 잘 생겼네요.'라고 말하는 날에는 엄마와 몇 시간 동안 즐겁게 시간을 보낼 수 있었어요." 엄마는 칭찬을 듣는 것을 좋아했다. 아들에게서도 마찬가지로 칭찬받기를 기대했다. 하지만 마티아스는 정작 이것에 대한 기억을 떠올리고 싶어 하지 않는다. "이벤트에 가려고 치장을 하면서 엄마는 나에게 자신의 모습이 예쁜지를 종종 물었어요. 가끔은 속옷만 입은 채로 돌아다니며 어떤 원피스를 입어야 좋을지 제 생각을 듣고 싶어 했죠." 하지만 아들이 무슨 걱정을 안고 사는지는 조금도 관심이 없었다. 마티아스는 "엄마는 저를 단지 칭찬하는 사람으로서만 중요하게 생각했고, 자랑할 수 있을 때만 필요로 했죠."라고 회상한다. 그런 말에 씁쓸함이 묻어 있다.

마티아스는 어릴 적에 엄마가 그를 위해 진정으로 관심을 쏟지 않았기 때문에 회피적 애착유형의 사람이 됐다. 엄마는 우선 더 이상 사랑하지 않는 남편의 그늘에서 벗어난 일 때문에 신경 쓸 일이 많았고, 그 일이 끝나자 다음에는 마티아스의 표현을 빌리자면 '자기실현'을 위해 바쁜 시간을 보냈다. 마티아스는 이런 상황에 처한 다른 많은 아이들이 하는 것처럼 밖으로는 전혀 표시가 안 나는 행동으로 엄마의 사랑을 받으려고 애썼다. 아니면 적어도 힐책으로 가득한 주의를 받거나 거부를 당하지 않으려고 노력했다. 그러면서 아무 것도 바라지 않으면 엄마가 자기를 가장 많이 인정한다는 것을 깨달았다. 엄마가 가끔씩 마티아스에게 보여준 '친밀감'은 독을 품고 있었다. 자세히 설명하자면, 그런 친밀감은 마티아스와 어떤 연관성도 없었고, 단지 엄마의 욕구를 채워주는 역할을 위한 것이어서 그에게 상처만 입혔다.

애착모델은 어떤 조언을 할까?

마티아스와 같은 '기피자'는 어릴 적에 부모나 다른 양육자와 좋은 경험을 하지 못했다. 이들은 엄마나 아빠에게 짐이거나 어른이 바라는 욕구를 채워줄 때에만 관심을 받는다는 것을 느끼며 자랐다. 어른을 믿을 수 없었기 때문에 남을 신뢰하는 법을 발달시키지 못했다. 따라서 이런 사람의 애착모델은 '기피자'에게 관계가 가까운 사이로 발전하면 '가장 좋은 방법은 언제라도 거부당할 것을 염두에 두고, 너의 많은 것을 희생하려고 하지 마. 다른 사람이 네게 가까이 접근하는 것은 좋은 일이 아니야.'라며 조심하라고 조언한다. 이때 내적 작동 모델은 예전의 애착에 관한 경험을 기준으로 삼아서 다시 새롭게 상처 입지 않게 무조건 지키려고 한다. 이런 우려는 이전에 생긴 관계모델의 관점에서 보면 이해가 가지만, 이런 식의 조언은 지금 시점에는 더 이상 맞지 않는다. 예전에는 친밀감과 애정에 대한 소망을 억누르고 정서적으로 기대는 일을 삼가는 것이 중요했다. 애써 자립심과 독립성을 획득하는 일이 쓸모 있는 것처럼 보이는 데만 그치는 것이 아니라, 생존을 위해 필수적이었다. 하지만 이제 어른이 되고 난 뒤의 시선으로 보았을 때 이런 모델은 도움이 안 된다. 이런 충고는 비생산적이며, 혼란만 초래한다. 즉 '관계는 어떻게 이루어지나?'라는 질문에 틀린 답을 제시한다.

관계에서. 독자적인 자세 취하기, 침묵하기, 감정을 드러내지 않기

이런 애착유형의 사람은 기피하는 경향이 심하지만 많이 불안해하지는 않는다. 다시 말해, 관계를 맺기는 맺되 실제로 끝까지 가는 경우는 드문 것을 의미한다. 이런 사람은 다른 사람에게 거리를 두고, 가까이 다가가는 것을 피하고, 불안해하며 자신의 자율성과 독립성에 주의를 기울인다. 자신의 진실한 감정과 생각을 말해야 하는 자리에서 폐쇄적인 자세를 취하고, 마음을 터놓지 않는다. 이에 대한 원인은 다름 아닌 어린 시절의 경험 때문이다.

이런 애착유형은 전형적으로 다음과 같은 행동양식을 보인다.

애착은 약하게, 자율성은 강하게

관계 맺는 일을 기피하는 사람은 가까운 사람에게서 애착체계를 작동시키지 않을 가능성이 매우 높다. 무의식적으로 혹은 가끔은 의식적으로 보호받고 싶고, 친밀함을 원하는 마음을 밀쳐내고 다른 사람에게 가까워질 수 있는 모든 가능성을 차단한다. 동시에 자율성을 얻으려는 노력을 작동시킨다. 그 외에도 관계를 맺고 있는 상대에 대해 부정적인 할인 티켓을 모으는 것도

'애착 기피자'가 많이 하는 행동이다. 설명하자면, 자기 마음에 거슬리는 것과 다른 사람의 나쁜 특성은 매우 정확하게 파악하면서 반면에 상대방이 가진 긍정적인 면에 주의를 기울이는 일은 매우 드문 것을 의미한다. 애착을 기피하는 유형의 사람의 시각에서 봤을 때에 이에 대한 그럴싸한 이유가 있다. '애착 기피자'가 다른 사람의 긍정적이고, 관심을 쏟고, 애정이 가득한 면을 인지한다면 때로는 당혹스러울 수 있기 때문이다. 다시 말해, 다른 사람에게 가까워진다고 느끼는 일은 위험해질 수 있다. 하지만 상대방에게 '불평을 늘어놓으면서' 이 남자가 혹은 이 여자가 그다지 훌륭하지 않다고 자신에게 반복적으로 확인을 시키는 동안에는 회피적 애착유형의 사람은 자신의 심리적 안정을 위해 필요한 정서적 안전거리를 지킬 수 있다.

거리 두기

거리두기 역시 회피적 애착유형의 사람에게 있는 또 다른 특징이다. 연인이 너무 가까이 접근하면 '피하는 사람'은 다시 안전거리를 두려고 가끔 매우 조악한 방법을 사용할 때도 있다. 그러면 상대방을 경시하거나 과소평가하는 경향을 보인다.

마티아스는 그런 전개과정을 잘 안다. 수잔나와 정말 좋은 시간을 보낸 후에는 특히 더 격렬하게 싸웠다. "뭔지 모르겠지만 수잔나와 잘 안 맞아요. 짓눌리는 느낌이고, 숨 쉴 구멍이 필요해요." 수잔나가 직장에서 있던 문제를 이야기하면 마티아스는 거만하게 들리는 조언을 하거나 능력이 없다고 깎아내렸다. 최근에 와서 수잔나가 몸무게가 늘은 것 같다고 한숨을 쉬면 깔보듯이 "맞아, 3킬로그램 정도 덜 나가면 좋겠지."라고 대꾸했다. 수잔나가 엄마에 대한 걱정으로 말을 꺼내면 마티아스는 귀담아 듣지도 않고 아예 참견을 안 한다. 마티아스는 자신의 이런 태도가 수잔나를 상처 입힌다는 것을 알지만 사실 후회는 하지 않는다. 이렇게 해서 수잔나가 약간 뒤로 물러나 거리가 생기면 마티아스는 이전보다 훨씬 더 기분이 좋아진다. 좀 더 자유로워졌다고 느낄 수 있다. 자기에게 위협적으로 가까이 밀려오던 것이 멈추기 때문이다. 가끔 마티아스는 자신이 관계능력이 떨어지는 사람이며, 어쩌면 싱글로 살아야 더 행복해지는 것은 아닌지 궁금해 한다.

싱글로 살기

이것 역시 회피적 애착유형을 지닌 사람의 전형적 특징이다. 이들은 혼자 사는 경우가 많고, 가끔씩 심지어 누군가 관계를 맺었음에도 홀로 사는 사람도 있다. 심리학자인 프란츠-요제프 헬

Franz - Josef Hehl은 40명의 여성을 대상으로 조사 연구를 진행했는데 그중 절반의 여성은 독신 생활을 했다. 헬은 연구를 통해 미혼인 여성은 어릴 적에 가족과의 관계가 덜 밀착됐고, 결혼한 여성에 비해 어머니에게 관심을 적게 받은 사실을 알아냈다. 헬에 따르면, "싱글로 사는 여성은 아이였을 때 가족이 거의 도움을 주지 않았다는 인상을 받았다." 이들은 부모와 함께 살 때에 관심과 인정을 받으려고 애썼다. 부모가 주는 애정으로 자의식을 얻은 것이 아니라, 자기가 노력해서 얻은 성과로 자존감을 찾았다. 심리학자인 헬은 "따라서 이들의 자존감은 다른 사람이 자신을 좋아해 주는 지에 따라 좌우되지 않고, 스스로 삶에서 무엇을 얻으려 노력했는지에 따라 달라집니다."라고 한다. 그에게 '독신'이라는 삶의 형태는 홀로 싸우는 사람의 상징이다. "부모의 사랑에 기대지 못하면 스스로를 믿는 방법밖에 없어요." 이런 사람은 누군가와 함께하더라도 거리를 유지한다. 안정적인 관계를 이어나가더라도 싱글로 머문다. 프란츠 요제프 헬은 "이런 사람은 결혼해서 부부의 인연을 맺어도 자기 혼자만의 길을 갑니다."라고 설명한다.

폐쇄

'애착 기피자'가 보이는 또 한 가지 주요 특징은 폐쇄다. 관계가 너무 가까워지면 불편해서 다른 사람이 자신의 삶을 아예 들여다볼 수 없게 모든 일을 중단한다. 개인적인 일에 대해 이야기하는 것을 끔찍하게 싫어하고, 연인이 "당신하고 얘기 좀 해야겠어요." 라고 말을 꺼내면 즉시 방어 태세를 취한다. 다른 사람이 자기에게 너무 많은 관심을 쏟는 일도 원하지 않는다. 반대로 상대방이 무슨 생각을 하고, 어떻게 느끼는 지에 대해서도 신경을 안 쓴다. 다른 사람에게 '오늘 기분 어때?'라는 전혀 해가 되지 않는 질문조차 건네는 일이 드물다. 하물며 다른 사람의 일에 더 깊이 관여하는 질문은 말할 필요도 없다. '애착 기피자'는 "당신 오늘 의사한테 다녀왔잖아. 의사가 뭐라고 해?" 혹은 "오늘 기운이 하나도 없는 것 같네. 무슨 문제 있어?" 와 같은 질문을 절대 입에 올리지 않는다. 그런 질문을 던졌다가는 관계에 대한 대화로 이어질 수 있기 때문이다.

이런 애착유형을 가진 사람은 다른 주제에 관해서는 아무 문제없이 대화를 할 수 있다. 대화 상대가 지칠 때까지 직장일과 바이에른 뮌헨이나 보루시아 도르트문트와 같은 축구팀에 대해, 멍청한 트럼프나 독일 사민당의 몰락에 대해 오랫동안 연설을 늘어놓을 수 있다. 대화가 이런 주제에 국한 될 때에는 사생활에 대한 이야기를 꺼낼 필요가 없다! '애착 기피자'가 자신에 대한 정보를 주는 일을 철저하게 꺼리기 때문이다. 이들은 중요한 일이나 결정조차 혼자서만 알고 연인과 상의하지 않는다. 다른 사람에 대해 너무 많은 것을 알지 않고 연인에게도 꾸준히 약간 낮선 존재로 머물러야만 자신의 독립성을 지킬 수 있다고 확신한다. 기분이 안 좋으면 문제와 자신이 바라는 것이 무엇인지 말을 하기보다는 먼저 직접 이야기하는 일을 피하고 방문을 닫고 혼자 앉아 있다.

회피적 애착유형의 사람에게는 낭만을 모른다는 이미지도 따라다닌다. '사랑해'라는 말을 꺼내는 일이 너무나 어렵고, 애정 넘치는 칭찬을 하는 일에도 무척 인색하다. '애착 기피자'의 연인은 상대가 감정이라고는 찾아볼 수 없는 '통나무' 같다고 하소연한다.

샐리 루니Sally Rooney의 소설 《친구들과의 대화conversations with friends》에 나오는 주인공인 프랜시스는 회피 애착 성향을 띠는 사람으로 추정된다. 냉철하고, 이성적인 여성인 프랜시스는 유부남인 닉에 급격히 사랑의 감정을 느낀다. 닉에게 너무나 끌리고, 모든 생각과 갈망이 그의 주위를 맴돈다. 그럼에도 프랜시스는 그와 거리를 둔다. "닉에게 나에 대해 한 번도 말하지 않은 것이 무엇이 있는지 전부 생각해 봤어. 그렇게 하는 것이 더 좋아. 마치 경계막이 내 몸을 보호해주는 것처럼 침묵함으로써 나를 감싸고 있는 느낌이 들어." 알코올중독자의 딸인 프랜시스는 친밀함을 피하는 법을 배웠다.

사랑이란 무엇인가를 해내는 것

회피적 애착유형에서 보이는 이런 특징은 특별히 더 슬프게 만든다. 다른 애착성향인 상대는 이것을 전혀 이해하지 못한다. 따라서 회피적 애착성향의 사람이 이런 방식을 통해 애정과 관심을 구하려고 애써도 아무 것도 얻을 수 없다. 회피적 애착유형의 사람은 어린 시절에 다른 사람을 힘들지 않게 하고, 혼자 알아서 할 일을 하면 인정을 받거나 적어도 관용을 경험하는 것을 배웠다. 따라서 자신이 무슨 일을 해낼 수 있을 때에 여전히 가장 기분이 좋다고 느낀다. 이들은 직장 일에 파고들거나 집안과 정원의 모든 일을 정성을 다해 살피는 경향이 있다. 연인에게 무엇인가 좋은 일을 해주고 싶을 때에는 차고를 정리하고, 망가진 물건을 고치고, 잔디를 깎는다. 괜히 개인적인 것에 대한 대화를 나누거나 그냥 아무 것도 하지 않은 채 소파에 나란히 앉아 영화 한 편을 같이 보는 일을 피하기 위해서다. '애착 기피자'는 '일을 해결한' 것에 진솔한 칭찬을 듣거나 적어도 '고마워'라고 한 마디 해주는 것에 만족한다. 이것만으로도 충분히 가까운 관계라고 여긴다. 어렸을 때 감정적인 욕구를 표현하는 데 겸손하라고 배웠기 때문이다.

헤어짐? 문제없음!

누구와 떨어지는 일도 '애착 기피자'에게는 일상적이다. 이들은 분리 상황에서도 (곁에서 보기에는) 매우 잘 대처한다. 잠깐 동안 떨어져 있는 일이나 영원히 헤어지는 일도 상관없다. 결국 격한 감정으로부터 자신을 보호하고 냉정함의 가면 뒤에 숨는 일에 잘 단련됐기 때문이다. 당연히 다른 사람처럼 슬픔을 느끼고, 충격도 받지만, 밖으로는 무관심하고, 태연한 척 행동한다. 능숙하게 포커페이스를 보임으로써 호기심에 가득한 시선과 질문에서 자신을 지킨다.

심리학자인 데이비드 하우David Howe는 회피 애착유형의 한 남성이 5년 동안 함께 했던 사람과의 관계가 끝나고 난 뒤에 한 말을 전형적인 예시로 들었다. "네, 그 사람이 결국은 저를 정말 떠났어요. 솔직히 말해서 마지막에는 굉장히 히스테릭하게 굴어서 이렇게 된 게 저를 위해서는 최상이라고 생각해요. 저만을 위한 공간이 다시 더 많아지고, 직장일도 보충할 수 있게 됐거든요. 그러니까 모든 게 다 좋은 쪽으로 됐어요. 저는 이런 이별 따위 마음에 두는 타입은 아니에요."

사회적 능력

다른 사람과 좋은 관계를 맺는 일이 '애착 기피자'의 삶에 등장하는 경우는 드물다. 표면적으로 아는 사람은 많지만 될 수 있는 한 친구나 동료와 가깝게 지내는 일을 피한다. 독립성을 원하는 마음을 지나치게 너무나 강조해서 다른 사람이 보기에 자아도취적이며, 때로는 건방져 보이기까지 한다. 그런 태도로 사실은 이들에게 관심이 있고, 좀 더 가깝게 지내고 싶어 하거나 우정을 쌓고 싶어 하는 사람들을 낙담시킨다. '애착 기피자'가 자기와의 관계에 별로 관심이 없다는 것을 빨리 알아차리기 때문이다. 마음을 열지 않고, 자신에 대한 이야기를 많이 하지 않고, 다른 사람에게는 표면적으로만 슬쩍 관심이 있는 듯 행동한다. 회피 애착유형의 사람은 다른 사람을 진심으로 자기 삶에 들일 준비가 되지 않아서 좋은 관계로 발전할 수 있는 일이 허사로 끝날때가 많다. 어쩌다가 우정이라도 꽃피우면 '애착 기피자'는 매우 비판적이 된다. 다른 사람과 갈등이 일어나기라도 하면 아주 작은 실망감이나 짜증만으로도 관계를 끊는다.

직장 동료로서도 회피적 애착성향을 띠는 사람은 거리를 두는 편이다. 이런 사람은 단연코 팀플레이어가 아니며, 미팅은 절대적으로 좋아하지 않는다. 대신에 혼자 방해받지 않고 일할 수 있는 것을 가장 편하게 느낀다. 너무 많은 협의는 이들을 불안하게 하고, 불화로 이어지기 쉽다. 누군가 자기와 다른 제안을 하거나 다른 의견을 내면 매우 불쾌해하고 동료를 무뚝뚝하고 거칠게 나무란다. '애착 기피자'는 내심 자신이 다른 사람보다 더 똑똑하고, 효율적으로 일하며, 성공적으로 일처리를 한다고 생각한다. 그래서 무엇이든 혼자서 결정하려는 경향이 있다. 이런 태도가 문제를 일으킬 여지를 주는 것은 불 보듯 훤하다. 회피적 애착 유형의 사람이 직장에 자주 불만을 품는 이유는 바로 이런 성질 때문이다.

요약. 회피적 애착유형

'기피하는 사람'은 자신이 다음에 묘사되는 특성을 지녔다는 사실을 분명히 알아차릴 것이다.

- 어려서부터 '나는 혼자서도 잘 해'라는 생각이 들었다.

- 관계가 가까워지면 자신의 욕구가 중요하다는 것을 염두에 두지 않는다. 다른 사람이 자신을 악용하고, 그들의 목적을 위해 휘말리지 않게 세심하게 주의한다.

- 자립성과 독립성을 매우 높게 여긴다. — 내면적인 연결과 친밀함보다 훨씬 더 높이.

- 어떤 성과를 보이고 다른 사람이 정서적으로 관심을 주는 것을 기대하지 않으면 제일 잘 받아들여졌다는 어린 시절

의 경험으로 지금도 여전히 성과를 보이고, 구체적인 '일'을 함으로써 다른 사람의 관심과 인정을 얻으려 한다.

- 진심으로 좋은 친구를 찾는 일이 어렵다. 다른 사람이 필요하지 않으며, 관계를 깊이 맺는 일에 별로 관심이 없다고 스스로를 믿게 만든다.

- 거부나 비판을 당할까 봐 두려워 피드백 듣는 일을 피한다.

- 애착체계를 작동하지 않고, 친밀함과 소속감에 대한 바람을 밀어낸다.

다음과 같은 행동방식은 '비작동화' 시에 보이는 전형적 특징이다.

원칙적으로 마음이 불편한 것을 인지하려고 하지 않거나 밀어내는 경향이 있다. 이것을 인지하더라도 말하고 싶어 하지 않는다. 다른 사람에게 문제나 어려움이 생기면 겉으로는 '쿨'한 척을 한다. '나를 죽이지 못한 것은 나를 더욱 강하게 만들 뿐이다'라는 좌우명에 따라 행동한다. 감정을 숨기고, 연인에게 언제나 자신의 감정을 숨긴다. 다른 사람이 자신을 냉담하고, 무관심하다고 여길 정도로 거리를 둔다. 연인이 정서적으로 원하는 것을 '무심하게' 대하고 마치 부모가 아이에게 말하는 투로 "먼저 화 좀 가라앉히면 내 말이 맞다는 걸 알 거야. 화를 내기 전에 한 번 제대로 좀 생각해 보라고."라고 한다. 이런 대우를 받는 사람은 자신이 멍청하고, 쉬운 사람이라고만 느껴질 뿐 다른 생각을 하지 못한다. 회피적 애착유형인 사람은 연인과 거리를 두려고 "내 시간이 필요해"라는 말을 자주 한다. 곤란한 상황에서 다른 사람에게 도움을 요청하지 않고 문제를 혼자 해결하려고 애쓴다.

5

불안정 애착유형,
사랑은 노력해서 얻어야만 해

관계는 쉽지 않다. 사랑은 저절로 굴러오지 않는다. 불안
한 애착유형을 지닌 사람은 사랑하는 사람이 곁에 머물
도록 모든 것을 한다. 그럼에도 머지않아 혼자가 될지도
모른다는 괴로운 감정을 떨쳐버리지 못한다.

하넬로레

3년 전에 결혼생활이 실패로 끝난 뒤부터 하넬로레는 새로운 연인을 찾아다닌다. 인터넷의 파트너 주선회사에 프로필을 올렸는데 심심찮게 꽤 많은 연락이 온다. 자신과 잘 어울릴 많은 남성에게 연락이 오고, 첫 데이트를 하자는 약속도 자주 했다. 늘 거의 같은 식으로 진행됐다. 하넬로레는 남자에게 큰 관심을 보이고, 상대방에 대해 많은 것을 알고 싶어 했으며, 동시에 자신에 대해 많은 것을 공개했다. 자신이 살아온 삶과 과거의 관계, 예전에 함께한 사람과의 경험, 두려움, 근심, 약점과 매정함, 성인이 된 두 딸과의 문제를 허심탄회하게 밝혔다. 하넬로네는 이렇게 하면서 상대와 되도록 빨리 가까워지고, 신뢰할 수 있는 관계를 이루기 바랐다. 하지만 이때에 남자가 자기와 같이 마음을 활짝 여는지의 여부에는 주의를 기울이지 않았다.

하넬로레는 마음으로만 가까워지기만을 바란 것이 아니라, 육체적으로도 빨리 다가갔다. 아직 잘 알지 못하는 사람에게 들이댈 때도 많았는데 이 사람이 약간의 압박을 가하기만 하면 쉽게 잠자리를 하기도 했다. 그 남자가 정말 마음에 드는지는 문제가 안 됐다. 지금까지 이런 남자 가운데 아직도 하넬로레의 곁에 남아 있는 사람은 없었다. 몇몇 남성은 몇 번 만나지도 않았는데 이미 멀리하거나 하넬로레에게 진지하게 관심을 두고 만나는 것이 아니라고 솔직하게 말한 사람도 있다. 이런 말을 들을 때마다 하넬로레는 매번 세상이 무너지는 듯했다. 모든 용기가 사라지고 단지 어딘가로 기어들어가 숨고 싶었다. 하지만 이런 마음은 다음 만남이 성사될 때까지만 그랬다. 하넬로레는 언젠가 드디어 제대로 된 사람과 만날 것이라는 희망에 가득 차 다음 번 만남을 기대한다.

옆에서 보기에 하넬로레는 친밀한 관계를 맺고 싶다는 소망이 실현되는데도 스스로 발목을 붙잡는다. 자신과 상대방에게 충분한 시간을 주지 않고 다른 사람에게 지나치게 공격적으로 자신을 확신시키려다 보니 두려워하는 일, 바로 상대방이 거리를 두는 일이 생긴다. 하넬로레는 이 책의 3장에서 소개한 애착유형검사를 한다면 분명히 부분 2에 소개된 사항에 많이 해당할 것이다. 하넬로레는 불안정 애착유형으로 발달했다.

애착유형검사에서 부분 2의 사항이 익숙하게 느껴지고 대부분의 내용에 수긍이 되나? 이런 사람은 불안정 애착유형을 지녔고, 애착유형검사에서 '다른 사람이 나를 좋아해주는 일이 나에게는 매우 중요하다. 가끔씩 내가 충분히 훌륭하지 않다고 생각될 때가 있다. 누군가와 맺은 관계에서 자신이 마치 작고, 어쩔 줄 모르는 아이 같다고 느낄 때가 많다. 내 자존감은 애인이 나와 같은 의견을 갖는지의 여부에 따라 정해진다.'는 사항에 그렇다고 답을 했을 것이다.

어떤 유년기를 보냈을까?

'불안형' 사람은 유년기에 회피 애착유형을 지닌 사람과 기본적으로 공통된 경험을 했다. 회피적 사람처럼 불안정 애착유형의 사람도 어렸을 적에 부모를 전적으로 신뢰할 수는 없었다. 부모는 아이에게 애정을 보이다가도 다시 무관심해졌다. 가끔 응석을 잘 받아주다가도 도무지 이해가 안 될 정도로 엄격하게 다그쳤다. 부모는 아이가 원하는 것이 무엇인지를 알아차리고 애착 신호를 정확하게 해석할 능력이 안 됐다. 아이가 품에 안기고 싶어 하면 가끔씩 안아줄 때도 하지만 아이가 정서적으로 어떤지 고려하지 않고 몇 분이 지나면 벌써 다시 내려놓았다. 아이는 부모가 금방 넘치도록 관심을 보였다가 다시 도로 주의를 기울이지 않는 이유가 무엇인지 알지 못했다.

이미 말했듯이, 이런 특징은 불안정 애착유형의 사람과 회피 애착유형을 지닌 사람이 공통적으로 경험한 일이다. 하지만 둘 사이에 중요한 차이가 있다! 회피적인 사람이 유년기에 애착에 대한 소망을 작동시키지 않고 마치 어른에게 부족한 애정과 신뢰감을 더 이상 애원하지 않는 것처럼 행동한 반면에 '불안형' 사람은 정반대의 태도를 취했다. '나는 기댈 사람이 아무도 없어'라는 경험은 지나칠 정도로 적극적인 애착양상을 발달시킨다. 즉 모든 수단과 방법을 가리지 않고 자신이 필요한 애정을 받으려고 노력한다. 아이는 사람들이 자기의 말에 귀를 기울이지 않고, 아예 잊을지도 모른다는 끊임없는 두려움에 무엇이든 과장된 행동을 보이는 경향이 있다. 예를 들어, 넘어지면 필요 이상으로 큰 소리로 울어 제친다. 게다가 실제로는 그렇지 않은데 어찌할 바 모르는 체 할 때도 있다. 조금 밖에 무섭지 않은데도 크게 겁먹은 것처럼 행동하고, 약간 배고플 때 마치 금방이라도 쓰러질 것처럼 비틀거리고, 작은 불안감을 깊은 절망감으로 표현한다. 간단하게 말해 불안정 애착유형의 사람은 아이였을 때에 관심을 받기 위해 절망적으로 무진장 애를 썼다. 이런 방법을 사용해서라도 최소한이라도 어떤 형태로든 신뢰할 수 없는 애착대상이 반응을 보이고 불안감을 주는 정서적 거리가 좁혀지기를 바랐다. 엄마나 아빠가 마침내 아이가 원하는 것이 무엇인지 이해하도록 울고, 소리를 지르고, 이리저리 뛰다 지쳐 포기를 하면 비로소 잠잠해졌다.

하넬로레는 아이였을 때 마치 투명인간처럼 눈에 띄지 않는 존재였다는 기억을 떠올렸다. 부모가 마치 자신을 통과해서 다른 곳을 보는 것처럼 느껴졌다. 아직도 생각나는, 잊을 수 없는 일이 있다. "우리 집 앞에서 개 한 마리가 자동차에 치인 적이 있어요. 다섯 살 쯤 됐을 때 일인데 운전자가 제 때에 브레이크를 밟지 못한 것을 목격했죠. 저는 완전히 정신이 나가서 도와달라고 엄마에게 달려갔어요. 엄마는 전화통화를 하고 계셨는데 처음에는 저를 보고도 아무런 반응도 안 하셨어요. 제가 막 울고 있었는데 말이죠. 엄마 팔을 당기자 저를 밀쳐냈어요. 제가 바닥에 넘어지자 그제야 주의를 돌리셨죠. 엄마는 나중에 미안한 생각이 들었는지 저에게 딸기잼이 발라진 장미 모양의 빵을 주셨어요. 평생 그 빵을 즐겨 먹고 있어요." 하넬로레가 이야기하는 이런 상황은 전형적이었다. "가끔은 엄마가 저를 정말 사랑한다는 확신이 들었어요. 하지만 갑자기 저를 차갑게 대하고, 거부할 때도 있었죠. 그러면 어떻게 해야 할지 몰랐어요."

관계모델은 어떤 조언을 할까?

'불안형' 애착유형의 사람은 어릴 적 어른에게 너무 많은 관심을 기대해서는 안 된다는 것을 경험했다. 이런 경험은 '나는 중요한 존재가 아니야. 아무 것도 원해서는 안 돼. 나는 흥미로운 사람이 아니야. 어쩌다 상황이 좋아도 경계를 늦춰서는 안 돼. 다음 순간에 모든 것이 달라질 수 있거든.' 이라는 확신을 준다. 따라서 이들의 관계모델은 다른 사람이 예측하기 어렵고, 무관심하며, 신뢰할 수 없다는 것을 전제로 한다. 하지만 이런 경험으로 얻은 모델은 모순적인 조언만 준다. 한 편에서는 '관심을 얻으려면 노력해.'라며 '불안형' 사람을 애착에 대한 갈망을 과장하게 이끌지만, 다른 한 편에서는 '그렇게 애써봤자 별로 많은 것을 얻을 수 없을 거야.'라며 낙담시킨다.

'불안정' 애착유형을 지닌 사람은 어릴 적에 이런 힘든 자세로 부모를 대해야만 했다. 그리고 이런 마음가짐으로 현재 자기 옆에 있는 소중한 사람을 대한다. 한 편으로는 친밀함과 소속감에 대한 욕구가 매우 강하지만 다른 한 편으로는 새로운 상처에 대한 두려움도 크다. 불안함과 상실에 대한 두려움은 불안정 애착유형을 지닌 사람을 계속해서 따라다닌다.

관계에서. 항상 친절하고, 도와주고, 경계상태로 지내기

심리학자인 데이비드 하우는 불안정 애착유형의 사람을 다음과 같이 묘사한다. "이런 사람은 다른 사람이 자기에게 주어야 할 사랑과 애정을 주지 않는다는 느낌을 항상 품고 있습니다. 이들은 충분한 관심이나 인정을 받아본 적이 단 한 번도 없다고 주장합니다. 삶이 불공평하고 무엇인가 받지 못한 것 같은 느낌이 항상 따라다닙니다. 누군가 자기를 사랑하고, 좋아해 주기를 바라는 잠재된 기초적 욕구는 고통스러운 불안감에 의해 가려져서 자신이 소중하지 않고, 재미없는 사람이며, 다른 사람이 자기를 인식하지 못한다고 생각합니다. 이런 두려움을 벗어나 타인의 관심을 받을 수 있는 유일한 방법은 주변 세계가 반응하게 강요하는 것뿐이 없습니다."

상당히 부정적인 묘사다! 마치 불안정 애착유형을 지닌 사람이 요구하는 것도 매우 많고, 무엇인가를 독차지하려 하고, 절대 만족하지 못하고, 성에 안 차며, 자존감이 약하고, 끊임없이 타인의 인정을 받고자 구걸하는 것처럼 들린다. 하지만 불안정 애착유형의 사람이 이런 시선을 받는 것은 불공정하다. '불안' 애착유형의 사람이 종종 마주치는 내면의 힘든 상황은 극심한 압박감을 준다. 이렇게 힘든 애착유형의 사람에게서는 높은 스트레스, 관계를 지속시키기 위한 노력, 과잉친절, 남을 도와주려는 지나친 마음가짐과 같은 전형적인 특징이 나타난다.

관계는 고된 일이다.

이런 애착유형을 지닌 사람은 남자든 혹은 여자든 상관없이 끊임없이 관계를 유지하기 위해 바쁘게 시간을 보낸다. 상대방이 사랑받고 있다는 느낌을 선사하고 무슨 일이 있어도 결코 등을 돌리고 가버리지 않게 정성을 들여 돌보아야 하는 것을 의미한다. '불안' 애착유형의 사람은 어릴 때는 물론 현재 성인이 됐어도 여전히 사랑하는 사람의 관심과 애정을 얻으려고 공을 들이고, 부단한 노력을 한다. 일찍이 형성된 관계모델에는 '사랑을 받으려면 쟁취해야해.', '관계를 유지하기 위해 관리를 해야만 사랑받을 자격이 있어.', '그 사람은 다음번에 분명히 나를 떠날 거야.'라는 확신이 깊게 자리 잡고 있다. 사랑하고, 필요한 사람을 믿을 수 없을까 봐 너무나 두렵다. 절대 발을 뺄고 편하게 지내지 못하고 언제라도 상황이 나쁘게 변할 것이라며 경계한다.

항상 주시하다

이에 걸맞게 스트레스 수치도 매우 높다. '불안' 애착유형의 사람은 기본적으로 끊임없는 긴장 속에서 산다. 주위를 굉장히 잘 살피고, 다른 사람을 세심하게 관찰하며 이들이 자기를 사랑한다는 증거를 찾는다. 하지만 증거만으로는 충분하지 않다. 이들은 '벼룩이 기침하는 소리'까지 죄다 듣는다. 상대방의 마음이 약간만 동요하거나 기분이 바뀌어도 불안해하며 전전긍긍한다. "내가 뭔가 잘못했나? 내가 부주의했었나? 그 사람은 나 때문에 화가 난걸까?" 연인이 침묵을 하거나 토라진 기색을 보이면 불안정 애착유형의 사람은 자신에게 원인이 있다고 생각한다. 상대방이 예상보다 늦게 집에 돌아오면 '뭐, 회사에 일이 많은가 봐.'라며 마음 편하게 절대 생각하지 않고 관계모델에 있는 '모든 가능성을 전부 고려해.'라는 경고를 쫓는다. "상냥하게 구는 여자 직원 때문에 늦게 오는 걸까? 아니면 사고라도 난 거 아니야?" 직장 일을 마치고 집에 돌아온 사람은 불안정 애착유형의 사람이 화를 내면서 굉장히 근심에 차 있는 것을 발견한다. 그런데 이런 애착체계는 매우 적극적으로 행동을 하지만 명확한 신호를 보내지는 않는다. 절대 '당신이 온다고 한 시간에 안 와서 걱정 많이 했어. 당신이 분명 사고가 나서 병원에 있거나 여자 직원이랑 호텔 침대에 함께 누워 있다고 생각했어.'라고 솔직하게 말하지 못한다. '불안' 애착유형의 사람은 자신의 진정한 감정을 과잉적 관심 속으로 숨길 때도 있지만 비방과 요구를 할 때도 있다.

불안정 애착유형의 사람은 연인에 대한 걱정이 너무 많고, 둘 간의 관계에 대해서도 '우리 관계는 계속 유지될까? 언젠가 그 사람과 헤어지겠지?'라며 걱정이 크다. 관계를 통해 마음의 안정을 찾는 경우는 매우 드물다. 이들은 대부분 경계상태에 살고 있다. '나는 대체 가능한 존재야'라고 확신하기 때문이다. 연인이 언젠가 자기에게 부족한 점이 많은 것을 깨닫고 거부를 할 것이라고 항상 생각한다.

친절하게 굴어!

그런데 이런 상황은 에너지 소모도 많고 견디기도 고되다. 그래서 '불안' 애착유형의 사람은 약간만이라도 안정감을 얻을 수 있는 방법을 찾는다. 그 과정에서 대부분은 익숙한 길을 선택한다. 바로 친절함을 이용한다. 다른 사람이 무엇을 원하는지 눈치로 알아차리고 이를 들어주려고 노력한다. 자신이 할 수 있는 곳에 힘을 보태고, 다른 사람이 자기를 필요로 하는 것 같다고 믿는 곳에 항상 준비를 한다. 자진해서 다른 사람의 생각에 자기를 맞추고, 자신이 원하는 것은 뒤로 미룬다. 이런 태도는 불안정 애착유형의 사람이 자신보다 연인이 더 똑똑하고, 매력 있고, 더 좋은 사람이라고까지 믿게 한다. 그러다 보니 불가피하게 자구심이 계속 붙어 다닌다. '불안정' 애착유형의 사람은 자기보다 훨씬 더 중요한 사람이라고 생각되는 연인이 자기가 원하던 애정과 인정을 줄 때에만 자구심이 수그러진다. 자존감 역시 타인의 인정이나 거부로 말미암아 오르락내리락 한다. 하지만 언제나 친절함을 앞세우다가 큰 대가를 치른다. 상실에 대한 두려움이 실질적으로 사라지지 않고, 이들은 무엇보다 자율성과 자립성을 포기한다. 다른 사람의 욕구에 자신을 맞추려다보니 자신의 욕구를 포기한다. 자신의 독립성을 정서적으로 가까워지는 것보다 덜 중요하게 생각한다. 또한 친밀함을 형성하려고 자기가 가진 한계에 주의하지 않을 때도 많다.

'안 돼' 라고 말하지 못함

이것도 불안정 애착유형의 사람에게 나타나는 일반적 특징이다. 이들은 너무 서둘러서 다른 사람과 친밀감을 쌓으려고 개인적인 일을 포기할 자세를 갖추는 경향이 심하다. '불안정' 애착유형의 사람은 상대방이 자신의 '고백'에 실제 관심이 있는지의 여부를 파악하지 못한다. 이들은 '너무 많이 주고, 너무 빨리 다가간다.' 자기 내면의 두려움을 줄이려고 다른 사람과 빨리 하나가 되기를 원하고, 도대체 비슷한 점이 있는지, 이렇게 가까워지는 일이 자신에게 좋은지 확실하지도 않은데 빨리 비슷한 점을 만들고 싶어 한다. 다른 사람에게 공감을 얻고 싶어 하면서도 정작 상대방에게 공감을 느낄 수 있게 충분한 시간을 주지 않는다. 이렇게 빨리 다가감으로써 순간적으로는 안정을 찾지만 오래 가지 않는 경우가 많이 생긴다. 장기적으로 안정감을 느끼는 일은 불가능하고 다른 사람이 자기에 대해 흥미를 잃고, 배신을 할지도 모른다는 두려움이 커진다. 이것은 불안정 애착유형의 사람에게 연인을 얻으려는 노력을 게을리 해서는 안 되며, 다른 사람의 호의와 관심을 받으려면 지치지 말고 날마다 싸워야만 하는 것을 의미한다. 그러다 보면 종종 너무 급하게 성적으로 접촉을 허용하는 일이 생기고 이때에 '안 돼' 라고 말하지 않는다. 싫다고 말하면 상대방이 실망하고 자신에게서 멀어질 수 있기 때문이다. 하지만 상대방이 성적으로 원하는 것을 항상 받아들이면 헤어질 위험을 줄이고 적어도 얼마 동안은 짧게나마 상대방을 자기 옆에 둘 수 있다고 생각한다.

불안정 애착유형의 사람은 친절과 순응 외에도 또 다른 방법으로 관계에 대한 우려를 떨쳐낸다. 그 방법이란 바로 조력자 증후군(Helper syndrome)이다. '불안정' 애착유형자는 자신이 도움을 주고, '구할 수' 있는 사람에게 끌린다. 조력자 증후군은 특히 연인을 찾는 과정에서 기회를 엿본다. 특히 도움이 절실하게 필요할 것처럼 보이는 남성이나 여성에게서 큰 매력을 느낀다. 이혼한지 얼마 안 된 사람, 술을 끊은 지 얼마 안 된 알코올 중독자, 심각한 정신적 문제로 영혼까지 흔들린 남성 혹은 여성이 이들의 '먹이체계'에 속한다. 불안정 애착유형을 지닌 사람의 지나치다 싶을 정도로 적극적인 애착체계는 이런 사람을 만났을 때 좋다고 느낀다. 마음 놓고 걱정하고, 근심할 수 있기 때문이다. 필요로 하고, 허락받아 행할 수 있는 지원과 '도움을 필요로 하는 사람'이 건네는 감사함은 불안정 애착유형의 사람에게 안정감을 준다. 구원받은 사람이 그렇게 빨리 자신과 멀어지지는 못할 것이라고도 생각을 한다.

구해야 할 사람이 아무도 없어서 구원자로서의 전략을 쓸 수 없다면 '불안정' 애착유형을 지닌 사람은 마치 자신이 약한 사람처럼 행동할 때가 많다. 어쩔 줄 모르고, 도움을 필요로 하거나 아예 자신이 '멍청하다고'까지 한다. 연인이 자신에게 시선을 돌리고, 자기에게 주의를 기울여주기를 원하기 때문이다. 또한 일이 잘못되면 자기 탓이 아니더라도 자진해서 책임을 떠맡는다.

하넬로레는 지난여름에 몇 달 동안 한 남자와 함께 보낸 휴가를 떠올렸다. 둘이서 함께 고른 호텔을 찾아 예약했다. 그런데 막상 도착하고 난 뒤에 남자 친구는 호텔이 전혀 맘에 안 든다고 했다. 하넬로레는 자기 혼자만의 책임이 아니었는데도 미안하다는 말을 쉬지 않고 했다. 자기 잘못이라며 호텔 비용은 자기가 전부 부담하거나 휴양지의 멋진 레스토랑으로 초대하겠다는 제안을 했다.

하넬로레와 같은 '불안형' 사람은 자신이 상대방에게 실망한 것을 인정하지 못한다. 그래서 자신이 책임지지 않아도 될 일까지 책임을 진다. 불안정 애착유형의 사람에게서 보이는 또 다른 전형적인 특성은 구체적인 대화에서 하지 않아도 되거나 괜한 일에 대해서도 자주 '미안해'라고 하는 것이다.

사회적 능력

이런 애착유형의 특징은 연애 관계에서만 나타나는 것이 아니라, 당연히 다른 형태의 대인관계에도 영향을 미친다. 예를 들어, 친구와의 관계에서도 '불안형' 사람은 너무나 친절하게 행동하는 경향이 있고, 자신이 무엇을 바라는지는 소홀히 여긴다. 친구라는 존재가 소중하기 때문이다. 그래서 이들은 엄청난 시간과 에너지를 쏟아 부을 준비를 갖춘다. 다른 사람이 자신을 필요로 할 때에 함께 있어주고, 이야기를 귀담아 듣고, 문제가 있을 때 옆에서 온 정성을 다해 조언을 하고, 돕는다. 친한 친구가 무엇인가를 바라면 하던 일을 전부 그만두고 내려놓을 때도 있다. 친구가 연애 문제로 괴로워하면 '불안형' 사람은 고민을 털어놓을 수 있게 자리와 시간을 마련하며 부처님 같은 인내심을 보이며 끝없는 슬픈 연애 이야기를 들어준다. 불안형 사람을 친구로 두는 일은 이들에게 축복 같은 일이다.

하지만 큰 반전이 찾아올 수 있다. 친구가 갑자기 시간을 내지 못하거나 무엇인가 더 중요한 일을 우선시하거나 저녁 초대자리에서 '불안형' 사람에게 충분히 주의를 기울이지 않는 일은 불안형 사람을 완전히 뒤로 물러나게 하는 원인이 될 수 있다. 가끔씩 이런 애정유형을 지닌 사람은 심지어 친구관계마저 '끝낸다.' 자신이 친구에게 더 이상 아무런 가치가 없다고 믿기 때문이다.

직장에서도 불안형 사람은 눈에 띌 정도로 친절하고, 남을 도울 태세다. '불안정' 애착유형의 사람은 관심과 인정을 받으려고 누가 도와달라고 부탁하면 거절하지 않는다. 그러다 보니 맡아서 해야 할 업무량이 커진다. 또한 본인이 하고 있는 일을 중단하고 다른 사람의 일을 할 때도 있다. 실수를 저지르거나 자신이 똑바로 행동하고 있는지에 대해 늘 근심을 많이 하는 것도 '불안형' 사람에게서 볼 수 있는 전형적인 모습이다. 이메일 한 통을 보내기 전에 모든 것이 정말로 괜찮은지 몇 번씩 검토를 한다. 고객이 사소한 문제로 불평을 하면 이것을 개인적으로 받아들여 밤새 뜬 눈으로 지새고 자기가 무엇을 잘못했는지 곱씹어 생각한다. 상사가 오늘따라 왜 그렇게 말수가 적는지, 지난번에 상사에게 보낸 이메일을 충분히 상냥한 문체로 표현했는지, 제일 좋아하는 동료가 왜 오늘 자기와 점심을 먹으러 같이 안 갔는지에 대해 고민한다. 불안정 애착유형의 사람은 가끔은 대인관계의 문제로 너무 많이 걱정을 하다가 정작 업무에 집중을 못할 때도 있다. 한 애착연구의 결과를 보면 업무를 완벽하게 해내려고 늦게까지 남아 잔업 시간이 쌓이는 직원 중에 불안정 애착유형에 속하는 사람이 많다는 것을 알 수 있다.

요약. 불안정 애착유형

이런 유형의 애착형태가 자리 잡은 사람은 유년기에 "봐봐, 사람들은 나를 지금의 모습 그대로 사랑하지 않아."라고 생각한다. 그래서 이런 사람은 아이였을 때도, 그리고 어른이 된 지금도 자신이 의지하고 있다고 느끼는 사람에게 좋게 받아들여진다고 믿는 그런 행동을 한다. 어렸을 때는 착한 아이로, 지금은 순응적이고, 친절한 성인 여성이나 남성으로 산다. 이들은 다른 사람이 자신에게 무엇을 기대하는지 느끼고, 이들이 원하는 것을 기꺼이 한다. 유년기에 다른 사람이 자신의 '진정한 자아'를 인식하지 못하고, 인정하지도 않아서 정신분석가인 도널드 W. 위니캇Donald W. Winnicott이 말하듯이 '거짓자기'가 발달했다. 이런 '거짓자기'는 누군가와 관계를 맺을 때 항상 따라다닌다.

- 불안한 사람은 밀접한 관계가 없는 삶을 상상하지 못한다. 심리적으로 지나치게 관계에 의존을 많이 해서 상대가 자신을 외면하거나 관계를 그다지 소중하게 여기지 않을까 봐 걱정이 그치지 않는다.

- 누군가와 조급히, 격정적으로 사랑에 빠지는 경향을 보인다. 이런 식으로 자신에게 반드시 필요한 안정감을 얻으려고 한다. 어쩌면 그 뒤에는 '서로 사랑하는 관계가 되면 상대가 나를 빨리 떠나지 못할 거야.'라는 희망이 숨어 있다.

- 스트레스 상황에서 어린아이처럼 행동하고, 관심을 얻으려

고 어쩔 줄 몰라 한다. 이런 태도는 애정 관계에만 국한되지 않고, 직장과 친구 관계에 있어서도 동일하며 힘든 순간에 아이처럼 행동하고 포기한다.

- 친구와의 관계에서도 애정 관계에서처럼 상대편에게 많은 것을 준다. 하지만 다른 사람도 자기에게 많은 것을 해주기를 바란다. 연인이나 친구가 줄 수 있는 것 이상으로 친밀함과 관심을 받고 싶어 할 때가 많다. 다른 사람이 자신이 필요한 만큼 가까이 다가오는 것을 거절하면 즉각 원칙적으로 자신에 대해 의심을 품는다.

- 걸핏하면 연인과 감정과 관계에 대한 대화를 하고 싶어 한다. 이렇게 함으로써 관계가 안정되고, 연인을 자신과 연결시키고, 적어도 약간의 안정을 찾을 수 있기를 희망한다.

- 다른 사람이 자신을 정말로 사랑하는지 빨리 의심을 한다. 너무나 멋지고, 매력도 많고, 인기가 좋은 사람이 왜 다른 사람도 아닌 자기와 함께 하고 싶어 할까?

- 애착체계는 과잉 행동적이다. 특히 스트레스 상황에서 다른 사람의 이목을 끌려고 애착의 신호를 집중적으로 보내고 감정과 일어난 일을 과장해서 표현한다.

6

양가성 애착유형,
이리 와, 저리 가!

"당신을 정말 사랑하고 싶어. 하지만 당신이 나를 실망시
키고 언젠가 떠날 거라고 생각하기 때문에 사랑과 당신
으로부터 나를 지킬 거야." 양가성 애착유형을 지닌 사람
은 감정의 혼돈에 둘러싸여 가끔은 마치 다른 사람이 적
이라도 되는 것마냥 행동한다.

엘레나

엘레나는 마리오를 보고 사랑에 빠졌을 때 곧장 그가 예전부터 알던 사람처럼 느껴졌다. 마리오가 굉장히 매력적으로 다가왔고, 직장에서 나타나는 그의 성공과 수행력은 감탄을 자아냈다. "그 사람에게 많이 끌렸어요. 마리오 역시 저를 사랑한다는 것을 깨닫자 제게 큰 힘이 생겼죠. 갑자기 힘이 넘치고, 계획한 일을 실행에 옮기고, 스스로가 용감하고, 당당하게 느껴졌어요. 하지만 동시에 마리오가 어느 순간에 나와 사랑에 빠진 일이 잘못된 것이라는 걸 눈치 챌까 봐 겁이 났어요. 내가 사실은 얼마나 작고, 무의미한 사람인지를 볼까 두려웠어요."

엘레나는 이런 불안감 때문인지 상당히 모순적으로 행동할 때가 많았다. 마리오에게 매달리고, 그를 위해서라면 개의치 않고 모든 것을 충족시켜주려고 하다가도 갑자기 돌변하여 마리오를 밀쳐냈다. 마리오는 이런 일을 겪으며 엘레나가 자기를 중요하게 여기지 않는다는 느낌을 받거나 가끔은 자신을 진짜 싫어한다고도 믿었다. 엘레나가 냉담함과 거부로 자신을 대할 때에는 너무나 견디기 힘들었다. 하지만 엘레나를 향한 사랑이 정말 컸기 때문에 두 사람은 매번 화해를 했다. 하지만 요즘 들어 화해하는 일이 더 이상 불가능해졌다. 마리오가 제시간에 집에 오지 않으면 엘레나는 펄쩍펄쩍 뛰고, 일이 끝난 뒤에 직장 여자 동료와 맥주 한 잔이라도 하면 심하게 질투를 하고, 주말에 친구와 등산을 가고 싶다고 하면 불만이 극도에 이르렀다. 엘레나는 일 때문에 주말에 멀리 가는 일이 쉽지 않으니까 마리오도 자기 곁에 있어야 할 의무가 있다고 주장한다.

마리오의 행동반경은 점점 좁아지고, 이런 상황 때문에 절망감은 점점 커져갔다. 다시 그런 상황이 되면 여전히 엘레나와 결혼하고 싶은 심정인지, 엘레나가 과연 엄마 역할을 잘 할 수 있을지 염려됐다. 둘 사이의 불화는 점점 더 심각해질 때가 많았다. 마리오가 집을 나갈 때도 있었고, 엘레나가 문을 열어주지 않을 때도 있었다. "가, 가버려. 내 눈 앞에 다시는 나타나지 마."라며 문 뒤에서 소리를 질렀다. 하지만 조금 지나서 마리오의 주위를 뱅뱅 돌면서 다시 집에 돌아와 달라고 애원했다. 마음을 진정한 다음에는 자신이 한 행동을 수치스럽다고 느꼈다. "뒤돌아보았을 때 후회가 될 심한 말을 해대요. 그래놓고는 스스로 비참하고, 가치가 없다는 느낌이 들어요."

엘레나는 애착유형 검사의 부분 3에 해당하는 심각한 양가성 애착유형을 지닌 사람이다.

부분 3의 사항에 해당하는 부분이 많다고 모두가 반드시 엘레나처럼 행동을 하라는 법은 없지만 관계가 갈등으로 가득할 확률은 몹시 높다. 또한 검사에서 묘사한 '사람에게 다가가는 일이 불편하다. 감정적으로 친해지기를 바라지만 다른 사람을 완전히 신뢰하고 이들에게 의지하는 일이 힘들다.'라는 사항과 일치한다.

양가성의 사람은 정서적으로 가까워지기를 바란다. 이 점에서 친밀감을 절대 허용하지 않으려는 '회피적' 애착유형의 사람과 다르다. 하지만 양가성 애착유형을 지닌 사람은 자신이 바라던 친밀감과 관심을 받으면 마음속에서 신속히 독점과 상처에 대한 두려움이 올라온다. 이런 사람은 다른 사람이 자신을 진심에서 우러나와 잘 대하는 것이 아니기 때문에 되도록 피해야 한다고 단정 짓는다. 이런 상반된 감정이 공존하다 보니 종종 심한 갈등으로 발전하고 결과적으로 헤어지자고 위협을 하거나 실제로 헤어지는 것으로 관계가 끝날 때도 많다. 이런 관계는 순간적으로 돌변하며 심각할 정도로 사람을 지치게 만든다. 하지만 열정적인 면도 있다.

어떤 유년기를 보냈을까?

모든 사람은 어렸을 때 부모가 감정을 조절하는 데 도움을 준다고 믿는다. 불안감은 사랑으로 진정되고, 고픈 배는 때를 맞추어 채우고, 폭발하듯 화가 솟구치는 것은 선을 그어야 한다. 부모와의 관계가 탄탄하고, 자신이 안전하다고 느끼면 감정조절은 자동으로 이루어진다. 하지만 부모가 먼저 본인의 감정과 욕구를 제어하지 못하고 이것을 거르지 않은 채 아이에게 그대로 전달하면 아이는 감정을 제대로 통제할 수 없다. 엄마나 아빠가 아이에게 적대적이며, 행동이 예측불가능하거나 무기력하고, 혼란스러운 모습을 보이면 아이는 어른의 행동을 파악하지도, 분류하지도 못한다. 아이는 당황해서 방향을 정하고, 명확함을 찾아 다니지만 어른에게서는 발견하지 못한다.

'양가성 애착유형의 사람'은 불화와 폭력이 일상적으로 일어나는 가족 안에서 성장한 경우가 흔하며, 매를 맞고, 정서적으로 멸시를 당하거나 심리적, 신체적인 학대를 당하기도 했다. 혹은 부모가 부모로서의 역할을 버겁게 여기고 자기 앞길조차 제대로 챙기지 못하기 때문에 이런 사람은 매우 어려서부터 이미 다 커버리기도 한다. 행여 부모 중 한 명이 약물 중독자나 알코올 중독자이고 우울증과 같은 정신질환을 앓거나 만성적 신체적 병으로 제약을 받고 살았을 가능성도 크다. 가정 분위기가 마음의 가벼움과 홀가분함을 느낄 수 있게 허용하지 않았다. 양가성 애착유형의 사람은 다음 일과시간에 어떤 깜짝 놀랄 나쁜 일이나 과제가 기다리고 있을지 알지 못할 때가 많았다. 항상 경계태세를 갖추고, 바짝 긴장을 하면서 커서인지 어린이다운 어린이로 살지 못했다. 부모와 역할이 바뀌다 보니 유년기를 잃어버렸다. 응석을 부리고, 보살핌을 받아야 할 아이가 엄마나 아빠를 돌보아야 했다. 그런 역할을 하기에 너무 어리고 경험이 없는데도 이를 감당해야만 했다.

엘레나의 엄마는 알코올중독자였고, 아빠는 완전히 다혈질인 사람이었다. 아빠는 엘레나를 때리지 않았지만 화가 치밀어 오르면 물건을 박살내곤 했다. 엘레나는 엄마 품에서 안전한 장소를 찾을 때도 있었지만 엄마가 술에 취하지 않았을 때에만 가능했다. 그런데 그런 경우는 드물었다. 엄마도 아빠가 무서운 것은 매 한가지여서 사태가 극단적으로 치닫지 않게 하려고 애썼다. 하지만 이것은 엄마가 엘레나를 종종 방치했다는 것을 의미하기도 한다. 엄마는 아빠가 잠이 든 후에 혹은 집을 나갔을 때에야 비로소 엘레나를 위로할 수 있었다. 그럴 때면 엄마가 갑자기 굉장히 가깝게 다가왔다. 하지만 이러한 친밀감은 신뢰할 만한 것이 아니라서 엘레나에게 큰 도움이 되지 못했다. 다음번에 엄마가 자기를 다시 혼자 내버려둘 것을 알았다. 그럼에도 엘레나는 엄마에게 기댔다. 엄마 말고는 아는 사람이 한 명도 없었다. 어쩌다가 엄마의 주의를 자기 쪽으로 끌기 위해 엘레나는 드라마틱하게 행동해야 했다. 예를 들어, 유치원에서 보모와 다른 아이들과 어울려 놀기를 싫어하고, 몇 시간 내내 울음을 안 그치고 엄마가 데리러 오면 비로소 진정했다. 나중에 초등학교에 가서는 반항적으로 행동했다. 다른 아이가 '이상하다'고 생각되면 야단법석을 떨고, 펄쩍 뛰고, 싸웠다. 학교는 엄마에게 학교로 와서 상담을 할 것을 종용했지만 알코올 문제로 실행하는 것이 불가능했다. 엘레나는 '눈에 띄는' 아이였다. 하지만 엄마는 본인의 문제 때문에 엘레나를 돕지 못했다. 엘레나는 지금 자기의 부모가 거의 이혼의 문턱까지 갔던 적이 여러 번 있던 것을 안다. 아빠가 새로운 애인에게 가면 엄마가 자주 술을 마셨다는 일도 안다. 아이였을 때에는 엄마의 격앙된 감정이 이해가 안 됐다. 어린 엘레나가 이해한 것은 단지 '나는 중요하지 않다. 나를 소중하게 여기는 사람은 없어.'라는 것뿐이었다.

주의 깊고, 매우 민감함

부모나 다른 중요한 애착대상이 불안정하고, 확신이 서지 않는 행동을 할 때면 아이는 항상 긴장을 늦추어서는 안 된다. 다음에 무슨 일이 일어날까? 바람의 방향이 바뀌면 제때에 이것을 알아차리기 위해 아이는 긴 안테나를 발달시킨다. 무슨 일이 있어도 절대로 큰 감정의 기복에 무방비 상태로 당하거나 날마다 벌어지는 실제 공격에 놀라서도 안 된다. 따라서 아이는 '엄마는 다음 행동으로 무엇을 하실까? 아빠는 집에 오시면 기분이 어떨까?'처럼 자신의 주변 환경을 매우 정확하게 스캔한다.

양가성 애착유형의 아이는 이런 식으로 위험한 상황은 피하고, 좋은 순간은 놓치려고 하지 않는다. 이들도 당연히 다른 모든 아이처럼 사랑과 보호를 받고 싶기 때문이다. 엄마와 아빠를 필요로 하며, 부모에게 의지한다. 최소한 가끔씩이라도 애정이 가득한 친밀감을 느끼려고 애쓴다. 바꾸어 말해, 무엇인가 기대할 수 없는 사람을 바라보아야 하는 것을 의미한다. 아이에게는 매우 어려운 상황이 초래된다. 이런 아이는 모든 감각기관을 통해 온 몸으로 엄마나 아빠가 안전한 장소를 제공하지 않는 것을 느끼지만 동시에 외로움과 고립을 견딜 수 없어서 이들을 가까이 잡아당긴다. 이것이 나쁘다는 것을 알면서도 최소한의 약간의 애착의 선물을 받고 싶은 마음이 있어서다. 자기가 먼저 관계를 만들어 끌어당긴 어른이 자기의 존재를 알아차리게 하기 위해 아이는 무엇인가 눈에 띄는 일을 해야만 한다. 양가성 애착유형을 지닌 아이는 자신의 감정을 격렬하고, 제어가 안 되는 방법으로, 공격적이며, 심하게 주목을 끄는 행동을 한다. 아니면 정반대로 미동도 하지 않는 경우도 있다. 특히 스트레스가 매우 심한 경우에 그렇다. 아이는 때로는 끝없이 길게 느껴지는 시간 동안 방에서 꼼짝도 하지 않고 혼자 있거나 어떤 일이나 사람에게 전혀 반응을 하지 않는다.

관계모델은 어떤 조언을 할까?

부모가 부모로서의 역할을 받아들이지 못하는 경우 아이가 관계에 대해 좋고, 믿음을 줄 수 있는 이미지를 그리지 못하는 것은 당연하다. 대신에 주위에 있는 중요한 사람을 겁주고, 혼란스러우며, 폭력적이고, 학대를 하고, 방치하는 대상으로 인식한다. 그 결과, 아이는 이런 사람을 믿지 못하며, 조심스럽게 경계한다. 다른 사람에 대한 이런 매우 부정적인 시선은 '양가성' 애착유형의 사람이 이후에도 항상 경계상태로 관계모델을 형성하게 한다. 또한 아이였을 때부터 어른이 되서도 모순되는 감정을 적절하게 다루는 일에 서툴고 어떤 감정을 믿어도 되는지 알지 못한다. 어느 상황에서 모든 것이 좋게 느껴지다가도 곧장 의심이 생기고 이와 함께 화도 난다. 다시 배신을 당할지 모른다는 생각이 나기 때문이다. 다른 사람이 자신에게 중요한 것과 동시에 관계모델은 '조심해, 이 사람도 예측할 수 없는 사람에 불과해. 어떤 일이 있어도 이 사람을 믿어서는 안 돼. 너를 아프게 하고, 상처를 주고, 배신할 거야.'라는 깨달음이 밀려온다. '양가성' 애착유형의 사람은 혼란스러워지고 가까워지고 싶은 바람과 미리 예상

되는 '배신' 때문에 생기는 분노 사이에서 이리저리 갈팡질팡한다. 냉탕과 온탕을 오가는 이런 감정의 변화가 양가성 애착유형 사람을 너무 힘들게 하는 것도 사실이지만, 이들과 함께하는 상대에게도 역시 만만치 않은 일이다. 따라서 격렬한 갈등을 피할 수 없다.

관계에서. 격렬, 무기력, 분노

감정을 적절하게 표현하고, 조절할 줄 아는 능력의 결여는 대부분 성인의 나이에도 지속된다. 유년기에 겪은 트라우마 경험을 처리하지 못했을 때(치료를 통해)에는 더욱 더 그런 경우가 많다. 예전에 위협적으로 다가온 경험을 떠올리는 상황은 '양가성' 애착유형의 사람을 굉장히 불안하게 만드는 극심한 감정상태를 부르고, 무엇보다 연인관계에서는 종종 중대한 테스트로 묘사된다.

이런 애착유형을 지닌 사람은 대인관계를 맺다 보면 종종 밀려오는 고통스러운 무기력함을 알 것이다. 연인을 사랑하지만 동시에 믿지 못한다. 다름 아닌 인생에서 가장 중요한 사람을 확실하지 않고, 정이 없고, 믿고 의지할 수 없다고 여긴다. 가까워지고 싶은 마음과 거부의 사이에서 갈피를 못잡고 괴롭게 '이리와, 저리가'의 태도를 반복한다. 긍정적인 마음으로 다가가다가 갑자기 다음 순간에 화를 내고, 겁을 먹고, 절망한다. 이렇게 마음이 동요되면 '양가성' 애착유형의 사람은 혼자서 감정을 가라앉히지 못한다. 감정을 모조리 발산하고, 분노와 화, 두려움을 억누르지 못한다. 이런 감정은 제각각 마음을 지배하고, 흔들어 대서 더 이상 명확하게 생각하지 못한다. 모순되게 들리지만 이렇게 감정이 격해지게 만든 사람만이 양가성 애착유형의 사람의 긴장을 풀고, 마음을 편안하게 해줄 수 있다. 양가성 애착유형의 사람은 자신이 원하는 것처럼 다른 사람도 자기에게 관심을 보이고, 애정과 이해를 갖고 자기를 대해주기를 바란다. 이렇게만 해주면 최상의 연인이 된다. 하지만 상대방은 불행히도 대부분 '틀린' 반응을 보인다.

일반적으로 양가성 애착유형의 연인은 공격의 목표가 되기 때문에 양가성 사람에게 공감을 하지 못한다. 자신을 지켜야하기 때문이다. 그래서 '양가성' 애착유형의 사람이 속에 숨긴 관심을 받고 싶다는 마음을 알아채지 못하고 그저 자기의 입장에서 비난을 하고, 상대방을 판단하거나 떠난다고 위협하면서 불붙은 곳에 기름을 더 갖다 붓는다. 양가성 애착유형의 사람이 보기에 연인의 그런 행동은 가장 우려했던 '그 사람은 나를 사랑하지 않아. 나는 중요하지 않아.'라는 것을 증명하기에 여기서 오는 절망감은 당연히 클 수밖에 없다. 양가성 애착유형을 지닌 사람은 이런 상황이 점점 더 위협적으로 느껴지고, 이로 말미암은 스트레스로 충동을 억제하지 못하고, 감정이 격해진다. 공포심이 밀려오고, 다른 사람을 깊이 증오하고, 이와 함께 끝없는 불안감에 휩싸인다. 이런 심리적 상태 때문에 상대방에게 굉장히 시끄럽고, 날카로운 목소리로 언어폭력을 휘두르거나 신체적 공격을 가하기도 한다. 울고, 소리 지르고, 발을 구르고, 물건을 집어 던지고, 집을 뛰쳐나가거나 완전히 만취 상태가 될 때까지 술을 마신다. '양가성' 애착유형의 사람은 폭풍이 휩쓸고 간 자리처럼 자신과 다른 사람을 황폐화한다.

엘레나는 스스로 감정의 폭발이라고 부르는 이런 '울화통 발작'이 어떤지 안다. 엘레나는 전형적인 한 예로 가장 최근에 벌어진 일을 들려주었다. "직장에서 있던 일 때문에 신경이 완전히 날카로운 상태였어요. 회사에서 몇 가지 처리해야 할 일이 남아 있어서 주말에도 일을 해야 했지요. 그는 저에게 일을 해야 되면 하라며 자기는 자유시간을 즐기면 된다고 하는 거예요. 그 말을 듣자마자 화가 났지요. 저는 그가 집에서 저를 기다리기를 바랐거든요. 제가 여가 시간을 내지 못하면 그도 마찬가지로 즐거운 시간을 가지면 안 되는 거잖아요? 능력만 있다면 그를 집에 가둘까도 생각했어요. 제가 너무 한다는 것도 알아요. 하지만 그 순간에는 정말 그럴 수 있으면 좋겠다고 느꼈어요. 싸움이 극한에 달했고, 저는 펄쩍펄쩍 뛰면서 그를 향해 주먹을 날렸어요. 그도 되받아 저에게 소리를 지르고 제가 제일 좋아하는 꽃병을 벽으로 던졌어요. 저도 화가 나서 그의 옷을 옷장에서 꺼내 모조리 찢어발

기고 그를 향해 몇 번이고 이제는 끝이라고 했죠. 그는 친구 집으로 도망을 가서 다음 날에야 비로소 다시 저에게 연락을 했어요. 정말 끔찍했어요."

엘레나처럼 양가성 애착유형을 띠는 사람이 표출하는 지나친 감정은 자기와 관계를 맺은 상대방이 견디기에 상당히 힘들다. 심리치료사인 레슬리 S. 그린버그Leslie S. Greenberg와 론다 N. 골드만Rhonda N. Goldman은 이와 관련해서 '부적응 감정'이라고 말한다. 이것은 '이미 오래전부터 알고 있는 항상 다시 일어나는 부정적인 감정이다. 대부분은 과거의 트라우마와 유년기의 충족되지 못한 욕구 혹은 중요한 애착대상과의 사이에 처리되지 못한 문제에서 기인한다.' 그린버그와 골드만에 의하면 부적응 감정에는 '외로움과 고독, 수치심, 쓸모없다는 느낌, 폭발적이고, 파괴적인 분노 혹은 다른 사람에게 절망적으로 매달리게 하는 계속해서 엄습하는 두려움에 휩싸인 부족함 등이 속한다. 상대방이 줄이려고 노력하고, 다른 상황이 등장하거나 이런 감정이 표현되더라도 이런 감정은 변하지 않는다. 도리어 정반대의 일이 벌어진다. 즉 사람들은 막다른 길에 닿고, 유린당하고, 정서적으로 통제를 할 수 없는 상태에 빠졌다고 느낀다.'

감정을 어떻게 해야 할까?

양가성 사람을 미성숙하고, 과장된다고 평가하는 것은 이해가 된다. 이런 애착유형의 사람은 스스로를 역시 똑같이 평가한다. 하지만 이것은 틀렸다. 앞에서 보았듯이 이렇게 행동하는 데에는 반드시 이유가 있다. '양가성' 애착유형의 사람은 유년기에 이들을 대해준 적절한 상대가 없었다. 오히려 반대로 어른의 태도는 이들을 불안하게 하고, 커다란 혼란을 일으켰다. 이들은 이해할 수 없는 과정과 절차와 마주하고, 스트레스 시스템은 단 한 번도 편안하게 알맞은 안식을 찾지 못했다. 이들은 어른이 된 지금도 아이였을 때처럼 어떤 상황에서 어떻게 감정을 처리해야 할지 모른다. 어린 시절의 나쁜 경험은 양가성 애착유형의 사람에게 계속해서 영향을 끼치는데, 무엇보다 부모와 아이의 관계와 비슷한 친밀하고, 소중한 애정관계에서 가끔은 심한 장애를 일으킬 때도 있다.

무엇보다 압박감을 받는 상황에서 '양가성' 애착유형의 사람은 밀려드는 감정을 분류하지 못하고, 이해하지 못할 때도 많다. 왠지 모르게 유년기의 트라우마 경험이 떠오르게 하는 연인의 특정한 행동 방식에 의해, 이해가 안 되는 부모의 태도에 의해 느낀 혼란스러움이 다시 찾아온다. 다른 사람을 믿을 수 없거나 누군가 거짓말 하는 것을 알아차리거나(굉장히 사소한 것일 수도 있다) 상대방이 딴 생각을 하다가 즉각 반응을 보이지 않거나 자기가 원하는 것보다 상대가 본인의 욕구를 더 중요시 여기거나 하면 갑자기 억제할 수 없는 화가 치밀어 오르고, 끝도 없는 두려움 혹은 절망적인 고독감이 밀려온다. 이런 애착유형을 지닌 사람은 때에 따라 물건을 닥치는 대로 마구 부수거나 내적으로 경직되고, 다른 사람을 이해할 수 없는 방식으로 대하고, 더 이상 논리적으로 다가갈 수 없다. 이들은 자신감이 그다지 강하지 않기 때문에 스스로를 무기력하고, 무능력하다고 여기고 자기 효능감을 믿지 않는다. 다시 말해, 견딜 수 없는 상황과 특히 자신의 곁에 있는 사람에게 어떤 영향도 끼치지 못한다고 확신한다. 대신에 혼란스러운 감정이 더 증가할 뿐이라고 믿는다.

아무 생각 없이 내뱉은 마리오의 말에 엘레나의 감정이 혼란스러워졌다. 엘레나는 마리오에게 가끔씩 상대방이 원하는 것보다 자신이 원하는 것을 더 중요하게 생각하는 일이 옳은 것인지 질문을 던졌다. 마리오는 "당연하지. 어떤 욕구를 다른 사람이 원하는 것 아래 두어서는 안 돼. 예로, 내가 직장에서 승진 시에 더 많은 점수를 따기 위해 교육 프로그램을 듣고 싶은데 당신이 원하지 않는다고 내가 당신 말을 따르지는 않겠지. 내가 교육을 받아서는 안 되는 더 중요한 이유를 대야 할 거야."라고 설명을 했다. 마리오의 이런 생각은 엘레나에게 마치 폭탄에 불을 붙이는 것 같았다. 엘레나는 순간 완전히 이성을 잃었다. 마리오를 이기주의자고, 자기가 관심 있는 일이라면 어떤 일도 서슴지 않을 것이라며 비방을 해댔다. 이성적으로 대화를 나누는 일은 더 이상 불가능했다. 엘레나는 자신이 마리오에게 소중한 존재가 아니고 언젠가 버림받을 것이라는 생각에 무서웠다. 며칠이 지나서도 엘레나는 여전히 화를 내면서 마리오가 한 말을 들먹였다.

엘레나가 자신이 지금 이렇게 행동하는 것과 유년기에 겪은 일의 관계를 연관 지어 생각할 수 있다면 현재의 애정관계에서 왜 자꾸 혼란스러운 행동을 하는지 더 잘 이해할 수 있을 것이다. 어쩌면 자신이 내적으로 모순되는 것을 요구한다는 점을 깨달을지도 모른다. 가까워지고 싶고, 친밀함과 자신을 위해 존재하고, 자기를 사랑하는 사람을 향한 마음이 굉장히 강하다. 하지만 동시에 부모가 자기에게 했던 실망과 이로 말미암아 아이로서 견뎌야만 했던 불안감에 겁이 많이 난다. 이런 기억은 자기 보호본능을 깨운다. 따라서 마리오를 강하게 갈망하는데도 그를 멀리한다. 마리오가 자기에게 믿음을 받을 자격이 없다고 생각하기 때문이다. 마리오는 당연히 그런 순간에 엘레나가 왜 그렇게 행동하는지 알 길이 없다. 그래서 걱정을 하고, 성질을 부리고, 화를 내는 것으로 반응을 보이면 엘레나의 양가성은 이로 말미암아 더욱 강해진다.

리사 세인트 오빈 드 테란Lisa St Aubin de Teran이라는 작가의 소설,《조안나Joanna》는 전형적인 '양가성' 애착유형의 사람을 문학적으로 보여준 작품이다. 작가는 소설에서 주인공의 삶을 몇 십 년에 걸쳐 그렸는데, 주인공이 어렸을 때 겪은 일이 트라우마로 남은 아이가 깊게 얽히고설킨 관계를 가진 성인 여성이 된 모습까지를 보여준다.

조안나의 엄마는 폭력적이고 예측불가능한 사람이었다. 엄마는 어떤 면에서 '수녀보다 훨씬 더 세게 매를 때릴 수 있었다.' 계속해서, "엄마가 '변덕스러워지면', 첫 번째 공격은 매번 갑자기 찾아왔다. 엄마의 아래턱이 옆으로 특이하게 비뚤어지는 순간, 나는 필연적으로 엄마가 분노발작을 일으킬 것을 알았다. 나는 위층으로 도망가서 욕실 문을 잠그거나 마당으로 뛰어나갈 수도 있었지만 있던 자리에서 그대로 서서 기다렸다. 다음 순간에 첫 타격이 날아왔는데 평소와 달랐다. 나는 속은 느낌이었고, 실망했다. 폭력에서조차 확실성이 들어 있지 않았기 때문이다. 엄마는 조안나의 살이 찢어져서 꿰매야 할 정도로 세게 때린 적도 많다. 한 번은 병원에서 '무슨 일이 일어난 거니?'라고 물었는데 조안나는 엄마를 보호하느라 '계단에서 굴러 떨어졌어요.'라고 거짓말을 했다." 어른이 됐을 때, 조안나는 다른 사람과 함께하면 양가성 애착유형의 사람이 보이는 전형적인 '이리 와, 저리가'의 태도를 보였다.

"…누군가 집으로 찾아와서 나를 사랑한다고 말하면 그 사람은 내가 그를 사랑하는 만큼 그도 나를 얼마나 사랑하는지를 입증해야만 했어요. 용을 죽이고, 마법의 돌을 찾거나 이와 비슷한 일을 하는 것처럼 보통의 세 가지 시험을 통과해도 나는 마음 편안히, 행복하고, 평화롭게 살지 못했어요. 누군가 나를 사랑한다는 사실 자체를 믿지 못했거든요. 그래서 이 사람들에게 쓸모없고, 종종 불가능한 요구를 계속해서 했어요. 내 기분 내키는 대로 우리 중 한 사람이 더 이상 견딜 수 없을 정도가 될 때까지 긍정적인 마음을 깡그리 없애버렸죠. 과장되긴 해도 내가 자신 있게 따를 수 있는 방법이었어요. 내가 이런 일을 어떻게 하는지 느꼈어요. 무엇인가를 강요하고 내 예견을 진실로 만들고, 아무도 나를 사랑하지 않는다고 항상 믿는 일이요. 원칙적으로 나는 소중한 사람이 아니며 나의 미는 거짓이라고 믿었어요. 몇 달, 가끔은 몇 년 동안에 걸쳐 게릴라 전쟁을 벌이고 올가미와 함정을 판 뒤에 매번 '그것 봐, 그 사람이 나를 정말 사랑한 것이 아니라는 것을 알았다니까.'라며 스스로에게 말하죠."

'이리 와, 저리가' 유형은 상대방만 괴롭히는 것이 아니라, 양가성 애착유형을 지닌 자신에게도 극심한 정신적 압박감을 준다. 조안나는 '더 이상 만회할 수 없는 실수를 잊기 위해' 약을 복용하고 가끔은 밤에 거리를 돌아다니며 '나는 왜 혼자일까? 내 인생을 도대체 어떻게 하면 좋을까, 내가 무슨 일을 한 거야?'라며 자신에게 질문을 던진다. 엘레나도 '분노를 분출한 뒤에' 비슷한 것을 느낀다. "자신이 수치스럽고, 내가 이성적인 사람인지 의심이 되고, 마리오를 잃고 모든 것이 망가질까 봐 두려워요."라고 한다.

접근과 회피 사이에서 갈등

'양가성' 애착유형의 사람은 연인(혹은 다른 중요한 사람)이 자신에게 등을 돌릴 것이 두려워지면 상황을 좋은 방향으로 돌리려고 온갖 수단을 전부 동원한다. 자신을 알아서 낮추고, 갈등이나 오해의 책임은 전부 자기가 짊어지면서 관심을 가져달라고 애걸한다. 하지만 이런 태도는 매우 빠르게 반대쪽으로 치우칠 수 있다. 그런 경우에는 공격적으로 돌변한다. 특히 연인이 더 많은 독립성과 자율성을 바라거나 새로운 취미나 친구를 찾으면 불안감이 커지고 이것은 '죽음이 두려워서 자살을 해 버리는' 것처럼 될 수 있다. 즉 양가성 애착유형의 사람은 중요한 연인이 자기를 떠날 수 있다는 두려움이 생기면 다른 사람이 아닌 자기가 사랑하고, 필요로 하는 사람인 연인을 공격한다. 연인에게 심한 욕을 해대며 거침없이 싸움을 한다. 상대방에게 '볼 장 다 보았다'라는 인상을 전달하기 위해서다. 상대가 연인이 '양가성' 애착유형의 사람이라는 사실을 알지 못하는 한, 너무나 당황해 하면서 자기가 받은 비방의 말과 감정 폭발, 모욕을 고스란히 되돌려준다. 그러면 '양가성' 사람이 그렇게도 무서워하는 일이 실제로 일어날 위험이 높아진다. 즉 연인과 함께 더 이상 해결책을 찾지 못하고 갈라서는 일이다. 양가성 애착유형의 사람은 다음과 같은 악순환에 걸려들었다.

- 가깝게 다가가고 싶은 바람이 친밀함에 대한 두려움을 일으킨다.

- 친밀함에 대한 두려움이 가까이 다가가는 일을 막는다.

- 다시 거리가 생기면 가까워지고 싶은 욕구가 다시 생긴다.

이런 악순환은 드라마틱한 장면을 연출할 때도 많다. 상스러울 정도로 격렬하게 싸우고, 비방을 하고, 신체적 공격과 이별로 위협을 했다가도 급변해서 열정적인 화해의 장면을 연출하고, 사랑한다고 굳은 맹세를 한다. 하지만 그 후에 얼마 가지 않아 다시 싸움을 벌이고, 서로를 공격한다.

양가성 애착유형의 두 사람이 사랑에 빠지면

두 연인이 모두 양가성 애착유형의 사람이라면 특별히 고달픈 상황이 벌어진다. 이런 조합의 경우에 두 사람 모두 정해진 자신의 충동 억제 능력에 괴로워 하다가 화와 분노가 급격히 빠르게 높이 치솟는다. 결국 자신을 통제하지 못하고, 점점 더 심하게 감정을 표출하면서 상대방의 감정을 자극한다. 심리치료사인 마리아 솔로몬Maria Solomon과 스탠 탁틴Stan Taktin은 "싸움을 할 태세를 갖춘 이런 연인들은 한 번 싸우기 시작하면 끝장이 날 때까지 멈추지 않습니다."라고 말한다. 솔로몬과 탁틴에 의하면, 자주 싸우는 양가성 애착유형을 지닌 쌍은 "심한 싸움만큼이나 격정적인 섹스를 할 마음도 있어서 때로는 두 가지 일을 빠르게 번갈아 가면서 하는" 전형적인 모습을 보인다.

심리학자이자 심리치료사인 키르스텐 폰 지도우Kirsten von Sydow는 양가성 애착유형의 연인에게서 뚜렷이 보이는 '왜곡되고 강한' 성생활에 대해 언급한다. 폰 지도우도 이런 한 쌍이 끊임없이 만성적 스트레스 상태에 노출된 상황을 강조하지만 이런 관계가 애착과 관련된 트라우마 경험이 있는 사람에게 동시에 본질적인 행복의 원천이 되는 점을 간과해서는 안 된다고 충고한다. 당사자는 "관계를 위해 높은 대가를 치루는 일'이 유년시절에 받은 동일한 인상으로 말미암아 오랜 시간에 걸쳐 일상적인 일이고, 전혀 특이하지 않은 것으로 여겨지는 경우가 많습니다."

세인트 오빈 드 테란의 소설 주인공인 조안나도 역시 이렇게 강력하게 잡아당기는 힘을 안다.

"내가 이틀 전에 헤어진 애인에게 했던 마지막 말은 '여기서 나가, 너를 다시, 절대로 다시는 볼 일 없을 거야!'였다. 말을 했다기보다 고함을 지른 것에 가까웠다. 그는 떠났다. 처음 있는 일은 아니었다. 우리가 싸워서 일어난 결과 때문에 특별히 걱정할 일은 없었다. 더욱 심한 말을 한 적도 있다. 그도 마찬가지다. 그럼에도 우리는 마치 쇳가루와 자석처럼 다시 합쳤다. 우리 두 사람은 통제할 수 없는 인력에 어쩔 수 없이 스스로를 맡겼다."

위험한 겉모습

양가성 애착유형의 사람이 물론 언제 어디서나 자신의 감정을 그대로 드러내는 것은 아니다. 적절하게 감정을 조절하는 일이 어렵긴 해도 이를 통제하려고 애를 쓸 때가 많다. 대부분은 겉에 오는 앞면을 꾸밈으로써 이것이 가능하다. 특히 연인관계 외에 직장이나 친구를 상대로 이들은 올라오는 충동이나 힘든 감정을 숨긴다. 하지만 때로는 이로 말미암아 큰 대가를 치르기도 한다. 게다가 자기를 통제하는 일은 큰 힘과 에너지를 요구하고 억눌린 감정은 빠져나갈 구멍을 찾는다. 그러다 보니 '양가성' 애착유형의 사람은 이런 '금지된' 감정을 자신을 향해 해가 되게 돌린다. 술을 많이 마시거나 과식을 하고, 운동을 격렬하게 하거나 신경을 다른 데로 돌리기 위해 늦은 밤까지 텔레비전 채널을 여기저기 돌려댄다. 모든 것이 아무런 해를 입히지 않을 수도 있다. 하지만 이것이 행동의 표본이 되면 감정을 회피하는 일은 정신적, 신체적 건강에 위험을 가져올 수 있다.

요약. 양가성 애착유형

양가성 애착유형은 가장 어려운 애착유형으로 압박감이 심하고, 혼란스러우며, 종종 유년기에 받은 트라우마 경험을 보인다. 자신이 양가성 애착유형이라고 생각되는 사람은 다음과 같은 특징을 보인다.

- 유년시절에 괴로운 일을 경험해야만 했다. 이런 경험이 깨끗이 처리되지 못하고 남아서 스트레스 상황이 생길 때에 현재 맺은 관계에 영향을 끼친다.

- 유년기에 대해 뚜렷이 기억을 못할 때가 많다. 여전히 부모 혹은 부모 중 한 명에게 화와 분노의 감정을 갖거나 어린 시절의 일이 안개에 싸여 사라지거나 그다지 중요하게 생각되지 않는 일이나 자기와 크게 상관이 없는 상황을 세세하게 기억한다. 예를 들어, '아빠는 교회 성가대에서 정말 노래를 잘 했어요.', '엄마는 좋은 분이셨어요. 거지들에게 항상 무엇인가 주셨죠.'처럼 말이다.

- 다른 사람과 너무 가까워지고, 친해지는 일을 두려워한다. 하지만 동시에 버림받을지도 모른다고 겁을 낸다. 상실에 대한 커다란 두려움이 오히려 관계를 끝내는 상황이 벌어지게 부추긴다.

- 드라마를 연출한다. 사랑하는 사람을 죽을 만큼 미워하다가도 다음 순간에는 용서해달라고 애원하고 그의 품에서 다시 안정을 찾고자 한다.

- 주체를 못할 만큼 넘쳐나는 감정에 스스로 겁을 내고 자신의 행동을 이해하지 못하기 때문에 자신에게 끔찍한 일을 저지른다.

7

안정형 애착유형,
친밀함을 두려워하지 않는다

"가까이 하고, 의지하고, 믿을 수 있는 사람이 있어서 정말 좋아!" 안정 애착유형을 지닌 사람이 생각하는 문구다. 자구심과 불신? 이런 것이 도대체 왜 필요하지!

꼬마 실험왕

"하루는 차고에 불이 났어요. 제가 화학물질을 가지고 실험을 했거든요. 부모님이 절대로 밖에서 해서는 안 된다고 해서 차고를 사용했죠. 불이 난 뒤에 소방관 다음으로 제일 먼저 뛰어온 사람은 부모님이세요. 화학실험 세트가 불행하게도 주요 증거가됐죠. 저는 제 인생에서 가장 기억에 남을 매를 맞을 거라고 예상했어요. 그런데 심지어 차고가 아직 불타고 있는데도 부모님은 저를 때리시는 일을 잊으셨어요. 엄마는 조금 지나서 제가 무슨일이 있어도 나중에 부모님 말씀을 더 잘 들으면 좋겠다고 하시는 게 전부였어요. 아빠도 저를 향해 달려오시더니 번쩍 들어 올리고는 꼭 끌어안아 주셨어요. 제 발이 공중에서 흔들거릴 정도로 높게요. 아빠는 시간이 지나서 그때 일을 떠올리시면 윙크를 하면서 '그때 차고에서 갑자기 작은 폭발이 일어났었지'라고만 말씀하셨죠."

이야기를 들려준 남성이 애착유형 진단을 받았더라면 장담하건대 분명히 부분 4에 적힌 사항에 대부분 체크를 많이 했을 것이다. 그는 '안정' 애착유형의 사람이다. 진단의 부분 4에 해당되는 사항이 많은 사람도 마찬가지로 이런 유형이다. 이런 사람은 다음에 나오는 문장에 고개가 끄덕여질 할 것이다. 감정적으로 다른 사람에게 다가가는 일이 쉽다. 다른 사람에게 의지할 수 있고, 다른 사람이 나에게 기대는 것도 좋다. 혼자 있다고 혹은 다른 사람이 나를 인정하지 못할까 봐 특별히 걱정하지 않는다.

애착연구가인 메리 메인은 위에 소개한 흐뭇한 사례에서 한 성인 남자가 어렸을 때 일어난 사건을 기억하는 이야기를 들려준다. 남자는 부모가 보여준 행동에 여전히 놀라고, 감동한다. 그 당시에 실험에 대한 큰 자신의 호기심을 높이 평가하고, 벌주지 않은 부모의 태도는 남자의 삶에 안정감을 주었다. 부모에게 어떤 다른 것보다 자신이 소중한 존재라는 것을 느꼈기 때문이다. 부모의 태도는, 특히 아빠는 남자가 실수를 했을 때에도 이해와 호의를 원해도 괜찮다는 것을 보여주었다. 이런 부모는 실험을 좋아하는 소년에게 안정적인 애착이 발달하기 위한 중요한 전제조건 중 한 가지를 가르쳐주었다. 또한 아들을 애정을 담아 호의적으로 대했고, 아들이 큰일을 저지른 후에 무엇이 필요한지를 정확히 파악했다. 바로 안정과 관심이다. 부모가 이것을 깨닫지 못하고 소년을 엄하게 야단만 쳤다면 그는 당연히 훨씬 더 큰 충격을 받고, 심한 죄책감과 부끄러움에 극도로 불안해했을 것이다. 어쩌면 실험에 대한 즐거움조차 영영 잃었을지도 모른다.

어떤 유년기를 보냈을까?

안정적인 애착은 일종의 보호 장치다. 살면서 근본적으로 안정감을 느끼는 아이는 어려운 상황에서도 믿고 잡을 수 있는 끈을 제공하는 심리적 번지 점프 안전 로프를 지녔다. 이들은 다른 사람에게 항상 호의와 도움을 받을 수 있다는 사실을 안다. 차고를 거의 다 태웠을 때조차도. 이런 이상적인 유년기의 사정은 앞으로 계속될 삶을 위한 든든한 버팀목이 된다. 수많은 연구를 보면 어린아이였을 때 이미 안전하게 애착이 형성된 사람은 살면서 계속해서 '안정형' 사람으로 지내는 것을 알 수 있다. 애착 형성이 불안한 아이와 비교했을 때 안정적인 애착유형의 사람은 공감능력이 훨씬 좋고, 다른 사람을 열린 마음으로 대하며, 더 잘 배우고, 집중력도 더 좋으며, 나이에 상관없이 더 쉽게 우정을 쌓는다.

안정형 애착유형의 사람이 어린 시절을 아무런 문제없이 보내는 것은 당연히 아니다. 이런 애착유형에 나타나는 중요한 특징은 안정적인 애착을 형성한 사람은 유년기를 미화하거나 압박을 하지 않고, 힘들었던 일도 기억에서 밀어내지 않는다.

관계모델은 어떤 조언을 할까?

'안정형' 애착유형의 사람은 처음부터 조건 없이 사랑받는다고 느끼므로 자신과 다른 사람에 대한 신뢰감을 발전시킬 수 있었다. 엄마와 아빠가 관심과 애정을 듬뿍 담아 자기를 대하는 태도를 통해 자신이 소중한 사람이라는 확신을 얻는다. 이들은 다른 사람을 믿을 수 있고, 어려움에 처하거나 말썽을 피울 때 이 사람이 자기를 모른 체 하지 않는다는 것을 배웠다. 이런 기본적인 확신은 아이였을 때(그리고 성인이 된 지금까지도) 어떤 조건도 달지 않고, 의심도 품지 않은 채 대인관계를 형성하게 한다.

안정적인 애착은 커다란 선물이다. 이런 애착유형을 지닌 사람은 불안정 애착유형인 사람보다 훨씬 더 뚜렷하게 애착능력과 관계능력의 수준이 높다. 이런 '안정형' 애착유형에 속하는 사람은 '나는 사랑받을 수 있는 사람인가? 나는 다른 사람에게 중요한 존재며, 사람들은 지금 내 모습 그대로를 인정할까? 사람들은 나를 존중할까? 무조건 내 편이 되어줄 사람인가?' 라는 질문에 긍정적인 답변을 준다. 유년기에 이미 부모와 다른 중요한 어른들과의 관계를 대부분 원만하게 경험한 덕분이다. 이런 사람의 관계모델은 다른 사람을 열린 마음으로 믿음을 갖고 받아들이게 한다.

관계에서. 친밀함, 열린 마음, 신뢰와 공감

안정적으로 애착이 형성된 사람은 말 그대로 다른 사람과 애착을 이룬다. 연인은 물론 다른 친한 친구와도 친밀함과 열린 마음, 신뢰, 공감으로 가득한 관계를 맺으며, 사회적 능력도 뛰어나다.

가까이 하는 일이 쉽다

다른 사람에 대한 긍정적이며, 믿음이 가득한 생각은 '안정형' 애착유형의 사람이 깊은 관계를 맺는 일을 쉽게 한다. 이들은 주저하지 않고 사랑하는 사람의 가까이에 다가가기를 좋아한다. 이때 자신의 독립성이 어떻게 될까 봐 걱정하지 않는다. 반대로, 이렇게 의지하는 것이 정상적이며, 만족스럽고, 믿을 수 있는 연인관계를 이루며 살기위해서는 빠질 수 없다고 여긴다. 안정적으로 애착이 형성된 사람은 누군가에게 의지하는 일을 용감히 호기심을 갖고 세상에서 움직일 수 있으려면 갖추어져야할 전제 조건으로 여긴다. 이들은 배우자 혹은 애인을 일상에서 마주치는 도전을 잘 받아들이고 처리할 수 있게 도와주는 안전한 본부라고 생각한다. 관계는 모두가 살면서 '외부에서' 쓰고 다녀야만 하는 가면을 벗는 데 필요한 보호를 제공한다.

열린 마음

안정 애착유형의 사람이 지닌 또 다른 중요한 특징은 열린 마음이다. 이런 사람은 연인과 열린 마음으로, 사이드 브레이크를 걸지 않은 상태로 자신의 감정과 소위 실수와 실패, 괴로움과 근심 등 모든 것에 대해 이야기를 나눌 수 있다. 다른 사람이 자신의 이런 개방적인 태도를 악용할 수도 있다고 겁을 내지 않는다. 거꾸로 상대방 역시 이런 열린 마음을 갖기를 기대한다. 자신을 그대로 드러낼 수 있는 능력은 만족스럽고, 균형 잡힌 관계를 위한 핵심 요소로 여겨진다.

신뢰

'안정형' 애착유형의 사람은 일반적으로 신뢰할 수 있다. 이들은 의심이나 자구심을 갖지 않는 편이다. 현재 맺고 있는 관계가 어떤지 골머리를 썩지 않고, 모든 것이 잘 되고 있는지에 대해서도 괜한 걱정을 하지 않는다. 마찬가지로 연인이 자기를 떠날지도 모른다며 불안해하지도 않는다. 연인과 함께 경험하는 안정감이 믿을 수 있으며 다음번에 둘 사이에 갈등이 생기더라도 곧바로 이런 안정감에 의혹을 품을 필요는 없다고 확신한다. 관계에 위기가 찾아와도 '안정형' 애착유형의 사람은 연인이나 다른 사람이 주는 사랑을 근본적으로 의심하지는 않는다. 물론 이런 관계에서도 두 사람을 잠깐 동안 갈라놓는 심한 의견 충돌이 생길 때도 있다. 그럼에도 관계의 원칙적인 견고함에 대한 믿음을 잃지는 않는다.

공감능력

안정적으로 애착이 형성된 사람은 자신과 타인에 대해 기본적으로 믿음이 단단하다. 또한 관계의 성공을 위해 매우 중요한 능력도 갖추고 있다. 바로 '마음을 가다듬을 수' 있는 능력이다. 공감능력이 있고, '다른 사람은 어떤 생각을 하며, 무엇을 느낄까, 말 속에 숨어 있는 저의가 무엇일까, 비판적인 생각과 비방 혹은

167

보기에 이성적인 것 같은 요구 뒤에 어떤 감정이 실제로 숨어 있을까?'라며 상대방의 시점을 수용할 수 있는 능력이 갖추어진 것을 뜻한다. '안정형' 사람은 상대방의 감정과 사고 세계에 들어가 공감하고, 다른 사람이 다른 방식이 아니라 그렇게 행동한 이유가 무엇인지 이해가 가며, 더 많이 감정이입을 하고, 관대하게 반응할 수 있기 때문이다.

사회적 능력

게다가 안정 애착유형을 지닌 사람은 다른 사람과 함께 잘 지낼 수 있는 능력이 있다. 이것은 우정을 쌓는 데 큰 도움이 된다. 이런 친구 사이는 두터우며, 깊다. '안정형' 사람은 친구와 모든 것에 대해 이야기를 나눌 수 있고, 새벽 2시에 도움이 필요하다고 해도 친구가 와줄 것을 안다. 안정형 애착유형의 사람은 꾸준한 교류를 중요하게 여긴다. 이들은 '우리가 1년에 한 번밖에 보지 못하더라도 서로 잘 이해하는 사이예요'라고 하는 부류에 속하지 않는다. 이들이 생각하는 우정은 그런 모습이 아니다. '안정형' 사람은 규칙적으로 연락을 하고, 자주 이야기를 나누는 것이 필요하고, 친구가 어떻게 지내는지 알고 싶어 한다. 친구와 불화가 생기면 이를 감추려 하지 않고, 신뢰를 바탕으로 대화를 나눈다.

그 외에도, 안정 애착유형의 사람은 직장 생활도 순탄하다. 애착연구가인 마리오 미쿨린서와 필립 R. 셰이버는 연구를 통해 안정 애착유형의 사람과 직장 일의 관계에 대해 매우 긍정적인 그림을 그릴 수 있었다. 두 학자에 의하면, 이런 사람은 일을 긍정적인 마인드로 대하고, 업무와 연관해서도 문제가 적었다. 기본적으로 자신이 하는 일에 만족하고, 만족을 못하는 사람에 비해 직업이 사생활과 대인관계에 미치는 영향도 덜 하다.

안정적 환경이 사람의 이후의 삶과 사랑에서 오는 행복에 얼마나 중요한지를 입증한 장기간에 걸쳐 진행된 흥미로운 연구가 있다. 심리학자인 제프리 A. 심슨Jeffry A. Simpson을 중심으로 한 연구팀은 수십 년 동안 200명의 사람을 출생 때부터 성인이 될 때까지 동행하며 관찰했다. 연구팀은 안정적으로 애착이 형성된 아이가 훗날 연인과 더 만족스러운 관계를 형성한다는 사실을 상세하게 입증할 수 있었다. 특히 갈등의 강도와 이를 적절하게 조절할 수 있는 능력은 '안정형' 사람의 집단에서 더욱 뛰어났다.

안정 애착유형에 관한 예시들은 아이가 삶의 처음 몇 년 동안 인정받고, 무조건적으로 사랑을 받는 일이 얼마나 중요한지를 보여준다. 부모가 아이에게 안정감을 주고, 확실한 바탕을 마련하고, 동시에 자립심과 능력을 길러주면 아이는 애착과 관계능력을 위한 기본을 만든다. 애착전문가인 마리온 솔로몬과 스탠 탁틴은 안정 속에서 성장한 아이는 이후에 어른이 되어서도 '진정한 상호성으로 이루어진 세계, 심리적으로 두 사람이 존재하는 체계, 관계에 있는 두 사람의 안녕이 항상 가장 우선시되는 세계에서' 움직일 것이라고 확신한다. 안정적인 애착은 '안정형' 애착유형을 가진 사람은 당연하고, 그의 연인에게도 큰 행운이다. 불안정 애착유형을 지닌 사람이 '안정형' 사람과 함께할 경우 굉장히 큰 발전의 기회를 얻을 수 있기 때문이다. '불안정' 애착유형의 사람은 안정 애착유형의 사람의 도움을 받아 용감해지고, '회피적' 애착유형의 사람은 좀 더 마음을 활짝 열고, '양가성' 애착유형의 사람은 마음을 편안하게 진정시킬 수 있다. 하지만 유감스럽게도 안정적으로 애착이 형성된 사람은 마찬가지로 '안정형' 애착유형의 사람을 상대로 찾는 것이 대부분이다. 하지만 가끔 불안정하게 애착이 형성된 사람이 안정적으로 애착이 형성된 사람과 사랑에 빠지거나 반대인 경우도 있다. 요하나와 엘라가 그런 사람들 중 하나다.

요하나는 엘라의 마음을 사로잡으려고 오랜 시간을 애써왔다. 엘라와 평생을 함께 하고 싶은 마음과 엘라를 사랑한다는 것을 알았다. 엘라가 퉁명스러울 때가 많고, 종종 자기를 거부하기도 했지만 요하나는 마음을 접지 못했다. 엘라의 특정한 행동방식이 받아들이기 힘들다고 느껴질 때가 있긴 했어도 말이다. "엘라가 질투심에 화를 내고, 갑자기 혼자 있고 싶어 하고, 심술을 부리는 행동 때문에 혼란스러울 때가 있는 것은 사실이에요. 하지만 나를 시험해 보고 싶어서 그러는 것뿐이라고 믿어요. '자기가 그렇게 편안한 사람이 아닌데도 자기 곁에 머무를까?'라고 궁금하겠죠." 요하나는 엘라가 자기에게 나타내는 감정을 의심하지 않으며, 자신을 진지하게 대한다는 사실을 안다. 요하나는 다른 사람이 무엇을 필요로 하는지 본능적으로 느낀다. 엘라에게 부족한 것은 안정감이다. 요하나는 엘라가 어떤 감정인지 잘 공감할 수 있으며, 무엇을 원하는지 이해하며, 심리적으로 엘라와 같은 편에 선다. 또한 엘라가 믿음을 키울 수 있게 힘을 쓴다.

요하나는 안정 애착유형을 지녔다. 어린 시절에 보호받고, 안정적인 경험을 했다. 바이에른 주에서 보낸 어린 시절과 부모님이 운영하신 여관 일은 즐거운 기억으로 남아 있다. "엄마는 내 유모차를 식당에 세워두고 항상 내 곁에 있을 수 있어서 좋았다고 말씀하세요. 내가 울면 엄마는 바로 저에게 왔어요. 엄마가 안 계시면 아빠가 왔죠. 아빠도 시간을 내기 힘드시면 여관 손님 중 한 분이 저를 돌봐주셨어요. 저 혼자 있던 적이 한 번도 없었죠. 내가 걸음마를 시작했을 때에는 식당의 스타가 됐어요. 버릇이 없었다고 할 수는 있겠지만 내가 중요한 사람이라는 느낌은 항상 있어요. 한번은 마당에서 넘어지면서 심하게 긁혀 상처가 난 적이 있어요. 아빠는 어딘가에 막 가시려고 하던 차였는데 제 상처를 치료해 주시려고 모든 것을 다 제쳐 놓았던 일이 아직도 기억나요."

요하나가 유년기를 매우 긍정적으로 기억하지만 그래도 걸림

돌이 있던 적도 있다. 요하나가 다섯 살이었을 때 남동생이 세상에 나왔다. 동생이 태어나는 것과 동시에 요하나의 이상적인 목가생활은 끝이 났다. 갑자기 혼자서 더 이상 모든 사람의 중심에 오지 못하고, 다른 사람들이 자신을 소홀히 대하는 느낌이 들고, 동생에게 심하게 샘도 났다. 요하나는 아기가 태어났을 때에 처음에는 '죽일 수도 있을 것 같았다'고 고백했다. 지금에 와서 부모에 대해 말할 때면 "부모님이 모든 것을 바르게 하셨다고는 생각하지 않아요. 그래도 내가 아이였을 때 나를 싫어하셨다는 느낌은 전혀 없어요. 기본적으로는 전부 다 제대로였으니까요."라고 한다.

요하나가 어릴 적에 부모와의 안정적인 애착을 통해 발달시킬 수 있던 안정감과 견고함은 오늘날 양가성 애착유형을 지닌 엘라와 함께 지내는 일에 도움이 된다. 둘이 함께 알고 지내는 친구인 페트라를 저녁 식사에 초대한 자리에서 페트라와 너무 오랫동안 집중적으로 대화를 나눈 뒤에 엘라가 다시 질투심에 화를 낼 때 혹은 다른 친구들과 주말에 여행을 가지 못하게 할 때면 요하나는 엘라의 이와 같은 행동이 깊이 뿌리박힌 불확실함에서 나오는 것뿐이라고 해석한다. 요하나는 화를 내고, 비방을 하는 대신에 엘라가 진솔함과 확신을 필요로 한다는 것을 공감하고, 이해한다. "엘라는 자기가 이상하게 굴어도 제가 그것을 받아들일 수 있다는 사실을 알아야 해요."

요약. 안정형 애착유형

안정 애착유형을 가진 사람은 어렸을 때 유치원을 가기 좋아하고, 나중에 학교에 가는 일도 무서워하지 않았을 것이다. 세 살 이전에 적어도 한 명의 중요한 사람에게 긍정적이며, 확실한 애착을 느끼는 것은 심리적 안정을 주고, 기본적으로 자신과 다른 사람에 대해 긍정적인 생각을 갖게 돕는다. 그런 사람은 지금도 세상과 다른 사람들이 원칙적으로 다 좋으며, 믿을 수 있다고 생각한다. 아이였을 때에도 자기가 사랑을 받고 있다고 느끼고, 자신이 원하는 것과 필요한 것이 무엇인지 분명하고, 똑똑하게 전달하고, 겁을 먹거나 불안해하지 않았다. 또한 다른 사람과의 친밀한 애착을 중요하게 생각한다. 독립성과 자율성이 이미 충분히 갖추어졌기 때문에 중요한 애착대상에게 기대는 것도 잘 받아들인다. 안정 애착유형을 가진 사람의 특징은 다음과 같다.

- 이미 이른 시기에 "나를 다른 사람에게 맡길 수 있어."라고 배운다.

- 유년기의 기억이 뚜렷하고, 객관적으로 묘사할 수 있다. 긍

정적이며, 불평할 만한 일이 없는 유년기를 보냈지만, 이런 시기에 대해 고의로 이상적으로 꾸며서 말하지도 않는다. 힘들고, 마음을 무겁게 하는 일이 있거나 아빠나 엄마에게 문제가 있거나 잘못을 저질렀을 때에 이것에 대해 안다. 모든 제한에도 불구하고 항상 사랑받았다고 느꼈다.

- 다른 사람에게 가까이 다가가기 좋아한다.

- 연인이 자신을 정말 사랑하는지, 자기 곁에 머무를지에 대해 끊임없이 고민하지 않는다.

- 자신과 자신의 감정에 대해 솔직하게 말한다. 연인에게 자기의 '내면까지' 속속들이 다 보여주고, 다른 사람도 역시 자기에게 이렇게 열린 마음을 보여주기를 바란다.

- '관계에 대해 대화'하는 것을 어려워하지 않는다. 오히려 규칙적으로 대화를 나누는 일이 반드시 필요하다고 여긴다.

- 정서적으로 다른 사람에게 의지한다고 느끼지만 이것 때문에 걱정하지는 않는다.

- 공감할 줄 알고, 다른 사람의 감정과 기분에 자신을 일치시켜 생각할 수 있다. 거꾸로 자신의 기분을 알고, 이것이 다른 사람에게 어떤 영향을 줄지도 안다.

- 자존감이 튼튼하다. 유년기에 한 긍정적인 경험은 자아비

판을 하면서 필요 이상으로 자신을 괴롭히고, 실패나 약점 때문에 자존감을 근본부터 의심하지 않도록 지키는 전제 조건이다. 기분이 좋지 않거나 실수를 하고 혹은 실패를 극복해야만 할 때 다른 사람이 자신의 곁에서 호의적으로 힘이 될 것이라고 믿는다.

- 깊은 우정에 관심이 많고, 이를 유지하기 위해 많은 노력을 한다.

8

누가 누구와 함께?
쫓는 사람과 회피하는 사람의 관계

어떤 사람에게 매력을 느낄까? 본인의 애착유형과 가장
잘 맞는 사람과 관계를 맺은 사람이 많을까? 아니면 오
히려 '잘 맞지 않는' 사람과 사랑에 빠질까? 제일 많이
보이는 관계 양상이 무엇인지 살펴보면 후자인 경우가
많다. 적어도 그렇게 보인다.

아침 식사 자리의 부부

일요일 아침에 부부 한 쌍이 식사를 하려고 한다. 여자는 정성을 다해 식탁을 차린다. 이런 주말의 의례를 소중하게 여겼다. 남자는 벌써 주간지를 들고 식탁에 앉아 싱거운 말 몇 마디를 한 뒤에 신문 읽기에 완전히 푹 빠졌다. 여자는 우선 놀라서 입이 다 물어지지 않았고, 그 다음에는 화가 났다. 사실 금방까지 남편하고 이야기를 나누기를 기쁜 마음으로 기다렸다. 1주일 내내 남편 얼굴을 거의 못보고 지내기 때문이다. 하지만 지금 괜히 일을 만들고 싶지 않았다. 그래서 그냥 기다리기로 했다. 남편은 집중해서 신문을 보느라 부인이 옆에 있는 것을 아예 깨닫지 못하는 듯했다. 여자는 참다가 한 마디 하기로 했다. "오늘 날씨가 정말 좋네요. 자전거 타고 잠깐 한 바퀴 돌아도 되겠어요." 남편은 짧게 대꾸했다. "음, 한 번 생각해 보죠." 여자는 잠깐 뒤에 다시 한 번 시도를 했다. "안나가 잼을 직접 만든 거예요. 마당에 레드커런트와 산딸기 넝쿨이 있거든요." 아무런 반응이 없다. 여자는 마치 신문이 자기가 하는 말을 받아쳐내는 두꺼운 장벽 같다고 생각했다. 스트레스 수치가 오르고, 긴장이 되어 자기가 어깨를 들썩이는 것을 깨달았다. 기분이 안 좋을 때마다 항상 나오는 행동이다. 여자는 행여나 아침 식사 전에 남편의 심기를 불편하게 건드렸는지 곰곰이 생각해 보았다. 무엇인가 잘못말했는지, 남편을 충분히 살피지 않았는지, 아니면 섹스를 원했는데 눈치를 차리지 못했나? 그것도 아니라면 지난밤에 다시 코를 골면서 자더라고 한 마디 한 것 때문에 기분이 상했나? 여자는 점점 불안하고, 어떻게 해야 남편과 대화를 할 수 있을지 알지 못했다. 남편을 쓰다듬어주어야 할까 아니면 어젯밤에 잠을 제대로 못잤는지 직접 대놓고 물어볼까? 여자는 어린아이마냥 식탁에 가만히 앉아 자신이 그곳에 있다는 것을 남편이 알아차리기를 기다렸다. 하지만 남편은 여자의 내면에서 일어나는 이런 싸움을 전혀 눈치 채지 못하고 흡족해하면서 신문만 읽었다. 한참이나 시간이 지난 것 같았다. 남편은 마침내 신문을 옆으로 치우고 "조깅하러 갈까?"라고 부인에게 물었다. 여자는 갑자기 모든 것이 다시 괜찮

아졌다고 생각했다.

어떻게 설명을 해야 할까? 여자는 왜 이런 상황이 괴로울까? 왜 주먹으로 식탁을 꽝 하고 한 번 내려치거나 자리를 피하면 될 것을 남편이 하지 않는다고 왜 자기가 하고 싶은 일을 하지 않는 것일까? 왜 남편은 신문 뒤에 숨거나 부인의 감정이 어떤 상태인 지에 대해 아무런 센서등을 켜지 않는 것일까?

서로 다른 애착유형을 가졌기 때문에 두 사람이 이런 행동을 한다고 설명할 수 있다. 남편은 회피적 애착유형의 사람이며, 부인은 불안정 애착유형의 사람이다. 이런 부부의 조합은 애착에 관한 책에서는 '추격자와 도망자의 한 쌍'이라고 부른다. 불안한 사람은 친밀함(아침 식탁 이야기에서 보여주듯이 이를 크게 소리 내어 말할 필요는 없다)에 대한 희망을 품고 회피적 애착유형의 사람을 쫓으며, 회피적인 상대는 침묵하거나 일 혹은 신문 뒤로 모습을 숨긴다. 이런 상황은 예측할 수 있듯이 불안정한 사람이 자신의 욕구를 포기하거나 상황을 자기에게 유리하게 바꾸게 할 계기를 주지 않는다. 오히려 상대방의 뒤로 물러나는 태도는 불안정한 사람이 자신의 욕구가 충족되기를 바라는 마음을 더 강하게 한다. 이들은 자신의 애착체계를 발동시킨다. 아침 식탁에서 말을 걸고, 질문을 하며, 남편이 신문을 접고 마침내 자기에게 관심을 갖게 조심스레 시도하는 부인처럼 말이다. 남편이 드디어 반응을 보이면 비로소 여자도 긴장을 푼다.

이런 쫓고 쫓기는 악순환은 대단히 힘이 든다. 불안정 애착유형을 지닌 사람은 특히 이것을 힘들어 한다. 그런데 심리학 교수이자 심리치료사인 크리스티안 뢰슬러Christian Roesler가 밝혔듯이 애착유형의 조합 중에서 이런 조합이 가장 많다. "두 사람은 이런 조합에서 공공연히 애착의 불안에 있어서는 비슷한 수준이지만 완전히 상반된 전략을 통해 불안감을 극복합니다. 이런 사람들이 아마 갈등을 제일 많이 겪기 때문에 부부치료 상담을 받으러 가장 많이 옵니다. 하지만 이런 관계가 다른 조합으로 구성된 부부보다 덜 안정적이라고는 쉽게 말할 수 없습니다." 도망자와 추격자로 이루어진 부부가 오히려 오랜 기간을 안정적으로 함께하는 경우도 많다.

추격자. 분명 사랑 때문에 괴로운 거야

애착유형 검사에서 불안정 애착유형이라는 결과를 받으면 사실 안정 애착유형을 지닌 남자나 여자를 연인으로 구하면 서로 제일 잘 맞을 것이라는 생각이 든다. 자기편이 되고, 친밀함과 안정을 원하는 마음을 이해하고, 거부하지 않고, 기본적으로 긍정적이며, 관심을 보이는 행동을 통해 마음속에 있는 자구심을 떨치고, 내가 사랑받을 가치가 있는 사람이라고 확신을 주는 사람이 필요하다. 안정적인 사람과 관계를 맺으면 자존감을 높여주고 유년기에 형성된 부정적인 관계모델('다른 사람이 나에게 관심을 갖고 나중에 언젠가 나를 떠나지 않게 하려고 안간힘을 써야만 해')을 완화한다. 안정적으로 애착이 형성된 상대는 불안정한 애착유형을 지닌 사람을 안심시키는 놀라운 능력이 있기 때문이다. 이런 사람이 연인이라면 주위의 관심을 얻으려고 힘들이지 않아도 된다. 안정적인 사람은 불안정한 연인이 두려움에 떨고, 자기에게 매달리며, 사랑한다는 증거를 특별히 더 많이 요구해도 잘 버틴다.

당신이 운이 좋아서 지금 안정 애착유형의 사람과 관계를 맺고 있을 수도 있겠지만 그렇지 않을 수도 있다. 이런 사람 대신에 왠지 '회피적인 사람'이 지금 당신 옆에 있다는 확신이 든다. 앞에서 살펴본 아침 식사 자리의 남편처럼 말이다. 불안정 애착유형의 사람은 회피적 애착유형의 사람과 사랑에 빠지는 경향이 있다. 행여 안정 애착유형의 사람을 만나더라도 실제로 인지를 못하거나 "너무 창백해.", "그다지 흥미롭지 않아.", "원하는 게 너무 없어."라며 빨리 깎아내리기 때문이다. 안정적인 사람과 함께 하면 불안감이 적고, 긴장도 덜 되고, 사랑 때문에 아픔을 겪는 일도 드물다. 이런 사람은 관심이 많고, 사랑이 넘치며, 대화가 통한다. 불안정 애착유형의 사람은 이런 사람을 얻으려고 싸울 필요가 없다. 그런데 이런 것이 이상하게 옳게 느껴지지 않는다. 유년 시절부터 다른 것에 더 익숙하기 때문이다.

이런 사람은 안정적으로 애착이 형성된 사람이 너무나 낯설다. 바로 이것이 불안정 애착유형의 사람이 안정 애착유형의 사람과 함께 관계를 맺는 일이 거의 일어나지 않는 이유다. 이와 더불어 안정 애착유형의 사람은 연애 상대를 고를 때의 기준은 다른 원칙을 따른다. 크리스티안 뢰슬러에 의하면 이런 사람은 대부분 '유유상종'이라는 말을 따라 관계를 맺는다. "반면에 불안정 애착유형의 사람은 압도적으로 '서로 다른 것에 당긴다.'라는 보색 원리에 따라 관계를 실현합니다."

사랑의 증거를 찾아 헤매기

아침 식탁의 장면에 나오는 부인도 마찬가지로 사랑을 긴장과 불안, 스트레스와 연결한다. 아침에 일어난 일은 부인에게 진정으로 한 편의 관계범죄소설과 같다. 감정은 팽팽하게 긴장하고, 생각은 동요하며, 여자는 마치 고압선이 지나가는 곳 아래 서 있는 듯하다. 그러다가 남편이 신문을 옆으로 치우고 여자가 있다는 것을 인지하자 이런 긴장감은 바로 사라진다. 여자에게 일어나는 감정은 실제로 긴장감 넘치는 범죄소설의 좋은 결말과 비교할 수 있다. 일이 모두 잘 해결되고, 여자는 안도의 숨을 쉴 수 있다.

안절부절못하는 여자는 "당신, 이제 좀 나를 바라봐 줘야 할 때 아니에요?"라고 말하지 않고 남편이 계속해서 신문만 보고 자기에게 관심을 갖지 않는 것을 비방하지 않는다. 대신에 "오늘 뭐할까?"라고 남편이 질문을 하자 고마워한다. 남편이 드디어 자기를 쳐다보고, 자기에게 관심을 보인 것에 안심을 한다. 전형적으로 불안정 애착유형에서 볼 수 있는 여자의 애착체계는 안심을 해도 된다. 남편의 관심은 매우 중요하며 여자에게 친절하게 선물을 한 것보다 훨씬 더 가치가 높다. 여자는 이것을 얻기 위해 노력을 했고, 노력한 보람이 있었다.

부인은 불안하게 애착이 형성된 다른 모든 사람처럼 유년기에 사랑과 관심을 받으려고 노력하고, 자기가 있다는 것을 사람들에게 인식시키려면 온 힘을 다 해야만 한다고 배웠다. 힘을 다해 다른 사람이 자신에게 관심을 갖게 확신시킬 수 있어야만 비로소 그 사람이 그것을 실제로 진지하게 생각하는 것이라고 믿었다. 사랑과 사랑한다는 증거를 은쟁반 위에 들고 오면, 즉, 싸우지도 않고 불안감이나 불확실함 없이 사랑을 얻는다면 여자는 이런 사랑을 별로 큰 가치가 없다고 생각한다. 자명하게 사랑받을 가치가 있다는 경험을 유년기에 하지 못해서 그 당시처럼 지금도 여전히 사랑의 증거를 모아야만 한다. 이런 노력("그 사람이 드디어 신문 읽는 일을 그만 두었어. 나는 그에게 소중한 사람이 맞아!")이 성공하면 여자는 자신이 사랑받는다고 느낀다. 단 다음번까지만 그렇다. 그 다음에는 다시 처음부터 사랑의 증거를 찾으려는 일을 시작한다.

이런 어렵고, 힘든 상황을 아는 사람도 분명 지금 이 책을 읽고 있을 것이다. 자신이 불안한 사람인데 지금 '회피자'와 함께 하고 있는 사람도 있을 수 있다. 안정적으로 애착이 형성된 연인은 이런 사람의 삶을 수월하게 해 줄 수 있을 것이다. 하지만 앞에서 이미 언급했듯이 이런 사람과 사랑에 빠질 확률은 매우 낮다. 어렸을 적에 정서적으로 궁핍했을 때 부모가 신뢰할 수 있는 관심을 주지 않으면 이런 사람은 감정을 덜 표현하고, '쿨'하게 혹은 심지어 거부하는 듯이 행동하는 남자나 여자를 더 매력적이라고 생각하기 때문이다. 이런 사람은 힘든 사랑만이 진실한 사랑이라고 믿는다.

도망자. 정말 내 이야기인가?

그런데 회피하는 사람이 불안한 사람과 사랑에 빠지는 이유는 무엇일까? 회피적 사람도 안정적으로 애착이 형성된 사람과 함께하면 훨씬 수월한 애정관계를 맺을 수 있다. 그런데 불안정 애착유형의 사람을 곁에 두어서 좋은 것이 과연 있을까? 알고 보면 정말 많다!

회피적 애착유형의 사람은 어릴 적에 가까운 주위의 사람에게 관심을 조금 밖에 받지 못한 사실을 떠올려보자. 자신의 욕구와 애착에 대한 바람에 대답을 듣지 못하고, 근심과 두려움, 생각을 혼자서 다 안고 해결해야만 했다. 누구를 믿을 수도, 의지할 수도 없다는 경험은 자신의 진실한 감정을 포장해서 괜히 '냉정함과 괜찮은 척' 뒤로 숨게 했다. 아이는 '내가 눈에 띄지 않으면, 특히 나쁜 일로 튀지 않고, 나를 위해 아무 것도 요구하지 않고, 남에게 부담을 주지 않으면 조금이라도 주의와 관심을 받을 거야.'라고 믿는다. 그리고 그런 방식으로 되도록 자신을 드러내지 않고 혼자서 무엇인가를 한다. 그러다 보니 자신의 욕구와 감정을 그대로 받아들이고 다른 사람에게 전달하는 법을 잊어버렸다. 하지만 가까운 다른 사람이 자신의 자제력과 '겸손함'을 높이 평가하고 '자동적으로' 자기에게 관심을 줄 것이라는 희망을 계속해서 품는다. 이들은 어른이 돼서 불안정 애착유형의 사람을 반려자로 선택하면 자신의 희망을 실행할 수 있는 큰 찬스를 잡는다. 불안정 애착유형의 사람은 스스로를 위해 많은 것을 요구하지 않기 때문이다. 기다리고, 참고, 다른 사람이 자기에게 다가오면 긍정적으로 반응할 수 있기 때문에 '도망자'는 어릴 적 마련한 갑옷을 벗을 필요가 없다. 하지만 다른 사람의 애착유형을 파악하지 못하고 바뀌지 않으면 계속해서 이런 보호 갑옷 속에서 머물러야 하는 단점이 있다.

막스와 마리아, 추격자와 도망자의 전형을 보여주는 한 쌍

마리아와 막스의 러브스토리는 책의 첫 부분에서 이미 소개했다. 두 사람은 쫓고 도망가는 애착유형의 조합을 볼 수 있는 좋은 예다. 마리아는 왜 하필 막스를 사랑하게 됐을까? 막스는 왜 마리아가 꿈에 그리던 여자라고 생각했을까? 두 사람은 애정관계에서 서로에게 무엇을 약속했을까?

막스는 외아들이다. 아이 낳기를 간절히 바라던 부모에게 막스는 매우 귀한 아들이다. 처음부터 모든 것이 그를 중심으로 돌아갔다. 누가 봐도 엄마는 확실히 막스를 제일 우선시했다. 막스는 태어났을 때부터 엄마 삶의 중심이 됐고 엄마는 그를 위해 뭐든지 다 했다. 막스는 혼자 지낸 기억이 단 한 번도 없다. 엄마가 항상 그의 옆에 있었다. 그런데 막스가 다섯 살이 됐을 때 부모가 이혼을 했다. 막스는 그때를 떠올리면 아직까지도 마음이 불편해진다. 2주에 한 번씩 주말에 아빠가 막스를 돌보았다. 아빠와 함께 주말을 보내고 난 뒤에 집에 돌아온 날에 엄마는 상냥함과 단 음식, 관심을 쏟아 부으며 막스를 맞이했다. "엄마는 제가 우선은 변한 상황에 다시 적응을 하고, 그러기 위해 시간이 필요하다는 걸 느끼지 못했어요. 제가 아빠를 그리워할 것이라고 추측했기 때문에 온갖 수단과 방법을 동원해서 내가 자기에게 주의를 돌리게 하려고 했어요." 막스는 엄마가 기울이는 관심을 극도로 불쾌하고, 귀찮다고 느꼈다.

나이가 들수록 엄마의 '사랑'은 막스에게 점점 더 큰 부담이 됐다. 엄마는 막스를 학교에 데려가고, 데려왔다. 막스가 다른 친구와 함께 축구를 하러 가면 같이 따라가고 노크도 하지 않은 채

방문을 열고 들어왔다. 그러고는 침대 옆에 앉아 자기에게 있는 문제를 시시콜콜 전부 털어놓았다. 아빠에 대해 불평을 늘어놓고, 외롭고, 돈이 충분히 없을까 봐 무섭다고 했다. 함께 밥을 먹는 시간도 점점 억지로 앉아 있는 느낌이 들었다. 엄마는 막스가 필요할 때면 항상 식탁에 맛있는 음식을 차렸다. 그 결과, 막스는 점점 살이 찌고 학교에서 놀림과 따돌림을 당했다. 학업을 위해 다른 도시로 이사를 가서야 이런 모든 커다란 굴레에서 자유로워졌다. 엄마는 처음에 매일 막스에게 전화를 했는데 언젠가부터 일요일에만 전화를 하시라고 제한시켰다. 5년 전에 엄마가 돌아가셨을 때 막스는 물론 한없이 슬펐지만, 슬픔 속에는 안도감도 섞여 있었다. 마침내 자유롭게 자신만의 삶을 살 수 있게 됐다.

마리아는 어땠을까? 마리아의 부모도 마리아가 네 살 때 헤어졌다. 마리아는 엄마와 함께 살았고, 아빠는 다른 도시로 이사를 갔다. 그 후로는 어쩌다가 불규칙적으로 아빠를 만났다. 가끔씩 아빠가 마리아를 보러 왔고, 나중에 학교에 들어갔을 때에는 마리아가 방학 때 가끔 아빠에게 가기도 했다. 마리아는 아빠가 굉장히 좋았다. 잘 생기고, 애정이 많고, 무엇보다 마리아를 예뻐했다. 마리아는 아빠가 영웅이라고 생각했다. 하지만 기댈 수 없는 영웅이었다. 아빠를 오랜만에 만나면 둘이 함께 집중적으로 시간을 보내지만 중간에 만나지 못할 때에는 아빠에게서 연락이 거의 오지 않았다. 마리아는 사춘기 때에 우울증을 앓았다. 담임

선생님이 마리아에게 주시하지 않고 상담소에 보내지 않았다면 이런 힘든 시기를 어떻게 극복했을지 상상도 할 수 없다. 마리아는 치료가 끝나고 학교를 졸업한 뒤에 대학을 다니기 위해 다른 도시로 이사를 갔다. 새로운 곳에서 어느 정도 자리를 잡고 안정이 되자 이상한 고독감이 밀려왔다. 그런데 막스를 만나면서 이런 감정이 흔적도 없이 사라졌다. 마리아는 자신감이 넘쳤고 이전에는 한 번도 느껴보지 못한 삶의 균형을 찾았다.

마리아는 '인생을 함께할 남자를 찾았다!'는 사실을 곧바로 알았다. 막스의 조용한 분위기와 외모가 마음에 들었지만 특히 긍정적으로 보인 것은 '이 남자는 내 이야기를 귀담아들을 수 있구나!'라는 사실이었다. 막스는 질문을 하고, 공감할 줄 알며, 자기가 제일 먼저라고 생각하지 않았다. 막스도 매력이 넘치는 여대생인 마리아를 보고 곧장 사랑에 빠졌다. 그토록 자립적이며, 자신감이 넘치는 젊은 여성을 만나는 일은 처음이었다. 막스는 마리아를 보고 감탄했다. '저 사람은 어떻게 삶을 다루어야 하는지 확실히 아는구나.'라며 만족스럽게 생각했다. 두 사람은 얼마 안 가서 빨리 애인관계로 발전했고 그때부터 서로 떨어질 줄 몰랐다. 마리아가 지붕 꼭대기의 아늑한 방을 찾았을 때 행복이 완성돼는 듯 보였다. 상상했던 것과 똑같았다. 더 이상 혼자 살지 않고 마침내 믿을 수 있고 자기편에 선 사람과 함께 사는 일이 현실이 됐다.

학업을 마친 후에 두 사람은 비교적 빨리 직장을 구했다. 둘은 변함없이 함께 살았다. 하지만 서로가 함께 보낼 수 있는 시간이 이전보다 훨씬 적었다. 둘이 얼굴을 보는 때는 고작 아침에 잠깐 밥을 먹을 때와 저녁에 일이 끝나고 집에 돌아왔을 때뿐이다. 시간이 흐르면서 막스는 일을 하느라 점점 더 오래 회사에 남았다. 일거리도 많고, 승진할 기회를 활용하려는 계획도 있었기 때문이다. 마리아는 처음에는 그런 막스가 이해가 됐다. 하지만 저녁마다 막스를 기다리는 일이 점점 더 큰 스트레스가 됐다. 마리아는 이제 막스가 퇴근을 해서 집에 오면 더 이상 공감을 하면서 그를 반기는 것이 아니라 불평을 늘어놓기 바쁘다. 둘 사이에 불화가 자꾸만 일어나고, 다툼이 끝난 뒤에 막스는 자기 서재로 혼자 들어가 버리고, 마리아는 울면서 혼자 텔레비전을 보는 것이 일상이 됐다. 막스는 마리아의 행동이 도무지 이해가 안 됐다. 마리아는 왜 그렇게 자기에게 매달리고, 비난을 늘어놓을까? 지금까지는 정말 자립적인 사람이라고 알았는데? 막스는 어딘가에 갇혀서 통제와 제지를 받는 느낌이었다.

불문의 약속

마리아는 막스와 처음 만난 자리에서 한 가지 약속의 신호를 보냈다. "나는 독립적인 사람이에요. 내가 무엇을 원하는지도 알고요. 그러니까 나에게 신경을 안 써도 돼요." 막스는 이런 약속이 마음에 들었다. 넝쿨처럼 자기에게 매달리는 사람이 애인이 되는 일은 너무 싫었다. 마리아도 막스로부터 마찬가지로 마음에 쏙 드는 약속을 들었다. 따뜻한 집에 대한 갈망, 자신만을 위해 있어주고, 성공의 강요와 상실에 대한 불안감에서 자신을 구해줄 사람이 있으면 하는 간절함 등, 이 모든 것을 이 남자를 통해 충족할 수 있다는 약속이었다. 물론 두 사람이 이런 약속을 서로에게 들려준 것은 아니다. 이것은 둘이 처음 만났을 때 조건 없이 사랑을 받아보지 못한 부족함을 마침내 줄일 수 있을 것이라는 부푼 희망으로 가득한 아이의 바람이었다. 물론 두 사람은 이런 것을 깨닫지 못했다. 하지만 결과적으로 봤을 때, 이들의 기대는 무의식적으로 행동을 좌우했다.

회피적 애착유형의 아이였던 막스는 불안정 애착유형을 지닌 아이였던 마리아를 발견했다. 막스의 관계모델은 독립성과 자율성을 중요하게 평가한다. 마리아와의 첫 만남은 그에게 이렇게 자립적인 여성이라면 자신에게 너무 가깝게 다가오지는 않을 것이라는 인상을 주었다. 이런 여자라면 그가 원하는 정서적 안전거리를 지킬 수 있을 것이라고 생각했다. 막스는 무슨 일이 있어도 '엄마 같은' 여자는 원하지 않았다. 하지만 마리아의 관계모델은 이와는 다르게 마침내 '안전한' 항구를 찾고, 더 이상 혼자일 필요도 없으며, 스스로에게 부담을 주면서까지 '돛단배를 타고' 평생을 떠돌지 않아도 되게 하기를 원한다. 하지만 동시에 이런 모델에는 다른 사람을 너무 믿어서는 안 된다고 경고하는 회의적인 목소리도 존재한다.

하지만 두 사람의 희망은 어느 쪽에서도 충족되지 않았다. 정 반대였다. 마리아의 불안정 애착유형은 마리아를 막스의 꽁무니 를 따라다니는 사람으로 만들었다. 하지만 막스는 점점 더 멀리 도망쳤다. 회피적인 막스는 너무 가까워지고, 친밀해지는 것이 싫었다. 그는 아주 뜸하게만 친밀감을 허용하고, 자신에 대한 이 야기를 거의 꺼내지 않는 것은 물론, 감정에 대해서는 아예 입도 뻥끗하지 않았다. 마리아의 감정이 폭발하면 막스는 어떻게 반 응을 해야 좋을지 알지 못할 때가 많았다. 그래서 마리아가 기대 하는 것과는 어울리지 않는 부적절한 행동을 한다. 마리아는 어 린 시절의 아픈 경험으로 안정과 안심, 친근감과 친밀함을 더없 이 원한다. 또한 막스에게 마음을 열고 가슴 속의 근심과 기쁨에 대해 들려주고 싶다. 마리아는 막스에게 자기를 사랑한다는 징 표를 받고 싶어 한다. 하지만 막스는 그러는 대신에 회피를 하고, '짜증을 부리거나' 때로는 공격적으로 반응을 하고, 멸시도 서슴 지 않는다. 그럴 때면 마리아는 다시 실망하고, 불안해진다. 이런 상황에 처하면 마리아의 애착체계가 '작동 개시'를 하고, 항의의 행동을 통해 자기에게 주목하게 한다.

마리아와 막스의 경우에 추격자와 도망자의 게임은 한창 진행 중이다. 두 사람 모두 위험을 무릅쓰고 그런 과정에서 정서적으 로 굶주려간다. 회피적인 막스는 애인이 원하는 것을 충족시키기는커녕 파악할 준비조차 갖추지 않았다. 마리아가 그대로 내버려두는 한, 막스는 심리치료사인 마리아 솔로몬과 스탠 탁틴이 회피적 애착유형을 지닌 사람의 상황을 묘사한 것처럼 겉으로 보기에 편안한 '심리적 1인 체계'로 지낼 것이다. 이런 사람은 마치 '한 방에서 또 다른 누군가가 있다는 사실을 전혀 인식하지 못한 채 완전히 혼자 장난감을 가지고 노는 것'처럼 보인다. 하지만 밖에서 관찰했을 때 굉장히 편안하게 보이는 장면은 막스처럼 거리를 두는 사람을 위한 상황이 결코 아니다. 이것은 어린 시절의 고통스러운 경험에 대한 기억에 의해 강요된 거리이며, 단순히 보기에만 안정감을 전달할 뿐이다.

마찬가지로 쫓는 사람도 그런 상황이 고통스럽기만 하다. 회피적 애착유형을 지닌 사람의 연인은 마치 다른 사람의 펼쳐진 품 안에서 심리적으로 메말라가는 것처럼 느낄 때가 많다. 결과적으로 쫓는 사람과 도망가는 사람 모두에게 너무나 힘든 상황으로 갈등이 일상이 되는 결과를 낳는다.

추격자의 소원. 나를 제발 봐줘!

당신은 불안정 애착유형인 사람인데 반려자가 회피적 애착유형인 사람이라면 마리아의 상황이 어떤지 확실히 수긍이 될 것이다. 어쩌면 당신도 연인의 관심이 반드시 필요하고, 그의 주의를 끌기 위해 모든 일을 하는 상황에 빠지는 경우가 흔할 것이다. 당신이 무엇을 바라는지는 직접 말하지 않는다. 그렇게 하는 일은 매우 위험하다고 생각할 수도 있다. 그렇게 했다가는 다른 사람이 당신을 거부하고 이로 말미암아 상처를 입을 것이기 때문이다. 그래서 당신은 자신이 진정으로 원하는 것을 숨기고, 실제에서는 상대방의 결점을 지적하고, 비방을 한다. 혹시 쫓는 자와 도망자의 관계 속에서 쫓는 사람의 역할을 하는 사람은 다음과 같은 말을 한 적이 많을 것이다.

"당신은 집에 있는 적이 없어. 일이 우선순위에서 항상 첫 번째야. 그 다음에는 다른 게 잔뜩 오고, 나는 다섯 번째나 그 뒤 어디쯤 오겠지. 더 이상 나하고 보낼 시간은 전혀 없어. 당신하고 얘기도 하고 싶은데 늘 적당한 시간이 아니라고 하고. 어쩌다 얘기를 나누게 되면 잘 듣지도 않고 다른 생각을 하느라 그 자리에 있는 것 같지도 않다고요. 나한테는 관심도 없잖아요. 당신 언제나 나 엄마에 대해 물어본 적 있어요? 난 기억도 안 나는데! 내가 아프면 의사에게 가라고만 했지 당신이 돌보지는 않잖아요. 나는 계속 제대로 움직여야 하는데 아프고, 어쩌다 정지할 때도 있어요. 나는 우리가 왜 같이 사는지 궁금해요. 당신이 옆에 있는데도 너무 외롭다고요."

본인의 모습이 보이나? 자신이 갈망하는 친근함과 관심을 직접 분명하게 말하는 일이 힘들어서 다른 사람에게 비방과 공격을 가하는 것 아닌가? 사실은 연인에게 완전히 다른 것을 전달하고 싶어 하는데. 상대방에게 말하고 싶은 것은 원래는 "나는 우리가 더 많은 시간을 함께 보낼 수 있으면 좋겠어. 당신이 너무 그립거든. 내가 혼자고, 버려졌다고 느낄 때가 많아서 당신의 조언이나 위로가 필요해. 우리가 며칠 내내 서로 말도 안하고 지내는 게 너무 고통스러워. 당신이 나와 더 이상 같이 지내고 싶어 하지 않는다고 생각하면 더 비참한 느낌이 들어."라는 감정이다.

하지만 비방이나 호소 뒤에 진정으로 원하는 것을 숨기면 이 것은 당신의 애착체계가 과잉행동을 한다는 신호다. 아이였을 때 무섭고, 혼자라고 느꼈을 때 어른이 당신에게 주의를 기울이도록 애를 썼다. 어른이 된 지금도 불확실하고 다른 사람과의 연결을 놓쳤을 때에 그때와 비슷하게 행동한다. 즉 과장된 애착신호를 통해 연인이 자신에게 더 많이 주의를 기울이고, 사랑하고, 관심을 주기를 원한다. 예를 들어, 신체적 혹은 정신적 증세를 강조하고, 관심을 가져달라고 드러내놓고 애원을 하며, 물리적 거리를 줄이려고 노력한다. 과잉행동적 전략을 펼치는 것은 이해가 되지만 이를 통해 목적을 이루는 경우는 드물다. 대신에 자아상에 나쁜 영향을 끼친다. 그런 상황에서 무기력하고, 상처 입을 수 있다고 느끼기 때문이다. 몰이해에 부딪힐 위험이 크고, 매달리고, 비난이 가득한 행동을 해대면 연인은 더욱 더 거리를 두고 두 사람의 불만족만 커진다.

연인을 공격하듯 쫓는 사람은 대부분 사실 완전히 다른 문제를 안고 있다고 할 수 있다. 연인과 자신 사이에 존재하는 정서적 차이에 항의하며, 상대방에게 더 많은 것을 바라면 바랐지, 적은 것을 원하지는 않는다. 하지만 '쫓기는 사람'은 그런 사람의 입에서 나오는 말을 다르게 해석하고 '회피' 속으로 들어가 버린다. 회피적인 연인이 당신이 진정으로 원하는 것에 귀를 기울이면 분명 그에게 더 쉽게 다가갈 수 있다. 하지만 비난은 그를 달아나게 한다. 상대방은 이해심과 주의를 기울이며 당신의 비난을 받아들이는 것이 아니라, 받은 비난을 고스란히 비난으로 맞받아칠 것이다.

도망자의 소원. 나를 제발 가만히 놔 둬!

불안한 쫓는 자처럼 회피적인 도망자도 마찬가지로 실제로 어떻게 지내는지 말하지 않는다. 자신의 감정도 표현하지 않는다. 도망자는 막다른 곳에 몰린 듯한 느낌을 받고 다른 사람의 감정으로부터 자신을 보호하려고 절망적으로 안간힘을 쓴다. 그래서 불안정 애착유형의 사람이 퍼붓는 비난을 받아친다.

"당신을 절대 만족시킬 수 없어. 내가 하는 일이 충분하다고 생각한 적이 한 번도 없잖아. 당신은 나에게 끊임없이 불평만 늘어놓지. 마치 내가 제대로 된 사람도 아니고, 근본부터 싹 바뀌어야만 한다는 느낌이 들어. 당신은 다른 사람하고 같이 살아야해.

내가 친구라도 만나려면 곧바로 쇼부터 하잖아. 할 수만 있다면 내가 집 밖에 못나가게 가두고 싶겠지. 그런데 나는 당신 삶에 책임이 없어. 제발 이제 어른처럼 행동하라고. 나는 당신 명령에 이리저리 움직여야 하는 실습생이 아니야. 당신이 그렇게 감정적으로 안 나오면 내가 당신을 위해 전부 뭘 하는지, 신경을 쓰는 일이 얼마나 많은지 다 보일 거야."

이런 비난의 소용돌이는 대부분 전형적인 모델을 따라 계속 반복되고, 주거니 받거니 하다가 완전히 격한 분쟁으로 끝난다. 비난을 즉각 비난으로 받아치고, 다시 비난이 이어지고, 계속해서 이런 식으로 흘러간다. 불안정 애착유형의 연인이 애착체계를 점점 더 많이 작동시켜서 마음을 거의 진정시키지 못하는 반면에 회피적 애착유형의 사람은 자신에게 있는 애착체계의 작동을 멈춘다. 그 다음에는 점점 더 뒤로 물러나 거리를 넓히고 더 이상 아무런 말도 하지 않거나 완전히 연락을 끊고, 도망을 간다. 예를 들어, 막스는 사이클 자전거를 챙겨 나가 몇 시간 동안 타고 돌아다닌다. 아니면 서재에 혼자 틀어박혀서 마리아가 접촉하려고 시도해도 부질없게 만든다.

당신의 감정이 마음에 들어, 사실은

그런데 회피하는 사람이 항상 거리를 두는 것만은 아니다. 때로는 누군가 다가오는 것을 받아들일 수도 있고, 원하는 것을 받아주기도 한다. 예를 들어, 마리아는 주말에 막스와 여행을 떠나는 일이 행복하다.

마리아는 "그러고는 막스가 저에게 주의를 기울였어요. 다른 사람과 그를 공유할 필요도 없었죠. 우리는 오랫동안 산책을 하거나 저녁 식사를 하면서 드디어 서로 대화도 할 수 있었어요. 우리 둘이서 여행을 하면서 하는 섹스도 훌륭해요."라며 기분이 들떠 말을 이어갔다. "할 수만 있다면 막스와 계속 여행만 다니고 싶어요. 다시 집에 오면 막스는 곧장 달팽이 집 같은 자기 서재로 들어가 버리거든요. 그러면 더 이상 제가 아니라 그의 일이 다시 넘버원이 되죠." 마리아는 생각만으로 이미 벌써 버림받고, 완전히 혼자가 된 것 같은 감정에 마음이 쓰리다.

막스도 역시 마리아와 여행을 가는 일을 즐긴다. 하지만 모든 것이 빨리 너무 많아지는 것 같다. 너무 가깝고, 너무 둘이서 지내는 시간이 많고. "그러면 마리아가 완전히 저에게 달라붙어 있어서 1초도 혼자 있을 수 있는 시간이 없어요. 자꾸 제 손을 잡으려고 하고 저를 놔주려고 하지 않죠. 제가 조금이라도 뒤로 물러서면 바로 경고음을 울리고 저에게 무슨 일이 있는지, 혹시 자기가 뭘 잘못했는지 알고 싶어 해요. 집으로 돌아가 다시 마리아와 약간 거리를 둘 수 있다면 정말 기쁠 거예요."

이런 경험은 쫓는 사람과 회피하는 사람의 조합에서 전형적으로 볼 수 있는 장면이다. 도망가는 상대가 불안정 애착유형인 사람에게 다가오면 더할 나위 없이 좋다. 불안한 사람은 상대방의 다정함을 누리고 과잉 행동적 애착체계를 마침내 쉬게 할 수 있다. 불안정 애착유형인 사람이 긴장이 풀린 편안한 상황해서 행복하다는 반응을 보이는 일은 드물지 않다. 막스에게 가까이 다가가도 되면 막스를 더 이상 괴롭히지 않는 마리아처럼 말이다. 도망가는 사람도 역시 친밀감을 원할 때가 있지만 이것은 매우 조건적이며, 짧게만 허용한다. 쫓는 사람이 너무 매달리고 소유욕을 보이는 행동으로 접근하면 회피적 애착유형의 사람은 즉시 뒤로 물러선다.

막스와 같은 사람은 불안정 애착유형을 지닌 연인이 너무 감정적으로 반응하고, 너무 가까이 다가오면 당황스럽다. 기쁨과 부드러움 혹은 사랑과 같은 긍정적인 감정인지 아니면 불안한 사람이 위로를 받고 싶어서 그러는지, 혹은 실패한 일 때문에 괴로운 심정을 말하고 싶거나 관계 문제로 이야기를 하고 싶어 하는지는 상관이 없다. 회피적 애착유형의 사람은 이런 감정을 거부해야만 한다. 그렇지 않다가는 어린 시절부터 '붙들고 매고, 눌러둔' 자신의 감정을 더 이상 통제할 수 없는 위험이 크기 때문이다. 마리아가 막스에게 다가가는 데 성공해서 매우 기뻐하면 막스는 수십 년 동안 눌러놓은 감정을 떠올린다. 하지만 이것이 두렵다. 막스는 통제력을 잃지 않고, 자신이 다치기 쉽다는 사실을 보이지 않으려고 마리아에게서 멀어진다.

200

고칠 수 있다는 희망. 당신과 함께라면 내가 더 잘 지낼 거야!

추격하고 도망가는 관계 속에 사는 사람은 불만족스러움이 크고, 사소한 것 때문에 불이 붙는 반복적으로 일어나는 갈등 때문에 괴롭다. 불안정 혹은 회피적 애착유형의 사람인지는 상관이 없다. 불안한 사람이라면 절망하면서 자신에게 이런 질문을 종종 던질 것이다. '왜 내 남편 혹은 부인은 나와 그렇게 먼 거리를 두어야만 하지? 왜 그렇게 거리를 두고, 차갑게 대하며, 나를 회피할까? 사랑한다고 말은 하면서 왜 그렇게 내가 건네는 상냥함과 다가가려는 노력은 거부하는 것일까?'

'회피하는 사람'도 다음과 같이 '왜'라고 시작하는 질문이 많을 것이다. '왜 그렇게 상대방은 의존적이고, 많은 것을 원하고, 비판적이며, 불평도 많고, 유치할까?' 하지만 자신이나 연인도 보통은 자신의 애착유형을 알지 못하고 예전의 애착경험에 대해 알아볼 수 있는 통로도 없기 때문에 질문과 관련해서 관계에 도움이 될 만한 의미심장한 대답을 얻지 못한다. 그래도 동시에 둘의 관계가 매우 견고하다는 것을 느낀다. 당신과 연인은 '당신과 함께하는 것이 당신이 없는 것보다 훨씬 좋아!'라며 서로를 소중하게 대한다. 누가 뭐래도 맞는 생각이다. 우리는 자기와 경험해 온 애착의 역사에 어울리고, 유년기에 형성된 확신과 기대를 보충해주는 사람과 사랑에 빠진다.

불안정 애착유형인 사람은 알아서 관심을 얻으려 노력하고,

사랑받으려고 무엇인가 하기를 기대한다. 이런 기대는 회피적 애착유형의 사람을 만났을 때에 가장 잘 작동한다. 이와는 반대로 회피적인 상대방은 친근함과 감정으로부터 자신을 멀찍이 떨어뜨려 보호하고, 자기의 희생을 되도록 줄이고, 자신이 실제로 어떤 상태인지를 알리지 말아야만 관계에서 살아남을 수 있다고 확신한다. 이런 조합으로 이루어진 관계에서 두 사람은 매우 익숙한 일을 많이 경험한다. 하지만 두 사람은 동시에 이런 연인관계를 통해 새로운 일이 생기고 예전에 느꼈던 부족함이 적어지기를 바란다.

심리학자인 키르스텐 폰 지도우는 추격자와 도망자의 관계에 있어서 "사람들은 상대방을 각각 본인의 감정을 조절하는 도구로 이용합니다."라고 말한다. "회피적인 사람은 양가성 애착유형의 연인을 통해 혼자서 경험할 수 없는, 정확히 그것을 경험합니다. 바로 격정적이고, 응축된, 긍정적인 감정을 말이죠. 그리고 양가성 애착유형의 사람은 회피적인 연인을 통해 스스로 해내지 못한 일을 느낍니다. 바로 본인의 감정을 통제하고, 제한을 하는 일입니다." 이런 방법으로 이런 두 가지 애착유형은 '기쁘게 서로 보충을' 한다고 믿는다.

그렇듯 불안정 애착유형의 연인은 회피적인 연인에게 많은 안정감을 준다. 회피적인 사람은 단지 친밀함과 소속감에 대한 정서적 갈망을 맡길 수 있기 때문에 독립적이라고 느낄 수 있다. 상대방이 약하고, 매달리는 모습을 보이면 그의 마음속에는 이것을 진정으로 즐기는 한 면이 존재한다. 유년기에 바로 이런 관심을 그리워했기 때문이다. 또한 추격자도 얻는 이익이 있다. 회피적인 사람이 마음을 열고 다가오는 자세를 취하는 순간은 쫓는 사람이 유년기에 경험한 일과 결정적으로 큰 차이가 난다. 이런 순간은 그에게 용기를 준다. 애착전문가인 마리아 솔로몬은 더 나아가 추격자와 도망자의 관계에서 각각 애착의 결핍을 '고칠 수' 있다는 현실적인 희망이 존재하기 때문에 서로 만난다고 믿는다. "내 어린 시절에서 중요했던 누군가를 떠오르게 하는 미래의 연인이 어쩌면 내가 원하는 것을 이해하고, 나를 사랑하고, 보살피고, 상처를 치유하고, 내게 필요한 치유적인 관계를 가능하게 하는 사람이 될지도 모르죠."

유년기의 상처를 '고칠 수' 있다는 희망은 추격자와 도망자의 관계를 놀라울 정도로 탄탄하게 만들 때가 많다. 당사자들은 관계를 끊고, 상대방이 마음에 들어 하는 '모든 것'을 그만 두겠다고 생각할 때는 많지만 그런 생각을 실제로 실천으로 옮기는 경우는 매우 드물다.

예를 들어, 막스는 서재에 앉아 있을 때가 많고 되도록이면 마리아와 마주치고 싶지 않아 한다. 마리아가 존재하지 않고, 끝없이 해대는 잔소리도 없고, 제지 받지 않는 삶을 상상하는 것도 한두 번이 아니다. 마리아도 막스가 그런 생각을 하는 것을 안다. 마리아는 막스에게 애정과 관심을 받기 위해 그를 항상 쫓아 다니는 일에 진력이 났다. 저 밖에 어딘가에 자신이 원하는 것을 알아서 기꺼이 채워줄 남자가 반드시 있을 것이라는 생각도 해보았다. 하지만 결국에는 두 사람 모두 대안적 시나리오를 꺼내지 않는다. 연인을 잃는다는 두려움이 너무나 크다. 다름 아닌 옆에 있는 연인과 함께 유년시절에 상처받은 마음을 치유할 수 있다는 입증된 희망이 두 사람을 서로 붙들어준다. 이런 장점에도 둘의 조합이 굉장히 힘든 것은 부인할 수 없는 사실이다. 더군다나 추격자와 도망자의 극심한 양상을 띨 때에는 지극히 힘들다. 다음 장에서 이에 대해 자세히 볼 수 있다.

9

나르키소스와 에코,
나르시시즘

두 사람은 솔직히 굉장히 잘 어울린다. 한 명은 사람들에
게 경탄을 받길 원하고, 다른 한 명은 경탄을 할 준비가
됐다. 나르키소스와 에코는 서로에게 힘이 되려고 애를
쓴다. 과연 이런 일이 잘 될 수 있을까? 매우.

조와 울리케

조의 본명은 요제프다. 하지만 조는 자기 이름을 썩 좋아하지 않는다. 직업상 어울리지 않는다고 생각하기 때문이다. 조는 부동산 중개업자로 지금까지 돈을 잘 벌어왔다. 그와 부인인 울리케는 지난 몇 년 동안 꽤 많은 호사를 누리며 살았다. 도시의 가장 좋은 지역에 두 사람 명의로 된 아파트 한 채를 소유하고, 멋진 휴가를 보내고, 2년 전에는 쌍둥이도 태어났다. 완벽하게 보이는 행복한 삶이었다. 그런데 지금 이런 일이 생기고 말았다. 조가 몸담고 있는 부동산 업계에 불황이 닥친 것이다. 그는 더 이상 예전의 조가 아니었다. 모든 것에 만족하지 못하고, 어떤 것도 그의 기분을 밝게 하지 못했다. 아이들조차 도움이 안 됐다. 울리케가 원래는 항상 성가신 일로 조를 귀찮게 했는데 이제는 조가 울리케를 향해 자기를 소홀히 대한다고 비방했다. 둘 사이에 싸움이 점점 더 자주 일어나고, 세기도 강해졌다. "당신은 꼭 햄 속에 든 구더기처럼 살고 있어. 내가 그렇게 돈을 많이 벌어오지 못하면 도대체 당신은 어떻게 살려고 그래?" 이런 질책을 들으면 울리케는 마음속으로 깊은 상처를 받아 쌍둥이를 데리고 친정으로 갔다. 울리케가 한 이런 행동은 조에게 마치 재앙처럼 끔찍했다. 그래서 울리케에게 시도 때도 없이 전화를 해서 집으로 돌아오라고 애원을 했다. 울리케 없이 살 수 없었다. 하지만 울리케는 그토록 빨리 자신을 낮추고 들어갈 생각이 없었다. 정반대였다. 울리케는 전화기에 대고 조에게 심하게 비난을 퍼부었다. 감정도 없고, 자기 부인이 어떻게 지내는지 단 한 번도 묻지도 않고, 심장도 없으면서 단지 자기에게만 관심을 쏟고, 자기 일과 성공 혹은 다음으로 큰 사이즈의 자동차에 대해 말할 줄은 알지만 둘의 관계에 대해서는 입도 벙끗 하지 않는다고 쏘아댔다. 그런 남편 옆에 계속 있다면 정서적으로 굶주리고 더 이상 힘도 남아 있지 않을 것이라고 불평했다. 조는 그런 울리케의 행동이 '터무니없다'고 생각하고 세상이 어떻게 돌아가는지 더 이상 이해가 되지 않았다. 울리케에게 멋진 삶을 마련해주었는데 말이다. 해외여행을 시켜주고, 도시 곳곳을 돌아다니고, 값비싼 선물과 도시의 핫한 지역에 멋진 인테리어로 완성된 집 … 도대체 무엇을 더 원하는 것일까? 울리케가 정신을 차리고 자기가 실수를 저지르는 것을 깨닫지 않는 한, 조는 울리케의 옆에 있을 수 없을 것이다. 조는 자기가 무엇을 잘못했는지 전혀 알지 못했다. 반대로 울리케가 잘못이 있다고 확신했다. 울리케가 예전이랑 너무 달라졌고, 직장에서 더 이상 큰 성공을 거두지 못한 뒤로 더 이상 자신을 사랑하지도 않는다고 생각했다.

조와 울리케는 무엇이 문제일까? 조의 직장 문제가 정말 불화의 근원일까? 그렇지 않다.

조와 울리케는 나르시시즘에 빠진 부부라고 할 수 있다. 우리는 두 사람에게서 앞 장에서 살펴본 추격자와 도망자의 조합을 다시 볼 수 있다. 그런데 좀 더 날카로운 형태다. '불안정 애착유형과 회피적 애착유형'의 조합은 두 애착유형의 성질이 매우 강하면 나르시시즘 형태의 관계조합이 될 수 있다. 불안정 애착유형의 사람은 이런 조합에서 도망가는 상대의 영광과 성공으로부터 이익을 취하고 이를 통해 더욱 세지고, 자존감이 더 강해질 수 있기를 바란다. 강한 융합에 대한 환상은 이런 희망사항과 관련된다.

또 다른 한 명인 회피하는 사람은 매달리는 사람이 표현하는 가까워지고 싶은 강한 욕구 때문에 여전히 뒤로 물러서지만, 바로 이것 때문에 그 사람과 거리를 두려고 더욱 노력해야 한다. 하지만 그는 동시에 의존하는 상대방이 보내는 경탄과 적응력을 누린다. 쫓는 사람과 도망가는 사람으로 이루어진 극단적 결합에서 나르키소스와 에코는 사랑에 빠지는데 이런 조합이 반드시 나쁜 결과만 내는 것은 아니다.

나르키소스와 에코의 신화

나르키소스는 성폭력에서 나온 결과물이다. 물의 요정인 리리오페는 강의 신인 케피소스에게 겁탈을 당해 아이를 가졌다. 그렇게 해서 나온 아이인 나르키소스는 미모가 뛰어난 청년이 되어 남자건 여자건 그를 보면 구애를 했지만 그의 냉정한 마음과 자기 밖에 모르는 태도 때문에 아무도 그에게 접근하지 못했다. 나르키소스는 도리어 자기를 끈질기게 사모하는 한 남자에게 사랑의 고통에서 스스로 벗어날 수 있게 칼을 쥐어주었다. 남자는 칼로 자신을 찌르기 전에 신들을 향해 자기의 죽음에 대한 복수를 해달라고 간청했다. 신들은 남자의 소원을 들어주어 나르키소스에게 저주를 내렸다. 신의 저주를 받은 나르키소스는 그 뒤로 자기를 제외한 다른 사람과는 절대 사랑에 빠지지 못했다.

아름다운 요정인 에코도 나르키소스를 보자마자 예외 없이 단단히 사랑에 빠졌다. 그런데 에코는 여신 헤라의 화를 불러서 벌을 받은 상태였다. 즉 자기가 먼저 문장을 만들어 말하지 못하고 다른 사람이 한 말을 그냥 그대로 따라해야만 하는 벌이다. 말을 하는 능력을 잃자 자존감도 사라졌다. 에코는 자신이 없고, 부끄러웠다.

어느 날, 에코는 나르키소스를 보고 즉시 그를 사랑하게 됐다. 이런 아름답고, 모두가 칭송하는 남자라면 잃어버린 자신감과 믿음을 되돌려 줄 수 있을지도 모른다는, 그의 곁에서라면 다시 힘이 생길 것이라는 희망이 마음속에서 싹을 틔웠다. 마치 그에게서 빛이 나와 자기를 비추는 것 같았다. 갈망의 대상인 나르키소스가 숲을 거닐고 있을 때 에코는 그를 향한 사랑에 취해 그를 조심스레 따라다녔다. 나르키소스는 에코가 나무 뒤로 몸을 숨길 때 난 소리를 듣고 큰 소리로 물었다. "거기 누가 있어요?" 에코는 대답을 해야 했지만 단지 "있어요, 있어요"라고 따라하며 나르키소스 앞에 모습을 드러내지 않았다. 나르키소스는 한 번 더 물었지만, '있어요, 있어요' 라는 대답만 돌아올 뿐이었다. 나르키소스가 계속해서 끈질기게 묻고, 점점 더 궁금해 하자 에코는 몸을 그만 숨기고 그의 앞에 나서기로 결심했다. 하지만 다른 사람을 사랑하지 못하는 벌을 받은 나르키소스는 에코를 보자 단숨에 관심을 잃고 거부했다. 에코는 이에 크게 상심하여 동굴로 돌아가 다시는 나오지 않았다. 나르키소스에 대한 이루어질 수 없는 사랑으로 식음을 전폐하고 언젠가 다른 사람의 말만 따라하는 목소리만 빼고 더 이상 아무 것도 남지 않았다. 산에서 크게 외치거나 노래를 부를 때 이런 '에코'(메아리)의 목소리를 여전히 들을 수 있다.

나르키소스. 나르시시즘의, 대부분, 남성적인 면

뉴욕의 심리치료사인 엘리너 그린버그Elinor Greenberg는 독일 주간지인〈차이트-매거진Zeit Magazin〉과의 인터뷰에서 나르키소스 유형을 묘사하면서 특히 남성을 지목했다. 그린버그는 이런 유형의 사람은 '과시욕이 강하며', 다음과 같은 특징이 보인다고 설명했다.

"한 남자와 데이트를 하는 장면을 떠올려 보세요. 남자는 복장도 꽤 잘 갖추었고, 당신을 칭찬하고, 당신이 가장 좋아하는 레스토랑으로 식사 초대를 합니다. 남자와 대화를 나누는데 남자가 자기 이야기만 많이 하고 당신에게는 거의 아무 것도 묻지 않습니다. 당신은 남자가 처음이라 긴장을 한 탓으로 원인을 돌립니다. 그런데 웨이터가 약간 좁은 테이블로 당신을 안내하자 남자는 화가 난 표정을 합니다. 당신은 그 상황에 흐르는 긴장을 풀려고 농담을 하며 노력하죠. 하지만 남자는 이것을 자기를 비판한 것으로 이해를 하고 표정이 뾰로통해지기 시작합니다. 잠시 뒤에, 그가 고른 와인의 탁월한 맛을 칭찬하자 남자는 다시 기분이

밝아지며 올바른 와인의 선택에 관해 즉흥적으로 긴 연설을 늘어놓습니다. 당신도 와인에 대해 많이 아는 편이지만 아무 말도 하지 않습니다. 저녁 식사가 끝나갈 무렵에 당신은 피곤함이 밀려오고, 저녁 내내 남자의 기분을 맞추려고 시간을 온통 썼다는 것을 깨닫습니다."

이런 이야기에 공감하면서 고개를 끄덕이는 여성이 몇 명 있을 것이다. 모든 것이 자기 위주로만 돌아가는 이런 유형의 남자를 아는 사람이 많다. 이와 관련된 주제를 다룬 수많은 저서에서도 나르시시즘은 남성의 현상으로 묘사될 때가 흔하며 해당 남성을 '가해자'로, 그리고 연인인 여성을 '피해자'로 그릴 때도 많다. 그래서 여성 가운데 일방적인 책이나 잡지의 기사를 읽은 후에 '나르시시즘에 걸린 남자에게서 떨어져!'라며 결론을 내리는 사람도 종종 있다. 하지만 그렇게 간단한 일이 아니다. 나르시시즘에 관한 문헌에서 너무 짧게 다루어지는 두 가지 사실을 소개하면 다음과 같다.

1. 나르시시즘은 '나쁜' 성격이 아니라 심각할 정도의 회피적 애착유형으로 어떤 경우에는 애착장애로까지 진단을 내릴 정도다. 모든 애착유형에서와 마찬가지로 이에 대한 원인은 유년기에서 찾아볼 수 있다.

2. 나르시시즘에 걸린 사람의 연인도 역시 자아도취 성향이

있을 때가 많다. 이들은 나르시시즘에 걸린 사람의 희생자가 아니라 본인에게 있는 애착 문제를 그의 도움으로 해결하고자 시도한다.

나르시시스트로 태어나는 사람은 없다

나르시시즘과 관련된 많은 서적은 자아도취 성향을 가진 사람의 수가 증가하는 것에 주목하며 자아도취적 태도를 조장하고, 칭찬하는 '사회'에 책임이 있다고 지적한다. 사회적 주변 환경이 분명히 중요한 영향을 끼친다. 현 사회에서 벌어지는 치열한 경쟁이 다른 사람을 밀치고 이기려는 과장된 팔꿈치 정서와 이기적인 실행력을 조장한다는 사실을 부인할 수 없다. 최근에는 능숙하게 자기를 내세울 수 있는 연출력이 전문가적 실력 못지않게 중요하거나 어쩔 대에는 실력보다 더 요구될 때도 있다. 인스타그램과 페이스북과 같은 사회 매체 역시 나를 중요시하는 자기묘사를 가능하게 하는 적절한 플랫폼을 제공한다. 이런 모든 것이 중요할 수도 있다. 하지만 자아도취 성향의 발달에 관한 주요 원인은 다른 곳에 있다. 바로 유년기와 그때 형성된 애착유형이다.

"나는 사랑하거나 사랑을 받아들이는 법을 제대로 배운 적이 없어서 나르시시스트가 됐어요. 어렸을 때 나 스스로를 보호해야 했거든요." 45세인 요하네스가 주간지인 〈차이트〉에 자신의 어린 시절에 대해 들려주었다. "엄마는 저를 임신했을 때 낙태하려고 했고 제가 진짜 못생긴 아이였고, 원래는 여자아이가 태어나기를 바랐었다는 이야기를 들려줬어요. 아무도 저를 원하지 않고, 나는 충분한 사람이 아니라는 느낌을 받으며 자랐어요. 차갑고, 슬픈 어린 시절을 보냈지요." 요하네스는 강연을 듣고, 치료를 받으며 자아도취적으로 변해가는 자신의 문제를 해결하려고 노력했기 때문에 다른 자아도취 성향의 대다수와는 다른 시선으로 자신을 바라보고, 이런 성향에 대해 알며, 자신의 행동과 경험에 비판적으로 다가간다. "상처를 입을까 봐 두려워서 사람을 대할 때에 제 나름의 방식을 찾았죠. 자격지심을 보상받고 싶어서 저를 지나치게 치켜세웠어요. 다른 사람이 저에게 상처를 입히기 전에 제가 먼저 다른 사람에게 상처를 주었고요. 자아도취성 인격 장애 때문에 제가 다른 사람보다 모든 면에서 잘났다고 생각했어요. 다른 사람들에게 굴욕감을 안기는 일에 만족감을 느끼기도 하고요… 상대방이 어떤 사람인지를 파악할 수 있는 예리한 촉도 발달했어요. 특히 그 사람의 약점에 대해서요. 약점이 무엇인지를 알아내면 바로 공격을 개시했어요." 요하네스는 자신의 유년시절이 가져온 결과물에서 벗어나기 위해 매진했다. "신뢰감과 이타심이 제가 믿고 싶은 가치예요."

요하네스의 이야기는 유년시절이 자아도취적 행동 방식에 큰 영향을 미친다는 사실을 보여준다. 부모가 본인의 결점, 충족되지 못한 욕구로 말미암아 아이에게 지나치게 많은 관심을 쏟거나 아이를 소홀히 하고, 혼자 두면 자아도취적 인격이 형성되는 데 큰 영향을 미치게 된다. 심리치료사인 하인츠 페터 뢰어는 '자아도취적 인격 장애가 있는 사람의 드라마는 부모의 드라마에서 시작합니다.'라고 하며 어린 시절의 경험이 끼치는 영향을 조금도 의심하지 않는다. 훗날 나르시시스트로 발달하는 데 영향을 미치는 원인으로 유년기에 학습되는 세 가지 가르침을 손꼽을 수 있다.

사랑은 위협이다

어른이 됐을 때에 자아도취적 애착유형을 보이는 아이는 애착대상이 이미 자아도취 성향의 사람인 경우가 많다. 전부 그런 것은 아니지만 아이를 자신의 소유물로 인식하고 자기의 필요와 즐거움, 욕구 충족을 위해 제어하는 엄마인 경우가 흔하다. 엄마는 당연히 아이 세계의 중심에 온다. 하지만 늦어도 두 살쯤 된 아이는 자기 의지를 보이고 엄마에게 반항하기 시작한다. 소유욕이 강한 부모 아래서 아이가 자립적인 사람으로 발달해야 한다고 깨닫기는 어렵다. 아이가 자기의 길을 가려하고, 자기가 원하는 것을 내비치면 이런 부모는 가혹한 벌을 내리거나 정서적으로 테러를 저지른다. 부모는 자기 아이에게서 버림받았다고 느끼면서 아이에게 감사할 줄 모르고, 이기적이라며 꾸짖고, 아이의 능력을 낮추고, 사기를 꺾는다. 이런 부모 입에서 나오는 말을 살펴보자. "너무 어려서/멍청해서/겁이 많아서 너는 이런 거 아직 못해." 혹은 "엄마가 도와주지 않았으면 학교 성적이 그렇게 좋게 나올 리가 없지.", "너를 위해서 나를 얼마나 희생하는지 모를 거야.", "네가 그렇게 할 거라고는 전혀 예상도 못했어. 너무 실망이 크다." 이런 말은 아이에게 심각한 영향을 준다. 아이는 부모의 이런 태도 때문에 과도하게 불안해하고, 열등감을 느끼고, 자신에 대해 긍정적인 감정을 발달시킬 수 없다. 자기가 무엇을 원하는지가 점점 더 불분명해지고, 대신에 엄마나 아빠가 원하는 것을 충족시키려고 하는 일은 점점 좋아진다. 이런 부모가 꽉 잡고 놓지 못하는 '사랑'이 불러오는 결과는 더욱 심각하다. 위르크 빌리Jürg Willi는 이런 아이는 모든 형태로 된 '사랑'에 '깊은 실망과 증오심, 거부'만 갖는다고 설명한다. "아이는 사랑을 다른 사람이 자기를 위해 의무화하고, 이용하고, 착취하고, 통제를 하려는 책략이라고 경험합니다."

부모가 아이를 소유물로 여겨 독자적인 자아를 발달시키지 못한 아이는 지나치게 도를 넘어서고, 이기적인 부모로부터 좀 더 독립적으로 되기 위해 생존전략이 필요하다. 이런 아이는 "나는 엄마, 아빠가 보여주는 소위 사랑이라는 것에 지쳤어요. 그런 사랑은 필요 없어요. 제 자신만을 믿을 거에요."라며 새로운 상처와 실망을 받지 않게 자신을 보호한다. 너무 가깝고, 친밀한 관계가 이런 경험을 한 아이에게는 너무나 큰 부담이기 때문에 이들은 차라리 사람들과 거리를 둔다. 또한 이후에 자아도취 성향을 지닌 사람으로 될 수 있는 불안-회피적 애착유형을 형성한다.

아이는 어른이 되어서도 회피적 애착유형을 유지한다. 엄마의 연장된 팔 역할을 해야만 했던 사람에게 누군가와 관계를 맺는 일은 위협으로 다가온다. 이런 사람은 옴짝달싹 못하게 붙잡혀서 자립성을 또다시 빼앗기지 않으려고 항상 조심한다. 연인이 소유욕을 보이는 엄마나 지배적인 아빠처럼 행동한다고 믿으면 곧장 의심이 커져간다. 이런 아이는 다른 사람의 기대를 단 한 번도 들어줄 마음이 없고, 욕구도 충족시켜주지 않으려 한다. 따라서 '아예 싹을 자르자! 한 사람에게 너무 많은 것을 허용하지 말라. 네 자신은 네가 보살펴라, 그렇지 않는다고 다른 사람이 너를 돌볼 일은 없다.'라고 생각한다.

사랑은 감탄이다

부모가 아이를 '가장 커다란' 존재라고 여기고, 아이가 행하고, 말하는 것마다 감탄을 하면서 반응하면 아이는 부모의 사랑이 조건적이라고 학습한다. 좋은 성적을 가져오고, 특별하게 무엇인가 해야지 비로소 부모의 사랑을 바랄 수 있는 일은 우스운 일이 아닐 수 없다. 위르크 빌리는 "이런 아이는 자신이 엄마의 보석에 지나지 않는다고 느낄 때가 많습니다. 직장에서 성공을 거두는 아들, 그림 속에 나오는 공주 같은 딸, 발레리나 혹은 어린이 스타. 아이는 이 모든 것이 돼야 하고, 엄마가 살면서 실현시키지 못했던 것 모두를 해야 합니다."라고 한다. 부모가 아이를 학대해서 아이의 이런 능력을 자기를 과시하는 데 악용할 때도 많다. 이들은 예쁘고, 똑똑하고, 특출한 아이가 있어서 다른 사람이 자기를 보고 감탄하게 만들고 아이들의 성공을 자랑스럽게 이야기하지만 정작 아이는 회피적이며 차갑게 대한다.

어린 시절의 이런 경험은 훗날 겪을 애정관계에 있어서 다음과 같은 것을 의미한다.

다른 사람의 경탄을 받고, 응석받이로 큰 아이였던 사람은 어른이 되어 자신이 이룬 업적(종종 매우 주목할 만한)에 대해 연인이 마땅히 감탄하고, 자신의 능력을 충분히 평가해줄 것이라고 기대한다. 하지만 아주 작은 비판이라도 받으면 심할 정도로 깊은 상처를 받고 화를 내거나 뒤로 물러나는 행동을 취할 것이라고도 '예측된다'.

조는 넘치도록 많은 감탄을 받는 분위기에서 자랐다. "저는 엄마의 태양이고, 아빠의 완전한 자랑거리 아들이었죠."라고 말한다. 엄마는 조의 출중한 외모를 칭찬하며 어려서부터 멋진 옷으로 꾸몄고, 아빠는 다른 사람 앞에서 아들의 좋은 학교 성적과 나중에는 스포츠 성과를 큰 소리로 과시했다. 조는 오랜 기간 동안 부모님과 계속 연락을 하면서 지냈다. 하지만 최근에 와서 씁쓸함도 느껴졌다. 부모님이 자기를 경탄하고 자랑스럽게 여긴 것이 그를 위한 것이 아니었다는 사실을 깨달았다. 부모님이 조가 아니라, 그런 아들을 둔 자신들을 자랑스럽게 생각했다는 느낌이 들었다. 지금에 와서 조는 "그토록 훌륭한 아이를 만든 것은 사실 결국 그분들 업적이죠."라고 생각한다.

사랑은 지배다

요하네스는 다른 방식으로 나르시시즘에 빠졌다. 그는 '소유욕'이 강한 사랑을 받는 적도 없고, 엄마의 연장된 팔 노릇을 한 경험도 없다. 정반대로 그는 주위에 자기를 위해 존재한 사람이 아무도 없었다. 엄마는 요하네스를 부인했다. 그는 자기가 원해서 태어난 아이가 아니었다는 것을 느낄 수 있었다. 아무도 원하지 않고, 기뻐하지 않고, 보살펴줄 사람도 없었다. 아이에게는 매우 위험한 상황이다. 이런 상황에서 망가지지 않는다면 자신이 제일 크고, 힘이 세고, 패배하지 않는 인물이 되어 맘대로 정하고 다른 사람을 지배할 수 있는 상상의 세계로 빠져드는 경우가 많다. 심각하게 방치되는 아이는 이런 방법을 통해 상처주고, 실망시키는 애착대상에서 독립하는 생존전략을 펼친다.

아이였을 때 거부나 학대, 무시를 당하고 보살핌을 못받은 사람은 연인관계에서 극심한 어려움을 겪는다. 이들의 생존전략은 자신이 스타가 되고 자기의 열망과 소망을 충족시키는 꿈의 세계로 들어가는 것인데 이런 전략은 훗날 부담이 된다. 현실 세계의 애인을 자신의 허구적인 꿈의 세계로 끌어들이기 때문이다. 상대는 어떤 욕구도 말해서는 안 되고 자아도취 성향을 지닌 사람의 기대에만 전적으로 맞추어 그의 꿈을 성취시켜주는 역할을 해야 한다.

이것과 상관없이, 아이는 나르시시즘을 통해 늘 똑같은 것만 배운다. 즉 아이는 다른 사람에게 의지할 수 없다는 것을 배우고 두려움과 욕구를 숨긴다. 어떤 반향도 기대할 수 없다는 것을 알기 때문이다. 아이는 대신에 부모를 실망시키지 않으려고 특출나려고 노력하고, 겉으로 보기에 부모의 사랑에서 벗어나 독립적으로 되는 생존전략을 대비한다. 다시 말해, 아이는 상처받지 않으려고 자신을 보호한다. 훗날 나르시시스트가 된 사람은 대부분 회피적 애착유형을 발달시키고 밖으로는 어른에게 전혀 기대지 않는 것 같은 인상을 주는 포커페이스 아이였던 경우가 많다. 이런 아이들은 자기의 모습을 그대로 보여주면 어떤 사랑도 얻을 수 없다고 확신하기 때문에 정신적으로 살아남으려면 자립심과 독립성을 길러야만 한다고 전제한다. 지나칠 정도로 친밀하고, 깊은 관계는 너무나 커다란 장애물이 되어서 차라리 어느 정도 안전거리를 두는 편을 택한다. 그런데 거리를 둔다고 마냥 마음이 편하지만도 않다. 이들은 자신이 선택하고, 행하는 자율성을 통해 행복함을 느끼지 못한다. 이미 어른이 된 후에 연인과의 사이에서도 이런 애착유형이 지속된다면 나중에도 마찬가지로 행복해질 수 없다.

열등감을 느끼지 않기 위해 스스로를 치켜세운다

우리는 모두 기본적으로 자존심을 보호하고, 가능하면 높이려고 노력한다. 이것은 스스로를 너무 비판적으로 혹은 실상 그대로 보지 않으려고 할 때 가장 효과가 높다. 건전한 나르시시즘은 핑크빛 안경을 쓰고 자신을 약간은 부드럽게 바라볼 수 있게 하는 데 필요하다. 이렇게 함으로써 우리는 너무 많은 자아비판과 자구심으로부터 스스로를 보호한다. 그런데 이런 방법으로 자존감을 보호할 수 있으려면 먼저 자존감이 있어야 한다. 핑크빛 안경은 기본적으로 자신의 가치를 소중하게 여기는 사람에게만 도움이 된다. 하지만 자신을 깊이 의심하고, 다른 사람이 자기의 불확신감을 알아차리는 것을 반드시 막고 싶은 사람은 지나친 자화자찬과 과장된 '나 먼저'라는 생각에 손을 뻗친다. 이런 사람은 스스로를 높이고 다른 사람으로부터 자신이 얼마나 멋진지를 인정받아야 한다. 자신에 대해 확신이 없는 자아도취 성향의 사람은 다른 사람 위에 자신을 올려놓음으로써 괴로움을 피할 수 있기를 바란다.

자아도취 성향의 사람이 자존감을 지키려는 행동방식은 5장에서 소개한 회피적 애착유형의 사람이 자주 보이는 행동과 비교할 수 있다. 다만 이런 특징은 자아도취 성향이 강한 사람에게 한층 더 날카롭고, 배려감 없이 나타나고, 더 많은 상처를 준다.

- 자아도취 성향이 강한 사람은 친밀감을 원하는 연인을 경시하고, 굴욕감을 주고, 폭군처럼 행동한다. "당신 기분 나빠지라고 하는 소리는 아닌데 내가 지금 읽고 있는 이 책은 당신한테는 안 맞아. 너무 복잡하고, 수준이 높아."

- 굉장히 많은 관심을 받고 싶어 한다. 모든 것이 자기를 중심으로 돌아갈 때에 만족한다. "당신은 내가 오늘 골프장에서 어땠는지 아직도 묻지 않았어. 내가 얼마나 잘 했는데. 사람들이 그냥 놀라기만 했다니까. 동료 X 알지? 그 사람이 휴대전화로 영상을 찍었으니까 당신 그거 꼭 봐."

- 다른 사람이 긍정적이고, 애정 어린 감정을 보이면 믿지 못

하고 그의 행동을 계산적이라고 의심한다. "주말에 당신이 친구랑 어디 가는 걸 허락해 달라고 나랑 같이 자는 것뿐이잖아."

- 자신의 인격이나 행동을 조금이라도 비판하면 견디지 못한다. "내가 당신 말을 듣지 않는다니 무슨 소리야. 당신 말은 항상 귀 기울여 듣는다고. 당신이야말로 도대체 귀를 어디다 두고 다니는지 모르겠네."

- 한 번도 실수를 인정하지 않는다. 어떤 일이 제대로 되지 않으면 상대방을 탓할 뿐이다. "식기세척기에서 그릇을 꺼내다가 잔이 하나 깨졌어. 도대체 어떻게 이렇게 멍청하게 집어넣은 거야?"

- 좀 더 친밀해지고 싶은 바람을 지나치게 감성적이라며 낮게 평가한다. "텔레비전 볼 때 왜 내가 당신 옆에 앉아야 하는데? 고양이 쓰다듬으면 되잖아요."

- 자신이 상대방보다 우월하다는 인상을 주며 상대가 자신의 충고를 따르기를 기대한다. "내가 몇 번이나 말했어. 내가 제안한 거에 조금이라도 신경 썼으면 지금쯤 직장에서 더 많이 승진했을 텐데. 그런데 봐봐, 당신이 다 훨씬 잘 한다며."

- 다른 사람의 상황이나 감정을 이해하는 위험에 빠지지 않

기 위해 그 사람에게 절대 관심을 두지 않으려고 모든 수단과 방법을 가리지 않는다. 그래서 생일이나 결혼기념일을 잊을 때가 많다. 상대가 직장 때문에 걱정거리가 있는지도 안 묻고 아픈 친구가 어떻게 지내는지 알고 싶어 하지 않는다.

- 다른 사람의 마음에 들려고 무엇인가 하는 일이 서툴다. "당신 좋으라고 왜 내가 바다에 가야 하는데? 쉬고 싶을 때에 내가 산으로 가야 하는 걸 아는 사람이."

- 자아도취 성향을 지닌 사람은 한 번도 미안하다고 용서를 구하는 적이 없다. 자기 잘못이 아니라고 생각하기 때문이다. "내가 한 번이라도 실수를 했다면 당연히 미안하다고 사과했지. 그런데 그렇지 않잖아 … 당신이 그르친 일에 대해 내가 용서를 빌 수는 없는 거잖아."

- 본심을 아예 드러내지 않고 상대에게 죄책감을 주고, 격한 공격을 하면서 이를 뒤에 숨긴다. "도대체 저녁 내내 어디에 있다 온 거야? 15분밖에 안 늦었다니 무슨 말이야. 당신 너무 늦었다고! 다시는 안 기다릴 테니 두고 봐. 나는 당신의 꼭두각시가 아니라고."

이런 전략은 자아도취 성향의 사람에게 우월함을 전달하고 지극히 약한 자아가 긁히고, 상처받지 않게 보호한다. "다른 사람

따위는 없어도 돼. 누구도 믿어서는 안 돼. 상대방은 나를 진정으로 대하지는 않아. 그러니까 거리를 두어야 돼."라는 유년기에 생겨난 관계모델 때문에 이런 확신을 흔드는 모든 것을 피해야만 한다. 하지만 이것은 완전히 온 힘을 끌어 모아야만 해낼 수 있고 절대 오래 가는 법도 없다. 모든 방어 전략은 단지 조건적으로만 효력을 나타내기 때문이다. 자아도취 성향이 강한 사람은 쉴 새 없이 주의해야만 한다. 자신은 절대 상처받지 않을 것이라는 믿음이 흔들려서는 안 되기 때문에 예측할 수 없는 실패와 거부는 뼛속 깊은 곳까지 찌른다.

자아도취와 우울함

운명의 장난과 실패, 실망을 마주하는 일은 당연히 모두에게 힘들다. 하지만 자아도취 성향이 강한 사람에게 이런 경험은 더욱 더 큰 도전이다. 이를 통해 자신이 원하는 것, 상처 입을 수 있다는 사실, 내면의 고통 등 절대 느끼고 싶지 않은 것을 느끼기 때문이다. 이런 감정이 힘들게 갖추어 입은 갑옷을 뚫고 안으로 밀고 들어오는 일은 나르시시스트에게 매우 위험하다. 그럴 경우에 보호전략은 더 이상 제대로 말을 듣지 않는다. 과거에 심각할 정도로 불안정 애착유형의 아이였던 자아도취적 사람은 유년기에 겪은 부족함을 떠올린다. 이것은 파산 선고나 마찬가지이며 이로 말미암아 자아도취적 사람은 깊은 나락으로 떨어진다. 과대망상과 우울증은 자아도취 성향을 지닌 사람과 매우 가까운 곳에 있다.

조도 마찬가지로 직장에서 내내 고공비행을 하다가 일상의 깊은 골짜기로 하강했다. 자영업을 하는 사람이라면 좋은 시기에도 덜 좋은 시기가 뒤따라 올 것을 항상 감안해야만 한다. 하지만 조는 그렇지 않았다. 그는 계속해서 성공만 해야 했다. 성공만이 존재할 수 있는 자격을 주었다. 성공을 하기 때문에 사람들이 그를 보고 경탄했을 뿐, 성공 없이는 자신이 아무 것도 아니라고 믿었다. 운명이나 다른 사람이 자신을 배반하지 않는 한 그는 자신이 강하고, 훌륭한 사람이라고 느꼈다. 어느 때인가는 자신을 '사상 최고로 잘 나가는 부동산 중개사'라고 여긴 적도 있다. 자아도취 성향을 가진 사람이 흔히 그렇듯이 조에게서도 부풀린 자의식과 우울한 언짢음이 나란히 옆에 있는 것을 볼 수 있다. 그는 이제 울리케가 자기를 도와주면 좋겠다고 바란다. 그런데 항상 그의 편에 서고, 자신을 위해서는 아무 것도 바라지 않던 울리케가 지금은 자기를 나 몰라라 하는 것 같다.

에코. 나르시시즘의, 대부분, 여성적인 면

처음에는 자아도취적 사람이라고 보이지 않는 사람도 있다. 이들은 보기에 자기가 무조건 1번이 돼야 한다고는 원하지 않는 것처럼 보인다. 이들은 반대로 다른 사람에게 자신을 맞추고, 타인이 원하는 것을 따르고, 다른 사람을 보고 경탄하고, 미화한다. 이런 사람을 소위 의존적 자아도취라고 부르는데 이들은 다른 사람을 따름으로써 자신에게 존재적으로 중요한 것을 이루려고 애쓴다. 즉 '멋진' 자아도취적 사람에게 자신을 맞추고, 이들을 위해 무언가를 함으로써 자신의 자존감을 강하게 한다. 남성보다는 여성이 훨씬 더 의존적 자아도취적인 경우가 흔하다. 조의 부인인 울리케가 이런 자아도취적 유형의 사람이다.

의존적 자아도취적인 사람은 자신을 높이는 법이 거의 없고, 겸손한 인상을 주며, 어린 시절부터 특별히 주목을 받지 못하는 것에 익숙하다. 이들은 다른 사람이 필요한 것에 집중을 하고 자신을 위해서 무엇인가를 바라는 것이 적다. 하지만 이런 '에코이스트'는 보이는 것처럼 결코 겸손한 사람만은 아니다. 이런 유형의 사람도 과대 망상적이지만 이것을 인정하지 않고, 절대 밖으로 드러내고 싶어 하지 않는다. 그래서 대신에 자신을 뛰어나고, 멋지다고 여기는 상대방을 고대하며 바라본다. 심리학자이자 나르시시즘 전문가인 크레이그 말킨Craig Malkin은 "멋진 연인과 함께 행복을 맞이할 수 있을 것이라는 믿음은 자신도 무엇인가 특별하다는 느낌을 줍니다."라고 설명한다. 울리케도 이런 유형의 사람이다. 조를 알게 됐을 때에 울리케는 '정신을 못차릴 정도로 행복했다.'는 기억을 떠올렸다. "나는 완전히 그 사람에게 쏙 빠졌어요. 그렇게 매력적이고, 성공한 남자가 나에게 관심을 갖는다는 걸 믿을 수 없었어요."

당신한테 맞추는 대신에 나를 사랑해줘요

의존적인 자아도취자는 불안정 애착유형의 사람이다. 이들이 지닌 관계모델은 '사랑받지 못하면 존재할 수 없어.'라고 말한다. 동시에 다른 중요한 사람들이 자기를 위해 시간을 낼 수 없고, 그 사람들에게 의지해서는 안 되며, 이들이 믿음직스럽지 못하고, 회피적이라고 경고 한다. 의존적 자아도취자는 지나치게 순응하고, 복종하면서 최소한 약간의 확신이라도 받고자 애쓴다. 따라서 이런 '에코이스트'는 자아도취 성향을 지닌 사람과 관계를 맺는 것이 이상적이다. 나르시시스트 남자가 자기 같은 여자를 알아보았다는 사실 하나만으로도 여자의 자존감이 올라간다. 동시에 여자는 그런 사랑을 믿어서는 안 된다는 것을 안다. 자기가 자아도취 성향의 상대방의 눈에 실제로 띄지 않을 것이며, 자기가 그의 상상과 기대에 맞추어 행동해야만 한다는 것을 느낀다. 이것은 불안정 애착유형의 사람이 유년기에 얻은 확신과 어울린

229

다.

위르크 빌리는 의존적 자아도취자를 "보완적 나르시시스트"라고 부른다. 이런 사람도 "기본 바탕은 자아도취 성향이 있지만 반대적 행동을 보이는 것이 특징입니다." 즉, 자아도취적 사람은 남이 자신을 보고 경탄하기를 바라지만, 보완적 나르시시스트는 다른 사람을 위해 전적으로 존재하기를 원한다. 자아도취적 사람이 자존감을 높이고자 노력하는 반면에 칭찬을 하는 상대는 자아를 포기할 자세를 갖추었다. 나르시시스트가 다른 사람에게 다가가는 것을 크게 두려워하는 반면에 보완적 나르시시스트는 다른 사람에 완전히 동화되고 싶어 한다. 두 유형의 사람 모두 자아가 매우 약하지만 이를 어떻게 다루는 지의 방법에 있어서 차이가 난다.

나르키소스와 에코가 만나면 상호 보충을 할 수 있기 때문에 매우 이상적이다. 나르키소스는 에코가 자기를 향해 하는 감탄과 적응력을 통해 자존감이 강해지는 것을 경험한다. 그는 에코와 같은 사람이 눈앞에 나타나면 제각 달려든다. 자기를 보고 경탄하고, 본인이 필요한 것은 접어 둔 채 그의 '말을 그대로 따라하기' 때문이다. 에코도 나르키소스를 자기 대신 앞으로 내세워 자신이 가진 과대망상을 충족시킬 수 있고, 이것으로 자신의 자존감 역시 강해지는 것을 경험한다.

에코의 요구가 많아지면 무슨 일이 일어날까?

그렇게만 된다면 모두 다 괜찮은 것 아닌가 라고 생각할 수 있다. 나르키소스와 에코 간에 상호보완이 잘 이루어지면 두 사람의 관계는 탄탄하고, 양쪽 모두 다 만족을 할 수 있을 것이다. 어떤 면에서는 맞는 말이다. 쫓는 자와 도망가는 자의 조합처럼 자아도취 성향을 지닌 사람의 조합도 매우 어렵긴 해도 '유지되는' 경우도 많다. 예로, 에코가 너무 순응을 하면 나르키소스 입장에서 봤을 때 에코가 너무 가깝게 느껴질 수 있다. 그러면 나르키소스는 에코에게 상처를 입히고 참을 수 있을 정도의 거리를 다시 두기 위해 앞에서 언급한 거리두기 전략을 취한다. 하지만 에코이스트는 쉽게 정리를 하고 떠나지 못하기 때문에 모든 상처와 굴욕을 대부분 오랫동안 끌어안는다. 즉 괴롭지만 머문다. 에코의 정교한 과대망상은 "나는 다른 사람이 어떤지 알아. 그 사람이 나를 밀어내더라도 진심은 아니야." 라고 생각한다.

하지만 언젠가 진짜 문제가 생길 때가 있다. 에코는 어느 시점에서 자기의 바람과 요구사항을 더 이상 부인하지 못하고, 친근함과 관심을 받고 싶은 욕구를 더 이상 억누르지 못한다. 즉 '요구사항이 많아진다.' 더 많은 대화와 상냥함, 도움, 관심을 원한다. 하지만 한꺼번에 원하는 것을 드러내고, 자기가 바라는 것을 들고 다른 사람의 뒤꽁무니를 쫓아다니는 일을 부끄럽게 여긴다.

오래 전부터 조와 함께 사는 것을 견딜 수 없다고 생각하는 울리케도 다르지 않다. 울리케는 조와 진지하게 이야기를 해야겠다고 몇 번이고 결심했다. 그리고 실제로 한번은 왓츠앱으로 구체적으로 어떤 것을 바꾸면 좋을 것 같다고 당부도 해보았다. "더 이상 저녁밥은 안 할 거예요. 어차피 항상 집에 늦게 오잖아요. 밖에서 먹고 들어오세요." 하지만 문자를 보내고 난 뒤에 즉시 후회가 되어 보낸 말을 무마할 수 있는 문자를 곧장 보냈다. 말킨은 "누군가에게 무엇인가를 요구하는 일이 무서운 사람은 갑자기 도움과 이해 혹은 위로받고 싶다는 갈망을 강하게 느끼면 이것을 두렵게 느낄 수 있습니다."라고 설명한다. "갑자기 생기는 요구 때문에 생긴 죄책감과 내면이 갈가리 찢어지는 느낌을 뚜렷하게 갖습니다. 주의를 기울여달라고 부탁할 때조차 이들은 마치 손가락 끝에서 욕구가 빠져나오는 것처럼 손을 비비적거리죠. 바로 이런 형태는 … 왜 에코이스트가 다른 사람들 뒤를 쫓아다니고, 또 다른 사람을 밀어내려는 경향을 자주 보이는지를 설명합니다."

그럼에도 행복해지기

나르키소스와 에코가 한 쌍의 연인으로 지내는 일은 이것의 약간 약한 형태인 추격자와 도망자의 조합에서처럼 서로에게 큰 도전이다. 두 사람은 각자 자아를 보호하고, 자존감을 강하게 하는 일을 중요하게 생각한다. 관련 서적에 소개되는 자아도취 성향의 사람에 대한 묘사를 읽은 사람은 되도록 이런 사람과 관계를 피해야 한다는 결론 밖에 내릴 수 없다. 나르키소스가 제 발로 치료를 받으러 가지 않는 것도 문제를 더욱 어렵게 한다(에코이스트 경향이 있는 사람은 좀 더 개방적이다). 하지만 어려움이 많아도 나르키소스와 에코는 함께 살 수 있다. 중요한 것은 자아도취적인 사람을 너무 병적으로 취급하지 않고, 오만하거나 혹은 보완적 나르시시스트가 취하는 과도하게 순종적인 자세 뒤에 상처 입은 외로운 작은 아이가 숨겨져 있다는 것을 알아차리는 일이 중요하다. 낮은 자존감을 다른 사람(때로는 자신에게조차)에게 숨기기 위해 모든 수단을 총동원하기로 결심하고, 이런 방법으로 정서적으로 살아남으려고 굳게 마음먹은 아이가 있다는 것을. 나르키소스와 에코도 회피, 불안, 불안-회피적인 사람과 마찬가지로 어릴 적 형성된 애착유형의 희생자다.

어떤 애착유형의 사람인지, 추격자와 도망자의 관계를 맺고 살던지 혹은 자아도취 성향을 띄는 조합을 이루는지의 여부는 아무 상관이 없다. 당신은 지금껏 그래왔던 것보다 훨씬 더 행복한 관계 속에서 살 기회가 있다. 당신의 애정관계가 한 사람의 변심으로 흔들린 적이 있었더라도 마찬가지다.

10

불륜, 정말 애착의 문제인가?

사람들은 왜 불륜을 저지르는 것일까? 그 뒤에는 어떤
욕구와 동기가 숨어 있을까? 이것은 애착유형과 어떻게
관련될까?

파울

30년이라는 긴 결혼 생활 동안에 파울은 나무랄 때 없는 성실하고, 믿음직한 남편이자 가장이었다. 이런 자아상에 티가 될 만한 딴 생각을 한 적도 단 한 번도 없었다. 하지만 반 년 전에 그의 이미지에 커다란 흠집이 생기고 말았다. 직장 동료인 율리아와 사랑에 빠진 이었다. 즉흥적으로 일으킨 불륜도 아니고, 원 나이트 스탠드도 아니었다. 이미 오래 전부터 파울의 마음이 율리아를 향해 가고 있었는데 그때까지는 자신의 감정을 항상 잘 밀어냈다. 그러다가 그 일이 일어났다. 두세 달 정도 율리아와 보내면서 하늘을 날아갈 듯한 기분이 들었다. 하지만 양심의 가책이 점점 더 압박해오면서 파울은 거짓말과 이중생활을 점점 더 견디기 힘들었다. 부인인 잉가를 절대 잃고 싶지 않았고 부인과의 관계가 중요했는데도 바람을 폈다. 파울은 머릿속이 너무나 복잡해져서 잉가에게 차라리 모든 것을 자백하기로 결심했다. 잉가는 세상이 한꺼번에 무너지는 것 같았다. 함께 한 세월 동안 그의 옆에서 안심하고 살았는데 지금까지 같이 했던 모든 것이 의심이 됐다. 옆에 있던 이 남자는 도대체 누구였을까? 긴긴 시간 동안 이 사람에게 보여준 믿음은 아무런 쓸모가 없던 것이었을까? 잉가는 절망스러웠다. 수많은 밤을 잠 못이루고 끝없는 대화를 이어갔다. 책임을 묻고, 비난이 오갔다. 파울이나 잉가 모두에게 힘든 위기가 찾아왔고, 둘의 관계가 무너졌다. 시간이 지나면서 상황이 좋아지는 것이 아니라, 더욱 압박을 해왔다. "왜 그랬어요?"라고 묻는 잉가의 당연한 질문에 파울은 만족할 만 한 답을 줄 수 없기 때문이다.

부부 중 한 명이 외도를 하면 배반을 당한 사람은 근본적으로 믿음을 상실하는 것도 있지만 '왜'라는 질문으로 심한 스트레스를 받는다. "왜 그 여자일까, 왜 그 남자일까? 내가 가지지 못한 무엇인가가 그 여자에게는 있나? 내 생각은 하지 않는 걸까? 도대체 외도를 할 이유가 무엇일까? 단순히 성생활 때문에 그런 걸까 아니면 뭔가 더 있는 걸까? 우리는 각자 다른 삶을 살은 건가? 직장에서 스트레스를 많이 받아서 그런 걸까? 서로 공유하는 것이 너무 적었나? 같이 잠자리를 갖는 횟수가 너무 적은 건가 아니면 남편이 이제 너무 지루하게 느껴지나? 내가 당신을 인정하고 가치를 평가하는 데 너무 인색한가?" 이런 질문은 당연히 해봐야 하고, 중요하다. 하지만 이런 질문에 대한 답은 어두운 곳에 약간의 빛을 비추기는 해도 부부를 둘러싼 안개를 아직 걷어내지 못한다. 그러는 와중에 부부는 수년을 거치면서 부부 관계를 소홀히 돌본 것도 알고, 무엇인가 바뀌지 않으면 안 되는 것도 깨닫는다. 그래도 이것만으로 불륜의 문제를 죄다 해결하기에 불충분하다. '배신자'가 '배신당한 사람'에게 진심을 모아 대화와 대답을 할 준비가 돼있더라도, 자신의 가장 깊은 내면에 있는 것을 밖으로 다 드러내 보여도 불륜이 일어날 수밖에 없던 동기를 찾지 못할 때가 많다. 동기를 확실히 모르면 부부는 앞으로 일어날 일에 건설적으로 대처하지 못할 것이고, 이로 말미암아 심각한 상황에서 벗어날 방법도 찾지 못할 것이다.

파울과 잉가는 부부로서 둘의 관계가 괜찮다고 생각했다. 친구와 지인도 두 사람을 행복한 한 쌍이라고 믿었다. 그런데 모든 것이 허상이었을까? 두 사람은 문제를 간과하며 살아온 것일까? 어쩌면 그랬는지도 모른다. 적어도 파울은 잉가와 함께 하는 것이 만족스럽지 못했다. 그런데 만족하지 못한 사람이라고 꼭 외도를 할까? 애착이론의 관점에서는 '불만족'이라는 주제를 매우 특별하게 다룬다. 이런 불만족을 어떤 관계에서라도 이따금씩 모두 느끼는 지극히 일반적인 불만족과 혼동해서는 안 된다.

애착연구의 관점에서 보았을 때 관계에 대한 만족은 안정적인 부부생활의 근본적인 특징이다. 만족은 부부가 자신의 핵심적인 애착욕구(애정, 친밀함, 이해, 하지만 동시에 자율성과 자립성에 관한 것도 포함해서)가 충족되는 것을 경험할 때 생긴다. 친밀감과 자율성에 대한 욕구가 균형을 이루면 관계는 난기류에 빠지기 않게 계속해서 보호를 받는다. 그런데 이런 균형이 깨지거나 친밀함에 대한 갈망이 지나치게 많이 생기거나 혹은 부부 중 한 명이 거리를 너무 두려고 하면 부부에게는 골이 깊은 불만족이 생긴다. 이것은 요컨대 다른 사람에게 한 눈을 팔 빌미를 줄 수 있다. 사람들은 자유와 자율성에 대한 갈망과 불변함에 대한 갈망이 균형을 이루지 못할 때 외도를 하기 때문이다. 이런 사람은 불륜을 통해 관계 속에서 너무 가깝고, 친밀해지고, 자유롭게 숨을 쉴 공기를 뺏어가는 반려자와 거리를 둔다. 감정적 중심을 밖으로 이동시키면서 고정적인 관계에서 벌어지는 상황을 더 잘 견딘다. 반대로도 생각해볼 수 있다. 부부관계에서 너무 거리를 크게 두어 보호받고 싶은 마음과 상냥함, 인정받고 싶은 마음이 채워지지 않으면 이런 것을 제공하는 외도를 통해 고정적인 부부관계에서 균형을 되살릴 수 있다.

배우자가 관계에서 너무 많이 친밀해지거나 반대로 너무 거리를 많이 두면 불만족이 커진다. 이런 불만족은 관계가 부정적인 방향으로 전개되는 관문역할을 할 때가 많다. 오해와 싸움이 늘고, 배우자끼리 서로 믿지 못하며, 애착에 대한 실망이 생긴다. 그중에 가장 심한 것은 누가 뭐래도 불륜을 저지르는 것이다.

애착유형의 역할

불륜을 하는 원인을 규명할 때에 대부분은 배우자의 애착유형을 감안하지 않는다. 하지만 불륜이 일어났을 때 이를 염두에 두는 일은 매우 중요하다. 각각의 애착유형을 고려하면 왜 배우자가 불륜까지 가게 됐는지를 더욱 잘 이해할 수 있다. 이런 이해는 고통스러운 사건을 좀 더 쉽게 처리할 수 있게 하며, 두 사람이 좀 더 빨리 화해를 할 수 있게 돕는다.

엘리자베스 S.알렌Elisabeth S. Allen과 도널드 H. 바우포름 Donald H. Bauform은 애착유형과 불륜 간에 얼마나 명확한 연관성이 있는지를 거의 실질적인 연구에서 다루었다. 두 학자는 젊은 학생과 중년 성인으로 구성된 수백 명의 실험 참여자를 대상으로 다양하게 설문조사를 진행했다. 이때에 피험자는 믿음과 불신에 관한 질문 외에도 자신의 애착유형에 관한 질문에도 답을 해야 했다. 놀랍게도 두 집단에서 모두 비교적 많은 사람이 바람을 피운 적이 있다고 고백했다. 젊은 사람은 분명 아직은 고정적인 삶의 형태를 이루지 않았으므로 나이든 사람보다 불륜을 저지른 적이 많았다. 하지만 중년의 피험자 중에서도 절반에 약간 못미치는 사람이 외도를 한 적이 있다고 답했다. 알렌과 바우포름은 이때 애착유형의 역할에 대한 질문의 데이터를 분석한 결과 분명하게 연관성이 '있다'라고 결론을 내렸다. 하지만 각각의 애착유형에 따라 확연한 차이를 보인다.

먼저, 가장 적게 불륜을 저지른 사람은 안정 애착유형의 사람이었다. 이들은 지금 파트너와의 관계에 만족하고, 친밀함과 자율성에 대한 갈망이 균형을 이룬다. 정신분석학자인 케이트 화이트Kate White는 이런 사람이 연인과의 관계 안에서 느낀 안정감은 이들이 원하는 것을 잘 해낼 수 있게 돕는다고 설명한다. "안정적으로 애착이 형성된 사람은 다른 사람이 자신의 욕구를 보고 이해하는 것에 큰 가치를 둡니다. 이들은 배우자에게 무엇인가를 요구해도 된다는 것을 배웠습니다. 물론 성생활에 있어서도 마찬가지입니다." '안정적 사람'이 자신의 소망과 욕구(성과 성적 행위만이 아니라)가 충족되지 않아서 현재의 관계에서 만족을 느끼지 못할 위험은 불안정 애착유형의 사람보다 훨씬 낮다.

배우자와의 유대가 강하고, 안정적이기 때문에 다른 사람과 불륜 관계를 갖기 어려우며, 행여 다른 사람을 사귀더라도 짧은 기간에 그친다. 이들은 고정 배우자에 대한 충성심 때문에 이중생활을 하는 것은 아예 상상도 하지 못한다. 독일의 한 연구에서도 안정 애착유형의 사람이 신의를 보인다는 것을 입증했다. 릴리안 헬름스Lillian Helms와 한스-베르너 비어호프Hans-Werner

Bierhoff는 '안정적으로 애착이 형성된 사람이 외도를 하는 경우는 불안정 애착유형의 사람보다 확연히 적습니다.'라고 증명했다.

하지만 물론 '안정적인 사람'이 다른 남자 혹은 다른 여자와 사랑에 빠지는 경우가 있다. 이것은 대부분 현재 함께하는 배우자와의 관계에서 상대의 다른 애착유형으로 말미암아 친밀감과 거리두기가 균형을 잃었기 때문이다. 상대방이 너무 자신에게만 매달리고, 너무 많은 것을 요구하면 안정적인 사람은 장기적으로 봤을 때 숨을 쉴 수 있는 공기조차 없다. 반대로 상대방이 지나치게 거리를 많이 두고 자율성을 너무나 강조하면 안정적인 애착유형인 사람은 시간이 흐르면서 무뚝뚝해진다. 그러면서 애착에 관한 불만족이 늘어난다. 하지만 안정 애착유형의 사람이 다른 사람과 사랑에 빠지면 대부분 빨리 결론을 짓는다. 이런 사람은 보통 순차적인 일부일처제를 따르기 때문이다. 즉 새로운 관계를 시작하기 전에 이전의 관계를 끝낸다.

불안정 애착유형의 사람은 상당히 긴 기간 동안 신의를 지키는 경우가 많다. 다른 사람이 자신을 떠날 수 있다는 생각이 항상 잠재하기 때문에 근본적으로 한 번 외도를 저지르는 순간 고정적인 관계가 끝장난다는 근심에 사로잡혀 있다. 그래서 불안정하게 애착이 형성된 사람에게 배우자가 바람을 피우면 이것을 곧장 극복할 수 없는 재앙처럼 느낀다. 따라서 믿음을 깨는 이런 행위를 대개는 용서하지 못한다. 그래서 배우자에게 다시 한 번

기회를 주지 않고, 둘의 관계가 더 이상 설 토대가 없다고 믿는다. '불안정한 사람'은 관계를 유지하기 위해 노력을 해야 할 의미를 찾지 못한다. 이들은 한 번 믿음이 깨지면 다시 돌이킬 수 없다고 생각하기 때문이다. 다른 사람에 대한 믿음이 적고, 자신이 사랑받고 있다는 사실을 진심으로 믿지 못하기 때문에 불륜을 우려의 증거로 받아들인다. '불안정한 사람'은 갈라서는 일만이 유일한 출구라고 믿으면서도 동시에 헤어지는 일이 실제로 일어날까 봐 겁을 낸다. 이들은 관계가 완전히 끝나는 일을 다른 사람이 받아들이는 것보다 훨씬 더 드라마틱하게 느낀다. 예로, '불안정한 사람'은 안정적으로 애착이 형성된 사람보다 이별 때문에 훨씬 심하고, 긴 기간에 걸쳐 괴로움을 겪는다. 그래서 다른 사람들보다 훨씬 오랫동안 불륜을 저지른 배우자에게 매달리고 심지어 성적으로 여느 때보다 훨씬 더 강하게 끌릴 때가 많다.

배우자의 불륜이 재앙을 의미하기 때문에 불안정한 애착유형을 지닌 사람이 일반적으로 배우자에게 매우 충실한 것은 자명한 사실이다. 성적으로 그다지 충족감을 못느끼고, 친밀함을 되살릴 수 없다고 해도 불안정 애착유형의 사람은 이런 상황을 상당히 오래 견딜 때가 많다. 하지만 언젠가 때가 되면 이들의 인내심도 한계에 부딪힌다. 배우자에게 다가가는 거리가 너무나 멀게 느껴지고 반향이 너무 적으면 참을성 많은 '불안정한 사람'도 더 이상 불만족스러움을 참고만 있기 힘들어한다. 특히 불안정 애착유형의 사람이 회피적 배우자와 함께 살 때에 이런 장면이 자주 보인다. 불안정하게 애착이 발달한 사람은 이런 조합으로 구성된 관계에 놓였을 경우 장기적으로 심리적으로 고독해진다.

친밀함과 자율성 사이의 균형이 너무 무너지면 불안정 애착 유형의 사람이 스스로 외도를 저지르는 일도 생길 수 있다. 현재의 고정 배우자보다 다른 사람이 더 믿음직스럽고, 가까이 다가갈 수 있다고 느껴지면 불안한 사람의 갈망이 우세해진다. 게다가 불륜 상대와의 새로운 관계에서 실제로 안정감과 자신이 보호받는다는 느낌이 들면 배우자에게 '다가갈 수 없는 일'을 다시 더 잘 견딜 수 있다.

심리치료사인 볼프강 슈미트바우어Wolfgang Schmidbauer는 이런 심리역학을 외도를 한 여성을 예로 들어 설명한다. "여성은 버림당하고, 모든 것을 잃을까 봐 굉장히 두려워한 나머지 두 번째 삶을 마련했습니다. 마치 30년 전쟁 당시에 농부가 시골집이 약탈당할까 봐 무서워 깊은 숲속에 피난처로 쓸 수 있는 두 번째 집을 몰래 지은 것처럼 말이죠." 다시 말해, 고정적 관계가 실패로 끝나도 기댈 수 있는 안전장치로 두 번째 관계를 마련하는 셈이다. 불륜은 불안하게 애착이 형성된 사람에게 외도를 통해 내밀함과 친밀감을 느끼고 고정적인 배우자에게 덜 의존하게 하는 가능성을 제공한다. 버림받을 수 있다는 불안감이 줄어들고, 친밀감과 자율성의 균형이 다시 잡힌다.

파울은 '돌보미'라고 할 수 있는 유형의 남자다. 이런 남자는 배우자가 원하는 것을 들어주려고 모든 일을 마다하지 않고, 전부 옳고, 바르게 하기 위해 부단히 노력한다. 이런 유형의 남자는 대부분 유년기에 애착이 불안정하게 발달했으며 엄마에게 매우 의존적이었다. 파울 역시 엄마와의 관계가 원만하지 않았다. 엄마 혼자 파울을 키우면서 아빠와는 연락을 끊고 지냈다. 아빠는 파울의 엄마가 아직 임신 중일 때 떠났다. 파울은 엄마에게 굉장히 매달렸지만 많은 사랑을 받지 못했다. 엄마는 일을 해야 해서 외할머니가 파울을 키우셨다. 주말이 돼서야 엄마 얼굴을 볼 수 있었다. 엄마와 만나면 엄마를 기쁘고, 즐겁게 해주려고 모든 일은 다 하는 특별히 더 착한 아들이 됐다. 절대 엄마에게 짐이 되고 싶지 않았다. 파울은 지금 와서 "내가 얼마나 착한 아이인지를 안다면 엄마가 분명 저를 더 이상 할머니께 보내지 않을 거라고 바랐었을 거에요."라고 한다. 파울은 불안-양가성 애착유형을 지녔다. 엄마로부터 믿음이 가는 애정과 관심을 받기를 원하는 희망은 엄마와 함께 사는 일이 안전하지 않다는 것을 알게 되면서 불투명해졌다.

파울의 친밀함과 불신 사이의 갈등은 잉가와의 관계에서도 드러난다. 잉가는 회피적 애착유형의 사람이다. 즉 파울의 입장에서 보면, 부부관계에서도 어렸을 때에 익숙했던 관계모델이 반복되는 셈이다. 그는 친밀함을 구하려고 애쓰고 이것을 신뢰할 수 있을 만큼 성공하지 못하는 것을 자꾸 참아야 했다. 파울이 원하는 친밀함과 잉가가 원하는 자율성의 욕구가 어느 정도 균형을 이루는 동안에는 둘의 관계는 추격자와 도망자의 조합에서 전형적으로 볼 수 있듯이 안정적이다. 하지만 불륜이 일어나기 얼마 전부터 균형이 깨지기 시작했다. 잉가는 점점 더 파울의 돌보는 방식을 트집 잡았다. 자기를 향한 '충성심'이 점점 덜 매력적으로 느껴졌다. 파울이 너무 소극적이고, 너무 능동적이지 못하다고 비판했고 혼자서 혹은 자기 친구들과 어울리는 일이 점점 늘어갔다. 파울처럼 불안-양가성 애착유형인 남자는 이런 상황이 벌어지면 경고등을 켠다. 그는 둘의 관계 때문에 점차적으로 불안해했고, 상실에 대한 두려움도 커졌다. 그러는 사이에 율리아와 일이 벌어졌다. 그를 경탄하는 직장 동료인 율리아는 그에게 아무 것도 요구하는 것이 없고 단지 파울이 자기에게 관심을 갖는 것에 행복해했다.

회피적 애착유형의 사람은 다른 사람과 너무 밀접해지지 않게 하는 데 신경을 쓴다. 친밀함과 내밀함보다 독립성을 소중하고, 훨씬 중요하게 생각한다. 자신이 보기에 더 이상 균형이 잡히지 않으면, 예로, 배우자가 자기에게 너무나 많은 것을 요구하고 매달리면 배우자와의 거리를 유지하려고 모든 방법을 시도한다. 그래서 평소보다 훨씬 더 늦게까지 일하고 스포츠를 과도하게 하거나 혼자 아니면 친구와 여행을 떠나고 배우자를 괴롭히거나 잦은 싸움으로 지치게 만들거나 아니면 다른 사람과 새로운 사랑을 시작한다.

엘리자베스 S. 알렌과 다비드 바우포름의 연구에서 밝힌 회피적 애착유형의 사람이 가장 자주 불륜을 저지른다는 점과 일치한다. 두 학자의 연구 결과에 따르면 이런 애착유형을 지닌 남성은 다른 애착유형의 남성보다 외도를 한 비율이 두 배에 이른다. 캐나다의 심리학자인 쥬느비에브 볼리외-펠레티어Geneviève Beaulieu-Pelletier도 유사한 연구 결과를 내놓았다. 젊은 연령층의 집단과 중년층으로 구성된 집단을 상대로 한 연구에서 볼리외-펠레티어는 연령에 상관없이 지나치게 가까운 관계를 두려워하는 사람일수록 배우자에게 충실하지 못하다는 사실을 밝혔다. 성생활에 대한 만족도와 배우자에 대한 거리감 문제가 외도를 일으키는 가장 중요한 원인으로 꼽혔다. 사람들은 외도를 함으로써 고정적인 관계를 계속 유지하기 위해 필요한 자유 공간을 마련한다.

성별에 따른 큰 차이는 없었다. 가까움과 거리감의 문제에 대한 해답을 불륜을 통해 찾으려는 데에 있어서 회피적 애착유형이 발달된 남성과 여성 사이에 뚜렷한 차이점은 찾아볼 수 없었다. '회피적' 사람은 자신이 고정적 배우자와 너무 가깝다고 느낄 때 외도를 할 때도 있다. 이들은 다른 사람 옆에 머물면서 자신을 잃을지도 모른다는 두려움 때문에 불륜을 통해 배우자와 안전거리를 두려고 한다. 케이트 화이트는 사랑과 친밀함을 지나치게 무서워하는 환자의 사례를 들려주었다. "애인의 눈을 지긋이 들여다보는 일을 도무지 견딜 수 없어했어요. 그 남자는 사실 아무도 자기를 사랑하지 않고, 자기가 속마음을 그대로 보이면 곧바로 버림받을 것이라고 확신을 했거든요." 정신분석학자인 화이트는 회피적 애착유형의 사람은 '멜랑콜리한 섹스'를 할 때가 많다고 설명한다.

마티아스도 역시 '멜랑콜리한' 애인이다. 그는 사랑하는 여자와 한 집에서 절대 함께 살고 싶어 하지 않고 다른 두 여성과 만나며 계속해서 이들과 성관계를 가진다. 가슴 깊은 속에서는 한 여성과 함께, 다름 아닌 수잔네와 함께 이제 가정을 이룰 수 있기를 간절히 바란다. 그는 믿음이 가는 친밀함과 안정을 원한다. 하지만 그의 속에 들어 있는 아이가 그의 이런 바람을 가로막는다. 그 아이는 너무 가까워지고, 이용당할 것이 두려워서 마티아스에게 유일하게 딱 한 명의 여성하고만 애착을 가지라고 허용하지 못한다. 이기적인 엄마 때문에 아이가 해야 했던 경험은 어른인 마티아스가 다른 사람에게 다가가고 싶다는 마음을 밀쳐낸다.

회피적 애착유형을 지닌 사람에게 있는 문제는 양가성 애착유형의 사람에게서도 마찬가지로 볼 수 있다. 이들도 역시 친밀감을 원하지만 동시에 의존에 대한 두려움이 있다. 일반적으로 '회피적' 사람이 배우자에게서 친밀함을 구하려고 하지 않는다면 '양가성' 사람은 전형적으로 고되게 '이리 와, 저리 가'의 태도를 반복한다. 배우자와 하나가 되고 싶은 마음을 가졌다가도 금세 쫓아버린다. 양가성 사람에게 있는 동기는 회피적 사람과 비교가능하다. '양가성' 사람도 '회피적' 사람처럼 불륜을 많이 저지른다. 이런 방법을 통해 너무 가까워져서 다른 사람에게 의존하게 될 위험을 감수할 필요 없이 누군가에게 가까이 갈 수 있기 때문이다.

엘리자베스 S. 알렌과 다비드 바우포름은 연구를 하면서 흥미로운 측면을 발견했다. 즉 '회피적' 사람 및 '양가성' 사람은 불륜을 통해 책임을 지지 않아도 되는 섹스와 기분전환을 찾는 것이 아니라 감정도 함께 투자한다. 짧은 시간과 일상에서 벗어난 일과 같은 외도의 자연적 제한 조건은 의존에 대한 두려움을 낮추는 것처럼 보인다. 그래서 회피 - 양가성 애착유형을 지닌 사람은 가까워지려는 열린 마음을 더 많이 허용할 수 있다. 케이트 화이트는 이로 말미암아 내면에 커다란 난관에 부딪힐 수 있다는 점을 회피적 애착유형을 지닌 여성 고객의 예를 들어 설명한다.

"그 고객은 한 여성과 결혼을 했는데 그다지 애정이 넘치는 관계는 아니었습니다. 그러다가 제 고객이 다른 여성을 알게 됐는데 처음으로 다른 사람이 자신을 인정하고, 원하고, 사랑한다는 느낌을 받았죠. 그래서 불륜이 시작됐습니다. 제 환자는 이런 성관계를 점차적으로 중요하게 생각했어요. 불륜의 상대와 헤어질 때면 매번 무서울 정도로 불안감이 밀려왔죠. 두 여성은 하루 종일 휴대폰으로 통화를 했어요. 하지만 제 고객은 이 여성을 확실히 선택하지 못했어요. 저는 제 고객이 새로운 여성과의 관계를 통해 이전의 경험을 무의식적으로 반복하고 있는 것은 아닌지 궁금했어요. 결국 우리는 여성이 어렸을 때 굉장히 오랫동안 병원에 입원한 적이 있다는 사실을 알아냈죠. 몇 달 동안 혼자 작은 병원 침대에 누운 채로 지냈는데 부모가 하루에 단지 몇 시간 동안만 병문안 왔던 일이 트라우마로 남게 됐어요. 언젠가 '휴대폰 없이'라고 여성에게 말한 적이 있어요. 그러자 여성은 쓰러지고 말았죠. 새로운 애정 관계가 얼마나 깊은 상실에 대한 두려움을 일으킬 지 갑자기 깨달았기 때문이었어요."

이런 사례는 정신분석학자에게 회피적 애착유형이 발달된 사람이 오랫동안 불만족스러운 관계 속에서 어떻게 살 수 있으며, 외도를 통해 사랑이 정서적으로 가깝고, 성적 만족도를 높일 수 있는지를 갑자기 경험하면서 두려움이 얼마나 큰지를 보여준다. 케이트 화이트의 고객은 자신의 애인을 선택했다. 마음에 품었던 두려움을 이기고, 자신의 감정을 허용했다.

배우자가 변심을 했는데 배우자의 애착유형과 불륜 간에 어떤 연관성이 보이면 부부는 당연히 무엇으로 문제를 해결할 수 있을 지 알아볼 것이다. 오해하지 않게 미리 짚고 넘어가자면 불륜을 저지른 사람이 유년기에 대한 설명으로 '불륜'에서 벗어날 수 있는 것은 아니다. 그는 그 일에 대해 어디까지나 책임을 져야 한다. 애착유형이 불륜을 저지르는 데 알리바이가 될 수는 없다. 다만 애착의 측면은 중요한 것을 파악하는 데 큰 도움이 된다.

부부가 중요한 애착에 대한 욕구가 관계에서 균형을 이루지 못하고, 이런 불균형이 각자의 애착유형과 관련됐다는 것을 인정하면 이것은 더 이상 책임과 죄의 문제가 아니다. 다루어야 할 문제의 핵심은 오히려 부부가 여태까지 열어 보이지 않은 자신의 애착에 대한 두려움과 욕구다. 늦어도 부부 중 한 사람이 부부 관계 외의 다른 사람에게 관심을 가지면 자신과 배우자가 어린 시절에 받은 상처에 대해 생각해보고 서로 숨김없이 모든 것을 민낯으로 마주해야 할 때다.

심리치료사인 노르베르트 빌베르츠Norbert Wilbertz도 서로 각자가 살아온 배경을 모르면 불륜의 문제를 해결하는 일이 어렵다는 데 의견을 함께 한다. 예를 들어, '바람을 핀 사람'은 불륜이 지나간 지 이미 한참 됐는데 왜 '배신당한 사람'이 그 일에서 아직 벗어나지 못하는지를 이해하지 못한다. 그러고는 상대방이 격렬하게 반응하면 아무 말도 못하고 물끄러미 서 있기 일쑤다. 하지만 빌베르츠는 상대방의 애착 경험에 대해 알면 이것을 이해할 수 있으며 가능한 것으로 보이는 연계성을 나열한다.

- "배우자의 불륜은 존재적으로 위협적인 불안감을 일으킬 수 있습니다. 예를 들어, 가까운 구성원을 잃은 일을 경험한 것과 연관해서요.

- 배우자에게 배신당했다는 경험은 극심한 실망감이나 소중한 사람에게 이용당했다는 트라우마 기억을 불러올 수 있습니다. 자신이 가치가 없고, 다른 사람의 손아귀에 완전히 잡히고, 무기력하다고 느꼈던 시기의 기억이지요.

- 배우자가 자신을 배신했다는 경험은 자신이 진지하게 받아들여지지 않고, 굴욕당하고, 조롱받은 일을 겪은 상황을 떠오르게 할 수 있습니다. 이런 기억은 그 당시에 느낀 분노를 다시 끓게 하죠."

관계를 개선하려는 절차를 시작하고, 두 사람 간에 존재하는 감정적 연결선을 튼튼하게 했을 때에야 비로소 부부는 불륜의 문제를 이성적으로 처리하고, 화해할 수 있다. 배우자가 외도를 하면 이런 정신적 연결선이 대부분은 심하게 약화되기 때문이다. 게다가 불륜이 일어나기 전에도 벌써 이미 특별히 강한 편이 아니었다.

애착연구를 보면 갈등과 분쟁 때문에 관계에 심각한 위기가 닥치는 경우는 드물다는 것을 알 수 있다. 부부 간의 혹은 연인간의 관계를 위태롭게 하는 것은 오히려 안정적인 애착이 부족하기 때문이다. 이 점을 깨달으면 부부는 건설적인 방법으로 불륜 문제를 해결하고, 애착 형성절차를 시작할 수 있다. 사랑 때문에 문제가 있는 모든 부부와 사람에게는 이런 애착형성 절차가 기다린다.

11

앞을 향해 바라보고

무엇을 바꿀 수 있을까? 유년시절? 아니다. 애착유형?
조건적으로만. 애착유형이 끼치는 영향? 바로 이것이다!

이쯤에서 우리는 우리의 애착유형에 관해, 그리고 이런 유형이 인생의 반려자를 고를 때와 그들과 관계를 맺고 살 때 어떤 영향을 끼치는지에 대해 머릿속에서 그려볼 수 있다. 자기가 안정적으로 애착유형이 발달한 아이였는지 아니면 유년기의 사정 탓에 불안정 애착유형을 지닌 사람이 됐는지 이제 판단할 수 있다. 어쩌면 연인이 보이는 특정한 행동방식을 유년기의 경험을 통해 설명할 수 있다고도 믿는다. 분명 "그런데 이런 것을 아는 것이 무엇에 이로울까? 이것으로 무엇을 할 수 있을까? 지나간 일은 바꿀 수 없잖아. 내가 안정 애착유형의 사람이 아니라는 사실에 체념하지 않아도 될까?"라고 질문을 던질 것이다.

어떤 면에서는 맞는 말이다. 유년기로 되돌아가 무엇인가를 바꿀 수는 없다. 아이였을 때 이미 한 경험을 지울 수도 없고, 좀 더 긍정적인 경험으로 대체할 수도 없다. 어렸을 때 이미 애착유형이 형성되므로 다른 유형으로 바꿀 수도 없다. 이런 상황에서도 체념할 이유는 없다. 우리는 자신의 애착유형과 합의점을 찾을 필요가 없다. 이것은 돌에 새겨진 바꿀 수 없는 운명이 아니다. 유년기의 경험이 현재의 애착 태도에 영향을 미친다고는 해도 영향력의 세기와 특히 효과를 변화시킬 수 있다. 즉 시간을 들여 불안정 애착유형을 훨씬 안정적인 유형으로 돌릴 수 있는 가능성이 있다.

당연히 불안정 애착유형의 사람이 안정적인 사람을 배우자로 만나는 방법이 최고로 좋다. 이런 사람과 함께하면 어렸을 때 허용되지 않던 편안함을 주는 경험을 할 수 있다. 하지만 지금까지 이런 행운을 얻지 못했더라도 혼자서 혹은 사랑하는 사람과 함께 애착 태도와 애착유형을 조금씩 긍정적인 쪽으로 향해 변화시킬 수 있다. 하루아침에 가능한 일은 아니지만 이런 길로 들어서면 오늘 힘들게 했던 어떤 상황이 조금씩 호전되는 것을 곧 알아차릴 것이다.

어떤 변화를 기대할 수 있을까?

자신의 애착유형이 무엇인지를 알고, 이런 유형이 관계가 나빠진 상황에서 어떤 영향을 끼칠지 정확히 알수록 우리는 어떻게 대처해나갈지 더 잘 알 수 있다. 배우자나 친구, 아니면 직장 동료와의 관계에서 자신의 애착 태도 때문에 문제가 일어난다는 사실을 깨달으면 이를 해결하기 위해 자신의 태도를 조절하고, 검토할 수 있다. "내가 하는 반응과 생각, 감정이 이런 상황에 적절한가? 아니면 어렸을 때의 경험이 나를 속이는 걸까?"

예를 하나 들어보자. 남편과 싸움을 벌이면서 단 한 번도 꽃을 받아본 적이 없다며 질책을 한다. 다른 여자들은 적어도 1주일에 한 번씩 꽃다발을 받는다고 비교를 한다. 며칠이 지나고 남편이 꽃다발을 들고 당신 앞에 선다. 하지만 당신은 기쁜 마음이 생기지 않는다. 알록달록한 꽃다발은 남편과의 심한 불화를 일으킨 화근이 됐다. 남편에게 느낀 실망감이 대단히 컸다. 남편은 풀밭에서 꽃을 꺾어 왔는데 그때는 튤립이 한창일 때였다. 하지만 당신은 튤립을 전혀 좋아하지 않는다. 남편을 향해 화를 내며 전혀 자기의 취향을 고려하지도 않고, 아무 생각이 없으며, 길옆에서 꺾은 꽃으로 상황을 그저 빨리 어떻게 무마하려고 했다며 다시 한 번 비난의 화살을 던진다. 마음을 할퀴는 말이 오가고 꽃다발은 결국 쓰레기통에 버려졌다.

이런 상황에서 자신의 애착 형태가 자기의 반응에 영향을 미친다는 것을 생각한다면 분명 약간은 덜 심하게 반응할 것이다. 당신이 불안하게 애착이 형성된 사람이라고 가정해보자. 남편이 잘못된 틀린 꽃을 가져온 것에 대한 실망감은 당신의 내적 작동 모델의 속삭임을 통해 일어난다. 당신의 내면에는 '나는 중요하지 않아. 나는 아무 것도 원하면 안 돼. 나는 흥미로운 사람이 아니야. 나는 싸워야 하고, 사람들이 관심을 갖도록 해야만 해. 나는 아무 것도 선물 받지 못해.'와 같은 관계와 연관된 경험이 저장된 것을 안다. 당신은 이런 확신에 따라 '나를 정말 조금이라도 소중한 사람이라고 여긴다면 제대로 된 꽃집에서 제대로 된 꽃을 사왔을 테지. 나를 정말 사랑한다면 내가 튤립을 좋아하지 않는 걸 알았어야지. 분명히 단순히 양심의 가책만 느꼈을 거야. 아니면 꽃집까지 가는 일이 너무 멀다고 생각했거나.'와 같은 결론을 내린다. 그리고 그런 생각은 대부분 감정적으로 과잉반응을 보이게만 할 뿐이다.

하지만 이때에 자신의 애착유형이 뒤에서 자기를 조정한다는 것을 인식하면 마음을 가라앉힐 수 있다. 어쩌면 '매해 크리스마스트리 아래 원하지도 않은 선물이 놓였을 때 기분이 어땠지? 아빠가 잠들기 전에 책을 읽어준다고 몇 번이나 약속을 해놓고 자주 너무 늦게 집에 왔을 때 어땠지?'와 같이 과거에 비슷한 상황에서 일어난 일이 생각날 수도 있다. 이런 기억은 이미 예전에 '내가 원하는 것은 중요하지 않아'라는 경험을 해야만 한 것을 뜻한다. 유년기의 경험과 튤립 때문에 일어난 일의 관계를 구성할 수 있다면 당신은 '잘못된' 꽃이 당신의 애착유형의 방아쇠를 당긴 것을 알아차릴 것이다. 이제 어른이 됐지만 여전히 당신은 예전의 아이처럼 느끼고, 행동한다.

뒤돌아 생각해 보았을 때에 튤립 사건을 다음과 같이 새롭게 해석할 수 있다고 가정하면 이를 통해 무엇을 바꿀 수 있을까? 분명히 더 긍정적으로 다른 생각과 감정이 생길 것이다. 한 때 그랬던 어린아이의 눈으로 상황을 관찰하지 않고, 이제는 어른의 관점에서 판단하기 때문이다. 당신은 어른의 입장에서 튤립을 들고 온 남편에게 다음과 같이 말할 수 있을 것이다. "당신이 나한테 꽃 선물을 하다니 정말 기뻐요. 그런데 약간 좀 화가 나려고 하는데요. 당신, 내가 튤립 안 좋아하는 거 잊어버렸어요? 그래도 당신이 나를 위해서 이렇게 해 주다니 기뻐요. 고마워요!"

다른 예를 들어보자. 부인이 친구와 외출을 하면서 "11시보다 늦어지면 전화할게요!"라고 약속을 했다. 이제 밤 11시가 되고, 11시 10분이 됐다. 당신은 점점 불안해져서 시계에서 눈을 떼지 못한다. 11시 15분이 되서야 부인의 차가 들어오는 소리가 들린다. 부인이 유쾌한 기분으로 안으로 들어와 당신을 포옹하려고 한다. 하지만 당신은 부인을 거부하고 잔소리를 하기 시작한다. "이제야 집에 오는 거야!" 겨우 15분밖에 늦지 않았다는 말 따위는 듣고 싶지 않다. 머리끝까지 화가 나서 부인과 한 마디도 나누고 싶지 않았다. 그날 밤에 당신은 서재에서 잔다.

이런 상황에서도 애착유형이 상황을 전적으로 이끈다. 부인이 약간 늦었다고 그렇게 화를 내는 일이 정당할까 아니면 다른 무엇인가 뒤에 숨겨져 있는 것일까? 당신이 회피적 애착유형의 사람이라고 가정하면 다음과 같은 관계에 대한 확신이 당신의 내적 작동 모델에 저장돼있다. '내 감정과 욕구 때문에 다른 사람에게 부담을 주어서는 안 돼. 내가 느끼는 불안감은 나 혼자 감당해야 해. 그렇지 않으면 다른 사람이 나를 부담스럽게 여기고, 내가 부당한 요구를 한다고 여길 거야. 친밀감과 관심을 바라는 마음도 있지만 그냥 억눌러야 해. 나는 독립적인 사람으로 지내야해.'

당신은 어쩌면 그날 밤 소파에 누워 잠을 이루지 못한 채 유년기의 상황과 부인이 그날 밤에 늦게 집으로 돌아온 일 사이에 공통점이 있다는 사실을 깨달을지도 모른다. 그러면 "오늘 밤에 내가 느낀 감정은 집에 늦게 온 아내와는 조금도 상관이 없어. 어렸을 때의 나와 관련이 있을 뿐이야."라는 사실이 명확해질 것이다. 아이였을 때 밤에 한도 끝도 없이 부모를 기다린 일이 기억났다. 엄마와 아빠는 자주 외출을 했는데 당신이 아침까지 계속 잘 것이라고 생각했다. 부모의 생각과는 달리 당신은 잠에서 깨어나 너무나 무서워했다. 하지만 부모에게 이런 모습을 한 번도 보이지 않았다. 반대로 다음 날 아침에 쿨한 남자애처럼 행동을 했기 때문에 부모는 아이를 혼자 놔두어도 괜찮다고 확신했다. 당신은 당연히 부모가 당신이 숨긴 모습을 알아차리고 위로해 주기를 바랐다. 하지만 이런 일은 일어나지 않았다. 당신은 회피적 애착유형의 사람으로 성장했다. 부모가 당신의 감정을 공감할 수 없고, 두려움을 알아차리지 못한 것을 고통스럽게 배워야 했기 때문이다. 지금도 여전히 상처받지 않으려고 진짜 감정을 숨기려는 당신을 본다.

이런 사실을 깨닫고는 다음 날 아침에 부인과 화해를 하려고 말을 건넬지도 모른다. "여보, 어제 내가 그렇게 해서 미안해요. 당신이 늦어서 정말 화가 났어요. 그런데 내가 화가 난 게 꼭 그것 때문은 아닌 것 같아요. 사실 저녁 내내 당신이 그립고, 외롭다고 느껴졌거든요. 마치 엄마를 기다리던 소년처럼 여기에 앉아 있었거든요. 내가 진짜 어떤 느낌이었는지 어제 바로 얘기를 하지 못하고 그 대신에 당신을 기분 상하게 했네요. 정말 미안해요."

자신의 애착유형과 이것이 끼치는 영향에 대해 잘 알지 못하면 이런 대화를 하기란 당연히 불가능하다. 자신의 진정한 감정으로 향하는 입구를 아직 찾지 못했기 때문에 감정을 전달할 길이 없기 때문이다. 하지만 애착유형의 영향과 유년기의 어떤 정서적 가르침이 그 뒤에 숨어 있는지 알면 지금 당신을 불안하게 하는 애착 상황을 다른 관점에서 관찰하고 애착유형이 일으킨 첫 번째 반응을 꼼꼼히 살펴볼 수 있다. "내가 지금 현재 상황이 아닌 예전의 경험에 반응을 보이는 것이라고 생각할 수 있을까? 상대방이 정말로 내 자율성을 간섭하려는 것인가? 그 사람은 진짜 나에게 관심이 없는 것일까? 그렇지 않다는 증거도 없지 않나? 지금 여기서 일어나고 있는 이런 장면이 어린 시절을 떠올리게 하나?" 이런 방법으로 자신의 태도를 탐구할 수 있으면 대안적인 설명을 위한 공간을 마련하고 위기 상황을 완화할 수 있다.

소위 '아무런 도움 없이' 이전과 현재 사이를 분명하게 구분하는 일은 불가능하다. 자신의 애착유형을 어느 정도 잘 안다고 해도 나쁜 애착 상황에서 한 걸음 뒤로 물러나 감정적으로, 또 이성적으로 이전의 경험과 현재의 상황 사이에 있는 연관성을 연결하려면 알맞은 '도구'가 필요하다.

어떤 '도구'가 도움이 될까? 다음에 오는 두 장에 걸쳐 두 가지 중요한 도구에 대해 알아보자.

1. 아이의 신호를 올바르게 해석하기

우선 어떤 상황에 처해 어린 시절의 감정이 올라오면 이것을 의식적으로 인식하는 일이 중요하다. 이를 통해 소위 아이와 나의 상태로 들어간다. 이런 상태에 공감하고, 흥분한 아이를 진정시킨다면 당신의 애착유형이 가진 영향력을 많이 줄일 수 있다.

2. 가리개를 열다. 감정을 내보이고, 애착을 강화시키기

불안하게 애착이 형성된 사람은 연인에게 진실한 얼굴과 진짜 감정을 숨긴다. 이것도 유년 시절의 경험에서 원인을 찾을 수 있다. 하지만 용기를 내어 가리개를 열고 사랑하는 사람이 다가오

는 것을 허용하면 관계는 긍정적으로 변할 것이다.

.

12

신호를 올바르게 해석하기

한 관계 상황에서 유년기의 감정이 나타나는 것은 무엇에서 알아볼 수 있을까? 이런 감정에 어떻게 적절하게 반응을 해야 할까? 격앙된 '아이'를 어떻게 진정시킬 수 있을까?

"저는 실제 삶에서는 교수입니다." 아그네스가 말을 꺼낸다. "하지만 다른 삶에서는 무기력한 존재에 지나지 않아요." 아그네스는 이런 '다른' 삶을 거의 매달 두 번의 주말마다 겪는다. 딸과의 주말이 찾아오기 때문이다. 남자친구는 전부인과의 사이에서 태어난 딸에 대해 공동 양육권을 가졌고, 2주마다 한 번씩 딸 릴리와 주말을 보내야 할 의무가 있다. 처음에 아그네스는 이것이 문제가 될 것이라고 전혀 생각하지 않았다. 남자친구가 이렇게 합의한 것에 자신이 상관할 필요가 없었다. 그러다 여섯 살인 릴리를 알게 됐다. 두 사람은 서로 잘 이해를 했고 아그네스는 점점 더 자주, 집중적으로 주말에 시간을 함께 보냈다.

　그러면서 문제가 발생하기 시작했다. "점점 더 견디기 힘들어졌어요. 남자친구가 딸과 주말을 보내는 동안 제가 무시당하고, 외면되는 느낌이었어요. 더 이상 연인으로서 우리 둘 만의 존재가 없었죠. 애인은 딸만 보살피고, 저는 엄마 대행 노릇을 했어요." 남자친구와 둘이서만 보내는 주말에도 이제 점점 더 긴장이 팽팽해졌다. 아그네스는 불만이 쌓여갔고, 자기가 남자친구의 우선순위에서 제일 위에 서지 못한다며 서운해 했다. 아그네스는 남자에게 "당신은 나와 함께 인생을 공유할 준비가 전혀 안됐어. 나는 당신이 지시하는 대로 움직이고, 주는 역할을 그냥 받아들여야만 해. 게다가 게으른 전부인하고 버릇없는 딸까지 돕고 말이야. 거기에 나까지 나서서 돕기를 기대하고 있어. 내가 얼마나 상처받았는지 알아? 당신 옆에 있으면 재투성이가 된 것 같아. 당신은 진짜 이기주의자야. 내가 어떤지는 아무래도 좋다고 생각하잖아."라며 비난했다. 아그네스는 이런 상황이 되면 밑도 끝도 없는 분노("꺼져, 더 이상 보고 싶지 않아")와 때로는 남자친구 앞에 무릎을 꿇고 자기 곁에 있어달라고 빌 정도로 깊은 절망감 사이를 오간다.

　아그네스에게 무슨 일이 있는 것일까? 왜 그렇게 어쩔 줄 몰라 할까? 이런 불안감과 혼란스러운 감정은 어디에서 오는 것일

270

까? 아그네스도 이런 상황이 되면 자기의 본 모습을 알아볼 수 없다. 평소에 그렇게 능력 있고, 확신에 찬 삶을 사는 여성의 모습은 어디에 간 것일까?

아그네스가 지나치게 질투심이 폭발하는 감정의 비상사태를 다음과 같이 설명할 수 있다. 즉 남자친구의 딸에 대한 질투심이 엄습하면 아그네스는 아이의 상태로 돌아간다. 그러고는 자신이 마치 예전처럼 힘없고, 중요하지 않은 존재라고 느낀다. 아그네스는 아이의 자아 상태에 머문다.

지금 겪는 일은 어디에서 올까?

한 사람의 성향을 결정하는 세 가지 자아상태가 존재한다. 교류분석Transactional Analysis의 창안자인 에릭 번Eric Berne은 이것을 부모 자아, 어른 자아, 그리고 아이 자아라고 불렀다. 우리 모두는 세 가지 자아를 모두 가지고 있는데 셋 중 어떤 것이 더 좋거나 더 나쁘다고는 할 수 없다. 이런 세 가지 경험 방식 중 하나가 우리가 어떤 상황에서 무엇을 생각하고, 말하고, 행동할지를 정한다.

부모 자아에는 두 가지 측면이 있다. 비판적인 부모 자아는 평가와 감정을 하며 다른 사람을 훈계하고, 혼내거나 칭찬을 하며, 질서와 원칙을 지키게 신경을 쓴다. 이런 자아상태에 있는 사람은 말할 때 대부분 "~해야지", "~해서는 안 돼", "너는 ~할 수 없어", "~하지 마"와 같은 문장을 사용한다. 이와는 달리 양육적 부모 자아는 보살피는 태도로 임하고, 다른 사람에게 이해심을 보이는 면도 있지만 주변 사람에게 역시 자유를 덜 허용한다. 양육적 태도 혹은 비판적인 태도든 부모 자아의 상태에서 행동하는 사람은 엄마, 아빠 아니면 어린 시절에 권위를 가진 사람을 모방하는 데에서 출발한다. 어른 자아에서는 학습한 가치관과 규칙, 규정, 금지와 계명이 저장돼 있는데 이것은 특히 스트레스가 일어나는 상황에서 다시 기억이 난다. 스트레스를 받으면 아빠에게서나 들어보았던 말("아직 내 돈으로 먹고 사는 동안은 네 마음에 드는 것만 하게 놔둘 수 없어!")이 갑자기 튀어나온 적이 있을 것이다. 아니면 엄마를 연상시키는 무시무시한 목소리 톤으로 말할 때도 있을 것이다.

어른 자아는 감정에 의해서만 끌려 다니지는 않는다. 어른 자아는 전적으로 이성적으로 행동하며, 정보를 모으고, 지식을 쌓고, 관찰하고, 결론을 내린다. 어른 자아는 바로 지금, 이곳에 머물며 감정을 통제한다. 또한 부모 자아나 아이 자아가 일으킨 충동으로 방해받게 그냥 두지 않는다.

아이 자아에는 부모 자아와 마찬가지로 양면적인 성격이 있다. 즉 순응한 아이 자아와 자유분방한 아이 자아가 있다. 자유분방한 아이 자아의 사람은 어른인데도 가끔 아이처럼 굴거나 유치하게 행동할 때가 있다. 충동적으로 너무 양이 많은 아이스크

림을 사거나 놀이공원에서 속이 울렁거릴 때까지 회전그네를 타 거나 일을 끝내야 하는데 소파에 누워 게으름을 피우고 자동차 에서 크게 노래를 부르고 너무 젊게 보일 것 같은 옷을 잔뜩 구 입한다. 자유분방한 아이는 짧게나마 삶의 진지함에서 오는 부 담감을 덜어준다.

이와는 다르게 순응한 아이 자아 상태일 때에는 마음이 편하 지 않다. 이런 상태에서는 자신이 하찮고, 무기력하며, 어떤 결정 도 내리지 못하고 자신을 위로하고, 돌보아 줄 가까운 사람을 고 통스럽게 갈망하며, 자기가 혼자 내버려졌다고 느끼며, 용기를 많이 내지 못한다. 이런 자아상태에 있을 때에는 어떤 상황 혹은 중요한 사람의 행동으로 말미암아 이전의 기억이 떠오르고, 오 래된 감정이 일어난다. 그러면 대부분은 어른 자아 차원을 떠나 아이 자아가 생각과 행동, 느낌을 조종한다.

아이 자아를 인식하기

모든 다른 자아 상태처럼 아이 자아도 평생 우리를 따라다닌 다. 자유분방한 아이 자아는 좋고, 중요하지만 이와는 반대로 순 응적인 아이 자아가 활발해지면 부담스럽다. 이런 자아는 특히 힘든 상황에서 자신을 돌아보지 못하고 일어난 일에 지나치게 감정적으로 반응하고 제대로 인지하지 못하게 하면서 주도권을

움켜쥠으로써 이성적인 어른 자아를 덮어씌운다. 세 가지 자아 상태 중에서 순응적인 아이 자아는 애착태도와 애착유형과 관련해서 중요하다. 순응적인 아이 자아는 우리가 그의 존재에 대해 아무 것도 눈치 채지 못하는 한 우리의 삶에 지속적으로 영향을 미친다. 따라서 이런 자아의 흔적을 밝히는 일이 매우 중요하다. 다음과 같은 '징후'에 주의하면 순응적인 아이 자아를 찾을 수 있다.

아이 자아 상태가 활발해지면 자신이 행동하고, 말하는 것 같지 않다는 느낌이 들 때가 있다. 자신이 온전한 자신이라고 느껴지지 않으며 스스로에 대해 놀라며 자신을 관찰하거나 어쩌면 기가 막힐 수도 있다. '내가 정말 지금 그렇게 말했나? 어디에서 이렇게 나쁜 단어를 배워서 쓰는 거지? 내 목소리가 왜 그렇게 날카롭게 들리지? 다른 사람에게 매달리고, 친근함을 구걸하는 게 정말 나란 말이야? 내가 정말 화가 나서 비싼 꽃병을 벽에 집어 던졌다고? 말을 한 마디도 꺼내지 않은 게 정말 나인가? 왜 그렇게 빨리 울음을 터뜨리고 멈추지 못하는 걸까?' 이런 것이나 이와 비슷한 반응은 아이 자아가 효력을 나타냈다는 표시다. 이럴 때에 어른인, 이성적인 자아는 그 옆에서 무기력하게, 이런 상황에 개입할 힘도 내지 못하고, 극적 효과를 제거하지도 못한 채 그냥 서 있다.

또 다른 징후는 상대방의 반응에서 발견할 수 있다. 상대방은 당신이 보이는 아이 자아의 반응 탓에 부모 자아 상태로 전환되어 엄격한 아빠나 참을성이 없는 엄마가 될 수도 있다. 그러면 "제발 그렇게 처신하지 좀 마!", "그만 정신 좀 차려!", "다시 진정 해!" 아니면 "잘못된 말을 하고 있잖아!"와 같이 경고와 주의를 한다. 아니면 '책임질 능력도 없고', '성숙하지 못하고', '유치하다'는 말로 꾸중을 들을지도 모른다. 혹은 분명하게 "나는 당신 엄마가 아니야. 항상 당신을 돌봐줄 수 없다고." 혹은 "당신은 꼭 떼쓰는 아이처럼 행동해."라고 직설적으로 말할지도 모른다. 이런 말을 들으면 상대방이 지금 당신이 보이는 아이 자아 상태에 반응한 것이라고 생각할 수 있다.

당신의 감정 역시 중요한 표시가 될 수 있다. 감정에 한 번 휘말리면 자신이 멍청하고, 능력이 떨어진다고 느끼며, 앞에 있는 일을 무기력하게 손 놓고 보고만 있고, 방향감각과 버팀목을 잃었다는 느낌이 드나? 이런 감정은 솔직히 어른이 된 당신과는 거의 연관되지 않는다. 그보다는 어렸을 때부터 당신을 괴롭히던 감정이 다시 올라온 것이라고 생각할 수 있다. 갈등 상황에서 매우 목소리가 커지고, 말한다기보다는 소리를 지르거나 논의를 이어가지 못하고 드잡이를 하는 것도 분명히 아이 자아가 당신을 조종하고 있기 때문이다.

그런 의혹이 담긴 '징후' 때문에 '나는 지금 아이 자아 상태에 빠져 있는 것 같아.'라고 의심을 하는 것만으로 이미 많은 것을 얻었다. 이런 인식은 격한 반응을 자제시킴으로써 매우 빠르게 이성을 잃지 않게 하고, 어떤 상황에서 잠깐 멈추어 내면의 어른 자아가 활발해지게 한다. 하지만 대부분은 이렇게 인식하는 것으로만 충분하지는 않다. 아이 자아가 제대로 발동이 걸리면 이를 억제하기 위해 훨씬 많은 일을 해야 한다. 즉 관심을 보이고 진정시키는 일이 필수적이다.

스스로 달래기. 어떻게 해야 할까?

모든 아이는 어렸을 때 마음을 편안하게 해주는 상황을 경험한다. 무서움과 불안정, 고통은 안타깝게도 아이라는 존재를 항상 따라다니기 마련이라 어른 입장에서 당혹스러워하는 아이를 어떻게 다루는지의 방식은 매우 중요하다. 아이의 감정을 진지하게 받아들이나? 관심을 보이고, 도와주나? 아니면 아이의 정신적 괴로움을 모른 척 하거나 이런 감정을 느낄 이유가 전혀 없다고 확신시키려 애쓰는가?

당신의 경우에는 어땠나? 불안정 애착유형의 사람이라면 아이였을 때 무서움을 느껴도 아무도 곁에 없었을 확률이 크다. 불안한 상황에서 충분히 위로를 해주고, 안심을 시키는 사람이 없었을 것이다. 그 결과, 지금까지도 아이 자아가 모습을 드러내면 여전히 무기력하고, 힘들어한다. 안심시킬 수 있는 부모가 지금은 없고, 배우자도 이런 과제를 맡아 처리하는 일에 대부분 부담을 느낀다. 가까운 사람을 통해 자기가 필요한 위로를 다시는 빨리 받지 못한다.

어떻게 해야 할까? 어른이 된 지금 당신 안의 아이 자아가 불안하다는 신호를 보내면 이것은 예전과는 매우 큰 차이가 있다. 이제 당신은 더 이상 다른 사람에게 의존하지 않으며 스스로 '부모'가 될 수 있다. 다시 말해, 당신이 필요한 위로의 말과 버팀목을 자신에게 스스로 제공할 수 있다.

현재의 애착 상황이 유년시절의 유사한 상황에 대한 기억을 떠올리게 하고 이로 말미암아 마음이 불편해지는 아이 자아 상태가 되면 스스로를 달래는 것이 중요한 대응 전략이다. 하지만 어떤 구체적인 방법으로 마음속의 아이를 진정시킬 수 있을까? 우선 다섯 가지 도움이 될 만한 구체적인 질문을 통해 한 때 자신이었던 작은 존재에 대한 이해심과 공감을 발전시킬 수 있다. 또한 지금 당신을 괴롭히는 감정이 현재가 아니라, 과거라는 사실도 확인할 수 있다. 이렇게 시제를 올바로 구분하면 내면에서 일어나는 혼돈도 정리가 된다.

다섯 가지 질문과 연습

아그네스의 사례를 보면 다음에 오는 다섯 가지 목적에 알맞은 질문이 어떻게 압박감을 주는 감정을 풀고, 내면에 존재하는 화가 난 아이를 진정시킬 수 있는 절차를 시작하는지 알 수 있

277

다.

1. 어떤 상황이 위태롭다고 느껴지나? 어떤 상황에 빠질 때에 나는 빨리 아이 자아로 바뀌고 통제력을 잃는가?

아그네스는 대학에서 연구를 하고, 가르치는 일을 좋아한다. 학교일로 문제가 생기는 일은 전혀 없다. 하지만 남자친구의 딸과 보내는 주말이 다가오면 목요일부터 벌써 긴장이 되고, 머릿속이 어수선해진다. 남자친구를 위해 그의 딸이랑 모두 셋이서 주말을 보내야 할까? 자기가 원하던 것은 어떡해야 하나? 누가 자기에게 신경을 쓰지? 아그네스는 "남자친구가 이런 주말에도 최소한 온전히 제 연인 역할을 한다면, 몇 시간이라도 둘 만의 시간을 보낸다면 조금은 좋을 거예요."라고 한다. "하지만 슈퍼대디는 주말 내내 언제나 자기의 공주만 돌봐요!"

아그네스는 어떤 상황이 자기에게 위험한지를 느낀다. "딸과 보내야 하는 주말이 다가오면 벌써 며칠 전부터 저는 기분이 안 좋아져요." 이것은 제때에 자신의 기분에 주의를 기울이고 '위험'이 위협해오는 것을 인지해야 하는 것을 의미한다.

2. 어린 시절에 지금의 상황과 비슷한 일이 있었는지 기억하

나? 과거와 현재의 경험 사이에 비슷한 점이 있나?

아그네스는 남자친구의 딸과 함께 남자친구를 공유해야만 하면 예전에도 지금처럼 비참하게 느낀 상황이 있었는지 곰곰이 생각해보았다. 아그네스는 혼자서 아이를 키웠던 엄마가 외출하고 싶을 때면 이웃집에서 잠을 자야만 한 일을 떠올렸다. 엄마는 애인이 자주 바뀌었고 외출할 때면 항상 예쁘게 치장을 하고, 좋은 향기를 뿜고, 기분이 좋았다. 아그네스는 엄마와 함께 나가고 싶은 마음이 간절했다. 하지만 그 대신에 낯선 남자들이 엄마를 빼앗았다. 엄마는 아그네스를 이해하지 못한다는 반응을 보이고, 딸이 울어서 시간에 맞추어 원하는 대로 빨리 나가지 못해 짜증을 냈다. 아그네스는 '나는 중심이 되지 못하는 딸이야. 완전 반대였지. 그런 나에 비하면 릴리는 너무 잘 지내. 딸의 행복을 소중히 여기는 애정 넘치는 아빠가 있으니까.'라며 고통스러워했다.

예전의 비슷한 애착 상황에 대한 구체적인 기억은 아그네스가 현재의 위태로운 상황을 좀 더 잘 이해하는 데 도움을 준다. "남자친구가 성심성의껏 사랑 가득한 마음으로 딸을 돌보는 것을 바라보고 있으면 그 딸이 얼마나 부러운지 몰라요. 그러면 저도 그렇게 많은 관심과 애정을 받고 싶은 마음이 생겨요. 하지만 이런 모든 것을 바라는 사람은 사실 제 안에 들어 있는 작고, 소홀한 대접을 받았던 소녀예요. 그런 소녀가 훨씬 잘 지내는 다른 소녀를 질투하는 것이죠. 다른 아이는 돌봐주는 아빠가 있거든요. 어렸을 때 제 곁에는 이기주의적인 엄마만 있었는데요." 아그네스의 내면에는 "딸과의 주말이 싫어서 싸움을 하면 내가 지금 아이 자아 상태구나."라는 사실을 알게 됐다.

3. 당시에는 어땠나? 유년기 상황에서 어떤 감정이 일어났을까? 비슷한 점이 있을까? 지금도 이런 상황에 처하면 내가 아직 어리고, 무력했던 그때와 똑같은 감정이 느껴질까?

엄마가 아그네스를 옆집에 '맡기면' 아그네스는 '마음속 깊이 절망감을 느꼈다'고 기억한다. "갈기갈기 찢어지는 고통이었어요." 마음을 가라앉히려면 몇 시간이 걸렸는데 어린아이가 느끼기에는 영원히 끝나지 않을 것 같은 긴 시간이었다. 아그네스는 현재의 남자친구가 딸과 시간을 보내느라 자기가 따돌림을 당한 느낌이 들면 지금도 그 당시와 비슷한 감정이 일어난다. "정말 비슷하게 절망감이 들어요. 끝없이 외롭고, 자신이 소중하지 않다고 느껴지거든요." 딸에게 남자친구를 빼앗길 수도 있다는 두려움은 엄마를 정기적으로 낯선 남자에게 빼앗길지도 모른다고 느꼈던 어린 시절의 무서움처럼 생각만 해도 끔찍했다.

4. 어린아이였을 때 어땠는지 되도록 구체적으로 그려보자. 머릿속으로 아이의 맞은편에 놓인 의자에 앉아보자. 느낌이 어떤가? 제일 하고 싶은 일은 무엇인가? 어떻게 아이를 달랠 수 있을까?

아그네스는 무엇이 보일까? 앞에 있는 의자 위에 마음에 상처를 받아 훌쩍거리며, 팔을 이리저리 휘저어서 아무도 진정시키지 못하는 네 살배기 여자아이가 앉아 있다. 아그네스는 아이를 보자 커다란 고통이 느껴졌고 할 수만 있다면 아이와 함께 울고 싶었다. 그래도 아이는 여전히 마음을 진정시키지 못할 것이다. 아그네스는 슬프고, 흥분한 소녀를 위해 자신이 무엇을 할 수 있을지 생각해야만 한다. 아이는 누가 자기를 안아주기를 원할까? 무슨 말로 아이를 위로해줄 수 있을까? 노래를 부르거나 책을 읽어줄까? 아그네스가 소녀 옆에 같이 앉아 있는 일만으로도 충분할까? 아그네스가 어떤 일을 하더라도 아이는 자기 옆에 아그네스가 있고, 자신의 마음 상태가 어떤지 함께 느끼고 있다는 사실을 깨달아야만 한다.

아그네스는 이전에 버려졌다고 느낄 때가 많던 소녀에 대해 연민을 전함으로써 자신에게도 공감을 할 수 있다. "그런 상황이 이전에 분리불안과 즐기는 데만 심취했던 엄마에 대한 기억을 떠올리기 때문에 너무나 외롭고, 버려졌다고 느껴져요. 하지만 제 남자친구는 저를 혼자 그냥 두지도 않고, 쾌락적이지도 않죠. 그는 책임의식이 강한 아빠예요. 엄마가 이 사람처럼 책임감이 많았다면 좋았겠죠. 엄마가 그렇지 못한 것이 이 남자의 책임은 아니에요."라는 것을 깨달았다. 아그네스는 이렇게 이해를 하자 자신이 필요한 것이 무엇인지 짐작할 수 있다. 음악을 들으면 안정을 찾을 수 있을까? 좋아하는 케이크 한 조각, 산책, 친구와의 통화가 도움이 될까? 아니면 편안함과 안정감을 느낄 수 있는 장소가 있지 않을까? 그 장소를 찾아가거나 머릿속으로 상상을 하면서 그곳으로 여행을 할 수도 있겠지? 그리고 무엇보다 마음속에 있는 질투심 많은 아이를 어떻게 진정시킬 수 있을까? 아그네스에게 좋은 생각이 한 가지 떠올랐다. 현실에 있는 아이인 릴리를 돌봄으로써 자기 속에 있는 아이에게 무엇인가 좋은 일을 할 수 있을 것 같았다. 즉 아빠 없이 "아이와 함께 빵을 구워볼까 해요. 제가 좋아하는 일이거든요. 아이에게 무언가 가르쳐줄 수도 있겠죠."

그 외에도 어른 자아의 수준에서 자신이 아이 자아의 상태에서 느끼는 감정을 남자친구에게 설명할 수도 있다. 이것에 관해서는 이번 장의 두 번째 부분에서 더욱 자세히 알아보자.

5. 어떻게 하면 아이 자아의 관점을 버리고 다시 어른 자아 상태로 돌아올 수 있을까?

아그네스는 어렸을 때부터 자신과 세상, 그리고 자기와 관계한 사람들에 대해 근본적으로 생각을 해보았다. 잊어버린, 오랫동안 자주 반복했던 생각들. 이것은 생각에 불과했다. 이런 생각은 가두고, 부담을 줄 수 있는 확신으로 압축됐다. 아그네스는 '나는 버려질 거야.', '나는 다른 사람들에게 중요하지 않아.', '나는 밀려났어.'와 같은 생각을 내면화했다. 아그네스는 이런 익숙해진 방법으로 현재의 상황을 해석함으로써 아이 자아 상태에 빠진다. 아이 자아의 상태에서 벗어나 어른 자아의 차원으로 돌아오고자 하면 아그네스는 자신의 생각을 적극적으로 살펴보고 의문을 가져야만 한다.

아그네스가 예전에 엄마 때문에 해야만 한 경험에 의해 자신이 다른 사람에게 별 의미가 되지 못하고, 다른 사람이 더 중요하다고 확신하는 한 이런 생각에 맞추어 행동을 할 것이다. 하지만 이런 확신이 과연 옳은지 혹은 틀린지에 대해 질문을 던지는 순간 곧바로 상황을 다른 시점으로 바라볼 수 있다는 것을 분명 알게 될 것이다. '남자친구가 나를 중요하게 생각하지 않을까 봐 두려워할 이유가 있나? 그렇지 않다는 증거가 무엇이 있을까? 그는 나를 실제로 어떻게 대하지? 이해심을 갖고 대하나? 내가 원하는 것이 무엇인지 신경을 쓰나?' 아그네스가 구한 답은 지금껏 해왔던 가정에 상반되며 스스로를 달래는 데 중요한 역할을 한다.

이런 다섯 가지 질문은 일종의 탐정일이라고 할 수 있다. 우리는 질문을 통해 언제 '아이 자아'가 활동을 하며 과거의 경험에서 나온 감정과 행동이 조종되는지 알아낼 수 있다. 또한 예전의 애착과 관련된 경험과 오늘날의 태도 사이에 놓인 연관성을 깨달을 수도 있다. 이런 질문의 도움으로 왜 자신에게 가장 중요한 애착대상을 가끔 너무나 '비이성적으로' 대하는지, 비난이나 오락가락하는 기분의 뒷면에 어떤 상처와 실망, 정신적 고통이 숨어 있는지, 특정한 상황에서 어떤 두려움이 활성화되는지에 대해 더욱 많이 이해할 수 있다. 당신은 '위험한 상황을 제 때에 파악해서 예전의 아이가 지금의 당신에게 너무 필요 이상으로 많은 영향을 끼치지 않게 제지할 수 있다.

나중에 당신 안에 있는 아이 자아가 다시 나타났을 때에 더욱 의식적으로 이것을 지각하고 싶으면 굉장히 흥미로운 여행길에 오를 것이다. 좁은 보폭으로 날마다 연습을 하고, 후퇴도 있는 여행길이다. 이런 여행에 은근과 끈기가 빠져서는 안 된다. 이런 도전을 받아들이면 예전의 아이였던 당신에게 공감을 하고, 이해심을 높이는 것뿐 아니라, 비판적인 관계 상황에서 오래 청산하지 못한 짐을 상대로 싸워야만 하는 어른 자아도 발달한다.

13

가리개를 열다.
감정을 내보이고,
애착을 강화시키기

불안하게 애착이 형성된 사람은 상처 입을까 봐 두려운 나머지 다른 사람 앞에서 진짜 감정을 숨긴다. 하지만 마음을 열면 자기가 갈망해오던 관계를 찾을 수 있다.

"당신한테 꼭 해야 할 얘기가 있어 …", "오늘 나한테 무슨 일이 있었는지 믿지 못할 거야…", "내 입장이었으면 어떻게 했을 것 같아?", "너무 슬픈 데 이유를 모르겠어." 누구나 이런 것이 어떤 느낌인지 경험으로 알 것이다. 직장에서 거둔 성공으로 기쁘던 아니면 친구가 심할 정도로 괴롭히던 혹은 의사의 소견서 때문에 무섭거나 끔찍할 정도로 스트레스를 많이 받은 하루를 보내고 난 날이나 인생의 의미가 무엇인지 의심이 돼서 우울해졌는지 등 아무래도 상관이 없다. 우리는 우리를 움직이는 것을 한 사람과 함께 공유하고 싶어 한다. 즉 어떤 불특정한 사람이 아닌 우리 곁에 가까이 있고, 우리가 하는 말에 귀를 기울이고, 우리에게 관심을 주는 사람과 함께 나누고 싶어 한다. 가까운 사람이 우리 곁에 서 있으면 인생의 장애물을 쉽게 넘을 수 있다.

하지만 모든 사람이 다른 사람에게 마음을 열고 자신의 걱정과 괴로움을 이야기하는 것을 간단하게 생각하는 것은 아니다. 당연하겠지만 특히 불안-회피적 애착유형의 사람에게는 다른 사람을 자신에게 가깝게 끌어당기는 일이 무척이나 어렵다. 이들은 매우 이른 시기에 자신의 욕구를 보이거나 아예 뚜렷하게 드러내서는 안 된다고 배웠다. 이렇게 했다가 거부당하고, 굴욕을 받고, 내팽개쳐지는 것을 예상해야 했기 때문이다. 그래서 어른이 된 지금도 역시 친한 관계를 의심하는 경향이 있고, 차라리 자기 혼자 모든 짐을 지고, 별로 기분이 좋지 않으면 뒤로 빠지고, 도움도 요청하지 않는다. 불안하게 애착이 형성된 사람은 '갑옷'을 입고 다니는 경우가 많은데 그 뒤에는 '달갑지 않은' 감정이 숨어 있다. 자신이 약하고, 의존적이고, 겁이 많고, 불안하며, 작다고 느끼는 것을 아무도 눈치 채서는 안 된다. 두려움 때문에 자신의 진솔한 감정과 욕구를 표현하지 못하다 보니 부모에게 의존하고 혼자 내버려졌던 아이였을 때 겪은 비슷한 일을 다시 경험한다. 이런 사람은 그 당시에 의존이 나쁜 것이라고 배워서 지금도 그렇게 확신한다. 불안정 애착유형의 사람은 도움이 절박하게 필요해도 그런 심정을 다른 사람 앞에서, 그리고 스스로에게도 숨길 때가 많다.

진정한 감정이란 무엇인가?

불안정 애착유형의 사람은 분명 진짜로 느끼는 감정과 욕구를 꼭꼭 숨긴다. 이미 어렸을 때 받은 마음의 상처 때문에 자신을 보호하려고 걸친 갑옷의 단추를 단단히 채운다. 이런 사람은 갑옷을 입는 일이 익숙하고, 편하게 느껴진다. 갑옷이 없으면 무방비 상태로 다른 사람 손에 맡겨지고, 공격을 당할 수 있다는 생각에 불안해한다. 한 편으로는 자신을 보호하려는 욕구가 강하지만 다른 한 편으로는 동시에 다른 사람이 자신의 갑옷을 뚫고 자신이 무엇을 필요로 하고, 갈구하는지 알아주기를 기대한다. 하지만 안타깝게도 이런 희망이 실현되거나 이루어지기란 극히 드물다. 그토록 공감할 줄 아는 능력을 갖춘 사람은 매우 적다.

그럼에도 다른 사람이 자기를 봐주고, 자기 이야기에 귀를 기울일 수 있게 간접적으로 이를 알리려고 시도한다. 즉 곁에서 보기에 이성적인 논의나 비판에 자신의 욕구와 희망사항을 담아 포장한다. 예를 들어, 집안일과 아이 돌보는 일에 소홀하다고 다른 사람에게 불만을 표명한다. 배우자가 회사일이나 친구와의 만남으로 너무 많은 시간을 보낸다고 화를 내며 반응을 보인다. 남편의 믿음직스럽지 못한 태도를 비판한다. 다른 사람이 자신의 이야기를 귀담아 듣지 않는다고 질책한다. 주변과의 친목을 돈독하게 다지려면 매번 자신이 나서서 계획을 세워야 한다고 불평을 한다. 연로하신 부모님과 걸핏하면 전화통화 하는 것을 그만 두라고 요구한다.

이들이 이런 불평을 정당하다고 생각하고, 이렇게 해야만 하는 이유에 납득할만한 근거가 있다고는 하지만 사실 그 뒤에 숨어 있는 동기는 다를 때가 많다. 불안한 사람은 많은 경우에 이런 방식을 통해 주의의 관심을 받고 싶은 마음을 숨긴다. '당신이 필요해! 나한테 신경 좀 써 줘!'라고 솔직하게 말을 할 수 없기 때문이다. 어떻게 관계가 작동하는지를 말해주는 이들의 관계 모델은 상처받지 않게 보호를 하느라 너무 마음을 활짝 열고, 다른 사람을 너무 많이 믿지 말라고 경고한다. 하지만 이것은 좋은 조언이 아니다. 비난과 반박, 비판 뒤에 숨은 소망은 정작 실현되지 않기 때문이다. 배우자는 당신이 무엇을 원하는지 제대로 파악을 하지 못한다. 그 대신에 분위기가 나빠지기 시작하다가 싸움으로 번지고, 갈등으로 치닫는 경우가 드물지 않다. 당신이 보내는 애착 신호가 그대로 인식되지 못하기 때문에 상황이 부정적으로 전개되는 것은 당연한지도 모른다. 당신의 비난과 불평, 격렬한 비판 뒤에 당신의 진정한 감정과 소망이 숨겨져 있는 것을 알아볼 수 없기 때문에 배우자를 잘못된 길로 이끌 뿐이다. 상대방은 자신이 인지한 것에 따라서만 반응을 할 수 있다. 바로 '포장된 것'에 따라. 하지만 이렇게 하다 보면 건설적이지 못한 악순환만 반복된다.

그 결과, 당신은 배우자에 대해 점점 더 많이 실망하고, 배우자의 고집스러움과 부족한 교감 능력, 이기주의, 냉랭함에 절망한다. 점차 배우자가 스트레스의 원천으로, 더 나아가 적으로까지 생각된다. 심한 경우에는 헤어져야겠다는 생각까지 떠오른다. 한도 없이 끔찍함을 당하고 사느니 차라리 끔찍하게 끝내는 편이 나을 것이라고 믿는다. 하지만 그렇게까지 멀리 갈 필요가 없다. 관계가 이렇게 나쁘게 치닫는 일을 중단할 수 있기 때문이다. 불안-회피 애착유형이 형성된 사람이라도 소중하게 생각되는 사람을 더 많이 신뢰할 수 있는 법을 배울 수 있다. 하지만 이렇게 하려면 더 이상 진정한 감정을 숨기지 않겠다는 마음의 자세를 갖추어야 한다. 그래야만 좀 더 안정적으로 애착을 이룰 수 있다.

숨바꼭질을 하는 대신 자기를 보여주기

안정적으로 애착이 형성된 사람은 앞의 4장에서 이미 살펴보았듯이 안전그물이나 이중으로 안전장치가 된 바닥없이 자신에 대해 솔직하게 말할 수 있는 중요한 능력이 있다. 이런 사람은 배우자에게 자신의 감정을 '포장하지 않고' 털어놓는 일을 힘들어하지 않는다. 기쁨이나 행복은 물론 두려움, 마음의 언짢음, 실망, 슬픔에 관해 전부 말한다. 안정적인 사람은 상대방이 자신의 진정함과 솔직함을 중요하게 평가하는 것을 경험하고, 이렇게 감정을 보여도 이것으로 자신을 공격하지 않을 것이라는 것을 전제한다. 이렇게 자신을 있는 그대로 표현할 줄 아는 능력은 서로를 진심으로 대하는 일을 가능하게 하고 관계를 성공적으로 완성시키기 위한 본질적 전제조건이다.

안정적으로 애착이 형성된 사람은 마음을 여는 방법을 배울 필요가 없지만 불안정 애착유형의 사람은 배워야만 한다. 그런데 이들이 생각하기에 이보다 더 힘든 일은 없다. 불안한 사람이 간단히 '이제 내가 실제로 느끼고, 생각하고, 원하는 것을 말하겠어.'라고 결심하기란 쉽지 않다. 이렇게 솔직하게 자신의 생각과 감정을 알림으로써 유년기에 나쁜 경험을 했기 때문이다. 아이였을 때 사람들은 이것을 이해하지 못하거나 무시하고, 어른들은 아이가 느낀 것이 틀리고, 나약하고, 어리석다고 비판했다. 따라서 이들에게는 '갑옷'으로 무장을 하고, 다른 사람 앞에서 속마음을 숨길 그럴 만한 이유가 존재했다. 불안한 사람은 지금에 와서 이런 갑옷을 갑자기 하루 사이에 벗어던질 수 없다. 이제는 자신의 진정한 감정이 무엇인지 스스로도 알지 못할 때가 많다는 사실에 더욱 곤란할 때가 생긴다. 감정을 포장하고, 숨기는 데에 능숙해질수록 자신이 무엇을 원하는지를 알 수 있는 출구에 다다르는 일이 점점 힘들어진다. 따라서 '숨바꼭질을 하는 대신에 자기를 보여주기' 프로젝트는 조심스러운 준비과정이 필요하다.

다음에서 소개하는 정서중심치료(Emotinally Focused Theraphy,

EFT)방법은 많은 심리학자들이 고안한 치료방식에서 기인한다. 궁극적으로 부부 간에 사라진 정서적 유대감을 회복시키고자 하는 것을 목표로 따르기 때문에 큰 도움이 된다. 심리학자이자 치료연구자인 레슬리 S.그린버그와 동료인 수전 M. 존슨Susan M. Johnson이 정서중심치료의 개발자다. 최근에는 두 명의 심리학자가 쓴 기본적인 저서 외에도 정서중심치료 방식의 효과를 입증하는 수많은 저서가 출간됐다.

한 걸음, 한 걸음. 갑옷을 내려놓기

정서중심치료는 어떤 이유에서인지 감정적으로 서로 멀어지거나 친밀함이 아예 없던 부부에게 효과적인 해결책을 선보이는 애착의 과정을 발전시켰다. 치료가 끝날 무렵에는 더 이상 갑옷을 입지 않고 진정한 감정을 더 이상 서로 숨기지 않아도 되는 것을 목표로 삼는다.

막스와 마리아를 예로 들어보자. 마리아가 처음에는 막스에게 굉장히 자존감이 강하고, 자립적인 여성으로 보였는데 관계가 계속될수록 점점 더 많이 불만족을 느끼고, 의존적으로 바뀐 것 때문에 참기 괴로운 관계가 됐다. 서로 비난을 퍼붓고, 싸움을 일으키는 일이 이제 일상이 되고 말았다. 마리아는 막스를 이해할 수 없다. 반대로 막스는 마리아에게 실망했다. 걸핏하면 싸우는 일에 마음이 아팠다. 처음 사랑에 빠졌을 때 보았던 마리아의 모습을 다시 보면 좋겠다고 바랐다. 추격자와 도망자의 전형적인 조합으로 이루어진 두 사람이 어떻게 다시 서로를 찾고, 새롭고, 이전보다 더 안정적인 기반을 완성할 수 있을까?

마리아와 막스와 이런 애착의 과정을 차근차근 함께 가면서 당신과 관계(현재 혹은 때에 따라서는 지난 관계)에 어떤 공통사항이 있는지 생각해 보자. 이때 자신을 돌아볼 수 있는 질문이 도움이 된다.

전적으로 우리 이야기에요!

첫 단계에서는 마리아와 막스가 자꾸만 말려드는 전형적인 악순환에 대해 알아보는 일이 중요하다. 보통 싸움은 어떻게 진행 돼나? 막스는 마리아를 어떻게 경험할까? 이런 패턴은 대부분 다음과 같이 전개된다. 막스가 저녁에 집에 들어오면 마리아의 기분이 안 좋을 때가 많다. 말을 해도 전부 한 마디로 끝내고 많이 이야기도 하지 않는다. 막스가 인사로 입을 맞추려면 마리아는 피한다. 그러면 막스는 벌써 무엇인가 문제가 있다는 것을 눈치 챈다. 실제로 얼마 지나지 않아 비난이 시작된다. "그래, 오늘도 성공적인 하루를 보냈어요? 중간에 왜 전화 안 했어요? 당연히 나는 잊었겠지. 당신은 일 밖에 관심이 없잖아요. 내가 아니라, 일하고 사랑에 빠졌잖아. 더 이상은 못참겠어. 나한테는 눈곱만치도 관심이 없잖아요." 막스는 마리아가 틀렸다며 자기를 정당화하고 마리아에게 역으로 비난의 말을 돌려준다. "당신은 정말 너무 힘들어. 진짜 이기적이라고. 내가 똑바로 하는 게 하나라도 있는 거야? 늘 똑같아. 당신은 나를 사랑에 빠지게 한 그 여성이 더 이상 아니야. 늘 화가 나 있고, 내가 집에 오면 기뻐하지도 않아. 내가 사무실에 더 오래 있으려고 하는 게 이상하지도 않지. 그곳에서는 최소한 평화로우니까." 비난과 역비난의 악순환이 계속된다.

- 마리아는 화를 내고 더 많은 관심을 받기를 원한다. 막스는 뒤로 물러난다.

- 마리아는 막스를 비난한다. 막스는 마리아를 비난한다.

- 마리아는 점점 더 절망하고 막스는 점점 더 뒤로 물러난다.

- 마리아는 점점 더 들이대고, 막스는 점점 냉랭해지고, 무관심해진다.

고찰의 질문

이런 악순환이 낯익은가? 당신의 관계에서도 이런 갈등의 유형이 보이나? 사소한 것 때문에 갈등이 심각하게 전개되고, 두 사람 중 누군가가 지쳐서 포기하거나 상처를 받아 자리를 떠야만 싸움이 끝나나?

당신과 배우자는 핑퐁 게임을 하나? 비난은 역비난을 부르고, 이것은 다시 계속된 비난을 유발하는 식으로 계속해서 그렇게 진행되나?

나는 지금 실제로는 이런 상태라고!
2차 감정을 포기하는 법 배우기

마리아와 막스는 감정의 문제에 있어서 뛰어난 '포장 예술가'다. 두 명 모두 현재 관계에서 상대방에게 솔직하게 터놓고 자신의 감정을 보일 수 있다고 충분히 확신하지 못한다.

수전 M. 존슨은 《날 꼬옥 안아줘요Hold me tight, 박성덕 옮김. 2010년 09월 15일 이너북스 출판사》에서 "우리가 우리의 관계에서 확실함을 느끼지 못하고 상대방이 관계 속으로 자기를 허용하지 않을 때에 자기를 보호할 수 있는 방법이 두 가지 있습니다."라고 설명한다. "한 가지 방법은 감정을 마비시켜서 아예 처음부터 긴밀한 교류를 허용하지 않는 것입니다. 마음의 문을 닫고 애착에 대한 욕구를 부인하는 것이지요. 다른 방법은 우리에게 있는 두려움에 귀를 기울이고, 배우자의 인정과 소통적 반응을 얻으려고 싸우는 것입니다." 막스는 두 가지 가운데 첫 번째 방법을 선택하고 자신의 감정을 냉랭함과 거부라는 장벽 뒤에 숨겼다. 마리아가 택한 것은 두 번째 방법이다. 즉 싸우는 것이다. 하지만 두 사람은 두 방법 중 어떤 것으로도 목표에 이르지 못한다. 애착의 욕구를 부인하는 것과 싸우고, 고집을 부리는 일은 무엇이 진짜 문제인지를 숨기기 때문이다.

애정관계에서 실현되지 못한 애착에 대한 욕구가 있으며 연인이 서로 2차 감정만을 표출할 때가 많다. 레슬리 그린버그와 론다 골드먼은 2차 감정이 '방어를 한다'고 설명한다. "예로, 상처를 입으면 화가 날 수 있습니다. 사실 분노의 감정을 느끼거나 두려움, 죄책감이 들지만 울 수도 있습니다. 화가 나기 때문이죠." 2차 감정은 진실한, 1차 감정을 감춘다. 1차 감정이란 어떤 상황에서 처음 우리가 보이는 감정을 가리킨다. 즉 우리는 위협에 무서움으로 반응하고, 상실에 슬퍼하며, 선물을 받으면 기뻐한다.

마리아가 보이는 2차 감정은 분노와 공격성이다. 마리아는 막스에게 무기력하고, 분노하고, 공격적인 모습을 보이고, 소리를 지르고, 통제력을 잃는다. 1차 감정을 보일 용기는 없다. 이것은 꽁꽁 싸매어 두었다. 포장을 풀면 완전히 다른 감정이 나타날 것이다. 외로움이나 버림받음, 부끄러움, 무가치함, 다가가기 힘듦

297

과 같은 감정이 껍질 속에 감추어져 있다. 막스는 이런 모든 감정을 인식하지 못한다. 다만 마리아가 분노하는 모습만 볼 뿐이다. 막스는 마리아의 이런 분노에 반응을 하고, 마리아는 그로 말미암아 그토록 갈구하는 위안을 얻지 못한다. 그린버그와 골드먼은 "상처와 고통이라는 깊은 감정을 덮고 있는 부수적인 분노만 표출하는 사람은 화난 상태로 그대로 있으며, 안정을 찾지 못하기 때문입니다."라고 한다.

막스의 태도 역시 크게 다르지 않다. 마리아가 그의 감정의 뒷면을 들여다보면 냉랭함과 공격성 뒤에 완전히 다른 감정이 숨겨져 있는 것을 발견할 것이다. 어쩌면 막스는 실망과 슬픔, 절망과 싸우고 있는지도 모른다. 그는 돌보는 사람 역할을 그만둘 수 있기를 너무나도 원했다. 그는 자기와 동등한 위치의 여성을 만나기를 바랐고, 항상 남보다 강한 사람 역할을 하기 싫었다. 하지만 이 모든 것을 마리아에게 표현하지 않았다. 막스 역시 마리아와의 갈등으로 분출된 예전에 알던 1차 감정을 억누른다. 또한 자신을 보호하기 위해 차갑게, 아무런 감정의 표현도 없는 반응을 보이고, 마음을 닫는다. 그는 예전에 엄마에게 했던 것과 똑같은 방식으로 마리아에게 반응한다.

2차 감정은 진정한 감정을 덮고, 실제로 대면하는 것을 막는다. 확실하고, 믿을 수 있고, 가까운 애착은 2차 감정만을 보여주는 두 사람 사이에서 형성되지 못한다. 반대로 2차 감정은 갈등을 부추길 뿐이다.

2차 감정은 싸움으로 이어진다

두 사람이 자신의 진정한 감정을 자신과 연인에게 숨기면 미국의 심리학자이자 부부치료사인 존 고트먼John Gottman이 말한 '요한계시록의 네 기사'가 등장할 수 있다. 네 기사는 부부관계를 심각하게 압박하고, 이혼 위험성을 높인다. 기사가 돌아다니면 부부 간의 의사소통은 애정으로 가득한 것과는 거리가 멀고 서로에게 상처를 입힐 수 있다.

네 명의 기사 중 가장 먼저 오는 것은 상처를 주는 비판이다. 죄책감과 비난("당신이 좀 더 잘 보살폈다면 내가 더 이상은 안 아프겠지") 혹은 배우자를 경시하는("내 얘기에 귀를 더 잘 기울였다면 내일 수리업자가 오는 걸 알았겠죠. 하지만 당신은 당신한테만 관심이 있어!") 말이 해당한다. 갈등 상황에 처하면 '당신은 -' 이라는 문장이 귀를 따갑게 울린다. "당신이 이걸 했잖아 …", "이게 이렇게 된 건 당신 잘못이야 …", "당신은 이기적이야."

계시록의 두 번째 기사는 거부다. 다른 사람이 하는 말에는 관심을 두지 않고 자신의 입장을 지키고 정당화한다. 갈등의 원인이 자기에도 있다는 것을 보지 못한다. "당신이 우리 엄마한테 좀 더 예의 바르게 했으면 아이들을 확실히 더 자주 맡아주셨을 거야.", "말도 안 돼. 당신 어머니가 제발 나한테 좀 맞추셔야 되는 거 아니야. 어머니는 매너가 없으셔!"

세 번째 기사는 배우자를 경시하거나 과소평가하는 것이다.

299

"당신이 당연히 항상 옳겠지. 우리 둘 중에서 당신이 똑똑한 사람이니까."와 같이 냉소적으로 한 마디를 던지거나 "당신이 아이들한테 좋은 엄마라고!? 허, 오늘 너무 과장하는 거 아니야."라고 전혀 존중이 느껴지지 않는 말들이 여기에 속한다. 존 고트먼은 네 번째 기사를 특히 남자에게서 많이 관찰할 수 있었다. 갈등의 골이 깊어 가면 남자는 대화를 나누는 일에서 물러나 담장을 쌓고 침묵하거나 자리를 피한다.

.막스와 마리아는 이런 계시록의 기사를 너무나 잘 안다. 심하게 싸울 때면 대부분 네 명의 기사가 한꺼번에 모인다. 마리아는 막스가 스스로를 변호하며 더 이상 어떻게 할지 모르면 자기에게 잘못을 떠밀고, 종종 냉소적으로 굴거나 집에서 나와 로드 자전거를 타고 몇 시간을 돌아다니면서 자기와 담을 쌓는다고 비난을 퍼붓는다.

네 기사가 부부관계에 일단 한 번 들어오면 작은 것이 원인이래도 즉시 클린치(권투에서 상대방의 공격을 피하기 위해 껴안는 일-역주)로 발전하기 충분하다. 부부는 관심이나 이해심을 갖고 상대방에게 반응을 보이는 대신에 작은 갈등에서 둘이 갈라설 이유까지 만드는 태도로 행동한다. 그러다가 둘 중 한 사람이 "그만 이혼해요. 당신이 집에서 나가요." 아니면 "새로 살 집을 찾아봐야지. 더 이상 당신을 견딜 수 없어."라는 말로 위협을 한다.

이렇게 격렬하고, 영화에서나 나올 만한 장면 뒤에는 대부분 애착에 관한 욕구의 좌절이 숨겨져 있다고 유추할 수 있다. 한 명은 관심과 친밀함을 원하는데, 다른 한 명은 뒤로 물러나거나 비난으로 대꾸한다. 이런 반응은 심리적으로, 심리학적으로 높은 스트레스를 준다. 하지만 스트레스를 받는 상태에서는 관계 능력이 저하되고, 부부 관계가 점점 문제적으로 흐르는 경우가 많다. 즉 비난과 역비난이 연달아 이어지고, 스트레스가 꾸준히 증가한다. 부부는 시간이 지나면서 '안전한 항구'로서의 의미를 잃는 대신에 점점 스트레스의 원천이 되거나 심지어 적으로 인식하기까지 한다. 이로 말미암아 또 다른 갈등이 일어난다. 이런 일이 반복되면 부부는 언젠가 헤어지는 일을 편의로 혹은 아예 정답으로 생각한다.

우리 말 좀 해!

계시록의 네 기사가 날뛰는 것을 막을 수 있는 것은 단지 상대방과 그의 생각에 정말 관심을 갖는 일뿐이다. 정서중심치료 전문가인 베로니카 칼로스-릴리Veronica Kallos-Lilly와 제니퍼 피츠제럴드Jennifer Fitzgerald는 이런 맥락에서 'LOVE 대화'를 제안한다. 이런 대화는 부부에게 일종의 프레임을 주어 이들의 대화가 경로를 이탈하지 않도록 잡아준다. 두 사람은 'LOVE'가 구체적으로 무엇을 뜻하는지를 안내서에서 소개한다. LOVE 대화에 따라 서로 소통을 하는 방법은 다음과 같다.

- Listen with an(귀담아 듣기)

- Open heart and mind.(열린 마음으로, 선입견 없이)

- Validate and acknowledge each other(인정하고 배우자가 말하는 것을 수용하기)

- Express our thoughts softly, simply, and slowly(자신의 생각과 감정을 간단하고, 편안한 말로, 그리고 부드러운 목소리로 전한다)

귀담아 듣는 것은 너무 빨리 말을 꺼내지 않고, 다른 사람의 말을 가로막지 않고, 비판하지 않고, 통제하지 않는 것을 의미한다.

열린 마음이란 다른 사람의 이야기를 편견 없이 귀담아 듣는 것을 말한다. 마치 낯선 사람이나 거리가 먼 아는 사람이 하는 이야기처럼. 이렇게 하면 너무 성급히 판단내리는 일을 막을 수 있다.

인정하는 것은 다른 사람의 말에 즉각 반응하지 않는 것을 뜻한다. 즉 시간을 들여 다른 사람의 생각이나 요구가 적절한지 고심하는 것을 의미한다.

자신의 생각과 감정을 표현하는 것은 다른 사람에게 자신의 감정과 생각, 소원과 꿈을 솔직하게 털어놓고, 자신의 '관심사'를 알리는 것을 뜻한다. 그렇게 하기 위해서 먼저 가리개를 열 용기가 필요하다.

가리개 열기

"감정은 부부 사이를 단단히 이어주기도 하지만 갈라놓기도 합니다." 정서중심치료사인 그린버그와 골드먼의 말이다. 사이가 멀어지는 것을 막으려면 1차 감정을 열어 보여주고, 서로 진정으로 원하는 것이 무엇인지와 실제 감정이 어떤지 알리는 일이 매우 중요하다. 이것을 해낸다면 서로 사랑하는 사람은 더 이상 애착에 대한 욕구를 포장하지 않고 다른 사람에게 그대로 보일 수 있다.

이런 단계를 시작하는 일은 쉽지 않다. 지난 시절 내내 1차 감정을 항상 숨겨왔기 때문이다. 이런 감정으로 향하는 통로가 가로막혀 있을 수도 있다. 때로는 전문가의 도움이 필요하겠지만 약간 인내심을 가지면 전문가 없이 스스로도 해낼 수 있는 단계다.

시간이 흐르면서 마리아가 불안한 마음에 막스를 공격한다는 것을 깨닫는다고 가정해 보자. 자기가 막스에게 중요한 존재가 아닐 것이라는 불안감. 충분히 사랑받을 자격이 없을 것이라는 두려움. 엄마가 자신을 떠난 것처럼 막스도 자기를 버릴 수 있다는 무서움. 다시 혼자 외로움에 빠질 것이라는 공포. 자신의 불안감을 인정하고, 더 이상 이것을 부인하지 않아도 될 때에 마리아는 다음 단계에서 막스와 함께 이런 불안감에 대해 이야기를 할 수 있다. 이것을 해내면 지금까지 막스와 나누었던 대화와 커다란 차이가 생긴 것을 느낄 것이다. 이제는 막스를 공격하거나 비난을 퍼붓지 않아도 된다. 질책에 가득한 '당신은 말이야' 라고 문장을 시작하지 않아도 된다. 이런 말보다는 "당신을 잃게 될까 봐 무서워. 내가 당신에게 충분한 사람이 아닐까 봐 겁이 나."와 같이 자신에 대한 이야기를 꺼낼 것이다.

막스는 마리아의 이런 고백에 어떻게 반응할까? 거꾸로 마리아를 비난할까? 분명 아닐 것이다. 그는 우선은 고개가 갸우뚱해지면서 어색한 느낌을 받을 것이다. 하지만 마리아가 이렇게 말하는 태도가 진지하다는 것을 깨닫고 다가갈 수 있다. 막스도 동시에 원래 있던 감정을 그대로 전달하고, 어디에서 이런 감정이 생기는지, 마리아의 행동이 자신의 태도와 어떻게 연관되는지를 설명할 용기를 가져야 한다. 자신의 냉랭함과 거부도 마찬가지로 두려움과 관련됐다고 마리아에게 말할 수 있다면, 어린 시절에 엄마가 그랬던 것처럼 마리아가 자기에게 완전히 몰입할까 봐, 자신만의 것을 갖지 못할까 봐, 마리아의 인생을 위해 자신의 인생을 희생해야 할까 봐 두려움이 있다고 말한다면 마리아는 막스가 보여주는 새로운 열린 마음을 향해 반응을 할 수 있다. 이런 과정을 거친 후에는 두 사람이 그토록 갈망했던 대화도 이룰 수 있을 것이다. 둘은 서로를 진정으로 움직일 수 있는 것에 대해 함께 말할 수 있다. 서로에게 마음을 열 용기를 내면 "당신은 나를 사랑하지 않아.", "당신은 공격적이야.", "당신은 나를 실망시켰어."와 같이 각각 상대방에게 특정한 감정과 의도 혹은 행동 방식의 책임을 전가하는 위험은 없을 것이다.

막스와 마리아는 서로 마음을 보여줌으로써 상대방의 행동 뒤에 실제로 무엇이 숨겨져 있는지를 점차 더 잘 깨닫게 된다. 두 사람은 서로에게 확신을 주는 애착에 대한 희망을 만들어 갈 때에 싸움이 알맞은 방법이 아니라는 것을 이해한다. 이해와 타협을 통해 믿음이 커지고, 자신을 상대방에게 보일 용기가 생긴다.

막스가 마리아에게 "당신이 그렇게 비난을 하면 정말 마음이 아파. 그런 말을 들으면 내 속에 무엇인가가 얼어붙는 것 같아. 난 그냥 멍해진다고."라고 말하면 마리아가 '속마음을 드러내게' 이끌 수 있다. "나는 당신이 그렇게 상처 입을 줄 전혀 몰랐어. 내가 볼 때 당신은 항상 냉정하고, 제어를 잘 하고, 그래, 아무래도 상관없다는 듯 보이거든. 그러면 당신은 내가 없어도 되는구나, 라는 생각이 들고. 마음 속 깊이 얼마나 외로운지 몰라. 더 이상 우리는 없구나, 라고 확신이 들고 그런 상황에서 어쩔 줄 모르겠어."

- 당신은 계시록에 나오는 '네 기사'를 알고 있나? 네 기사가 당신과 배우자 사이의 갈등 상황에서 대화의 흐름을 정하나?

- 당신 혹은 당신의 배우자는 상대방의 행동을 해석하는 경향이 있고, 서로 나쁜 성향 탓을 하며, 서로를 경시하나?

- 당신 속에 있는 분노와 공격성, 화, 앙심, 냉소, 우월함, 경시, 무관심을 다른 사람에게 보일 수 있나? 마음 속 깊숙이 자리 잡고 있는 불안감, 의구심, 자격지심을 보이는 일은 상상이 안 되나?

- 당신의 원래 감정이 어떤지 알고 있나? 어떤 방법으로 지금까지 이런 감정을 숨겨왔는지 아는가?

자신과 다른 사람에 대해 책임지기

두 사람이 서로 아무런 보호 장비 없이 마주보고 서면 이미 변화를 위한 중요한 절차를 해냈다고 볼 수 있다. 하지만 아직 충분한 것은 아니다. 마리아가 막스에게 어떤 불안감과 근심거리가 자기를 누르고 있는지 알리면 막스는 이해를 하면서 반응을 보일 수 있다. 하지만 과연 이것이 마리아의 애착에 대한 오랜 상처가 다시 터지지 않게 보호하는 데 보탬이 될까? 반대로, 마리아가 나중에 막스의 상처 입은 곳을 알게 되면 과연 막스에게 좋을까? 그러면 막스는 다르게 행동할 수 있을까?

따라서 세 번째 단계에서는 배우자가 각각 구체적인 변화의 단계에 책임을 지는 일이 중요하다. 관계가 꾸준히 개선될 수 있게 먼저 각자 자신에 대한 의무를 행하고 '상황을 개선시키려면 무엇을 할 수 있을까?'라는 질문을 스스로에게 던져보아야 한다. 이런 질문이 처음에는 불편하게 느껴질 수 있다. 보통 부부사이에서는 상대방이 무엇인가를 하기를 기다리거나 혹은 상대방이 제발 변하면 모든 것이 좋아질 것이라고 확신하기 때문이다. 만약 이런 경우라면 가끔은 자신의 행동에 대해 진중히 생각해 볼 준비가 돼있다. 레슬리 S. 그린버그와 론다 N. 골드먼은 '당신 먼저, 그 다음에 내가'라는 태도로 임하면 이미 가망이 없다고 판단한다. "무슨 일인가 하고, 또 보상을 받으려는 고정된 정서로는 친밀함으로 이어지지 않습니다. 부부는 협상이라기보다는 감정적 끈이라고 볼 수 있습니다." 이런 끈은 일방적으로 한 쪽에 책임을 전가하는 것으로는 강해질 수 없다.

책임을 지는 일은 정서중심치료의 의미에서 봤을 때에 상호 절차다. 한 편으로는, 자신의 애착의 상처를 인정하고 이를 의식적으로 다루는 것을 의미하지만 다른 한 편으로는, 배우자의 상처를 의식적으로 보듬는 것 역시 중요하다. 자신과 상대방에 대해 책임을 지는 일은 다음과 같은 것을 뜻한다.

- 관계에서 비난과 역비난을 주거니 받거니 반복하면 이에 관여된 사람은 누구나 자신을 한 번쯤 돌아보고 자신이 지금 어떤 자아 상태에서 행동하고 있는지를 묻는다. '나는 지금 어른 자아인가 아니면 무력한 아이 자아인가. 아니면 아예 모든 것을 선도하고, 더 잘 아는 부모 자아 상태인가? 내가 상대방을 공격할 때에 혹은 뒤로 물러나 혼자 있기를 바라는 마음 뒤에는 상대방에 대해 어떤 기대와 갈망이 숨어 있는가? 지금 이 순간에 어떤 감정이 나를 둘러싸고 있는가? 이것은 진실한 감정인가? 내가 하는 비난을 희망사항의 형태로 표현한다면 무엇이라고 말을 할까?'

- 가능하면 다음 단계에서 관점을 바꾸어 다른 사람이 어떤 자아 상태에 머물고 있는지를 검토할 수 있다. 저기 '작은 소년'은 궁지에 몰렸다고 느끼나? 아니면 부모 자아에서

튀어나온 '엄마'가 저기서 벌을 주고 요구를 하고 있나?

- 자신과 다른 사람에 대해 책임을 지는 일은 계속해서 자신의 어린 시절에 입은 상처만이 아니라, 배우자가 받은 상처에도 관심을 두는 일을 의미한다.

막스와 마리아의 경우에는 이런 과정이 어떻게 보일까? 두 사람은 이제 서로에 대해 좀 더 잘 알게 됐다. 둘은 자신의 1차 감정을 서로에게 알리고, 어린 시절의 경험에 대해서도 이야기를 나누었다. 막스와 마리아는 이렇게 알게 된 사실을 더 깊이 관찰하고 구체적으로 변화시키기 위해서 서로를 위해 각자 무엇을 할 수 있는지를 함께 검토해야만 한다. 자신들의 애착유형이 싸울 때에 주도권을 쥐려고 하고, 한 명이 어른 차원을 떠난다고 위협을 할 때 말이다. 가장 좋은 방법은 갈등이 없는 평화로운 시기에 서로 일정한 규칙을 정해놓는 것이다.

마리아는 막스에게 "당신이 나를 차갑게 대하고, 거부하는 것처럼 느껴지는 일이 다시 생기면 어떻게 하는 게 좋을까요? 예전처럼 그런 반응을 보이고 싶지는 않거든요. 내가 그렇게 행동하면 당신 속에 들어 있는 예전의 감정이 다시 올라오는 것을 이제는 알거든요."라고 물을 수 있다. 막스는 마리아의 질문에 이런 제안을 할 수 있다. "내가 그대로 방을 나가도 되면 좋을 것 같아요. 당신은 나를 뒤쫓아 오지 않고 그대로 있고요. 나 혼자 어느 정도 시간을 보낼 수 있도록 해 줘요. 그러면 마음을 진정시키고 다시 당신에게 올 수 있을 것 같아요."

반대로 막스도 마리아에게 "마리아, 내가 하는 행동 때문에 당신이 어린 시절에 겪은 상처가 다시 생각이 나면 어떻게 하면 좋을까요?"라고 물을 수 있다. 마리아는 "나를 그냥 아무 말 없이 안아줘요. 그럼 나는 당신이 나를 이해한다는 것을 알 수 있어요."라는 방법을 가르쳐줄 수도 있다. 마리아는 자기가 한 말을 지키려고 할 것이다.

책임을 지는 것은 힘든 상황에서 상대방과의 연결을 잃지 않으려는 것을 의미하기도 한다. 학자이자 부부치료사인 존 고트먼은 부부를 대상으로 한 연구에서 갈등과 싸움이 관계를 위협하는 것이 아니라, 대부분은 감정적인 거리가 부부관계를 이혼이라는 위험 지대로 끌고 간다는 사실을 밝혔다. 어떤 부부라도 싸움을 하지만 이럴 때에도 정서적으로 연결돼 있으면 관계가 깨질 위험은 없다. 그래서 싸움의 진흙탕에 빠져 있을 때조차 배우자와 신체적으로 가까워지기를 바라거나 적어도 싸움이 지나고 난 뒤에는 애정을 보여주는 등 관계는 안전하다. 예를 들어, 안아주거나 가벼운 신체 접촉과 같은 '안전의 제스처'를 보낸다. 이런 스킨십을 통해 서로 아무리 심하게 의견 차이를 보여도 상대방을 신뢰할 수 있으며, 지금 당장은 너무나 실망이 크고, 힘겨운 관계지만 서로에게 서로가 소중하다는 마음을 전달한다.

310

막스와 마리아는 감정적으로 날카로워지는 상황을 완화하기 위해 일정한 코드를 합의할 수 있다. 둘 중 한 사람이 관계를 개선하는 데 보탬이 안 될 감정에 휩싸였을 때에 도움이 된다. 예를 들어, '우산'이라는 코드를 말하면 상대방의 공격적인 행동이 자신 때문은 아니라는 것을 안다면 그러면 상황에 더 잘 대처할 수 있다.

배우자가 나르시시스트일 경우에는 어떻게 해야 할까?

이런 식의 애착 형성 과정이 나르키소스와 에코와 같은 어려운 관계조합에도 적절할까? 매우 적절하다. 나르시즘 애착유형에 있어서도 애착 형성 과정을 통제하고, 애착유형의 영향력을 제한하는 일이 가능하다. 하지만 이때에도 전제조건으로 자아성찰과 자신을 열어 보일 준비가 먼저 갖추어져야 한다. 자아도취 성향을 지닌 사람에게 이렇게 하는 것은 무엇보다 가장 어렵다. 그는 결국 모든 수단을 동원해서 자신의 연약한 자아를 보호하려고 노력하기 때문이다. 슬픔과 두려움, 수치심, 나약함과 같은 1차 감정을 느껴서도 안 되며 이를 보여서는 절대 안 된다. 나르시시스트는 2차 감정의 장인이다. 자아도취적 사람은 괴롭고, 상실에 대한 불안감이 있거나 걱정거리로 고통스럽다는 사실을 인정하기 전에 차라리 공격하는 쪽을 택한다. 그러다 보니 부당하고, 남에게 상처를 주는 사람이 된다. 따라서 위에서 묘사한 '애착 형성 단계'는 자아도취적 연인의 조합에서는 특별히 힘들다. 특히 에코는 애착 형성 과정에서 생기는 가장 큰 짐을 떠맡는다.

심리학자이자 나르시시즘 전문가인 크레이그 말킨은 당사자인 배우자에게 자아도취적 사람이 밖으로 감정을 나타내도록 유인하라고 조언한다. 이때 중요한 것은 자신을 드러낼 준비자세와 용기다. 자아도취적이지 않거나 순응적인 자아도취적 배우자(에코)가 자아도취적인 사람에게 솔직히 자신의 감정을 전달하면 이에 응하여 자아도취자는 자신의 본래 감정을 보일 용기를 낸다. 말킨은 이런 전략을 '감정이입 연상'이라고 부른다. 배우자가 먼저 '본'을 보이고, 일방적으로 감정의 갑옷을 내려놓아야 자아도취자는 자신의 행동이 무엇을 초래하는지를 파악할 수 있다. 감정이입 연상을 통해 자아도취적 배우자는 자신을 중시하는 태도에 대해 불확실해지고 자기 외에도 자신의 행동으로 정서적 고통을 받는 다른 사람이 존재한다는 사실에 주목한다. 말킨은 나르시시스트가 중심을 나에서 '우리로 옮기는데' 동기를 부여받을 수도 있다고 설명한다. 하지만 자아도취자는 배우자가 자기의 속마음을 열어 보이는 일을 분명 매우 참기 어려워 할 것이다. 너무 많은 감정과 친밀함, 너무 짧은 거리를 받아들이기 힘들기 때문이다! 하지만 다른 방법이 없다. 자아도취적 관계에서 긍정적인 변화를 이끌려는 사람은 자아도취자에게 진정한 감정을 보여 달라고 요구해야만 한다. 이를 통해 자아도취자는 유년기 때 느낀 감정에 이르는 통로를 발견하고 지금껏 확신해왔던 것("자립적이어야 해, 애착을 가지려고 하지 마, 통제력을 유지해, 공격당하지 않도록 조심해, 항상 멋지게 행동해…")에 의문을 가져볼 타당한 희망이 있다.

크레이그 말킨은 아무튼 매우 낙관적으로 전망한다. 감정이입 연상이 성공을 보장하는 방책이라고 여기는데 나르시시즘은 애착 불안을 끝내려는 노력이기 때문이다. 관계에서 1차 감정에 대해 진실하고, 열린 의사소통을 통해 자아도취적 배우자를 위한 안정감이 높아지면 자아도취적인 면은 수그러들 수 있다. 하지만 감정이입 연상에도 한계가 있다. 나르시시스트를 치료하는 일은 배우자의 과제가 아니다. 단지 자신만이 스스로 솔직하고, 진술하게 감정을 열어 보일 수 있다. 이것이 효력을 보이지 못하면 아무리 이해심이 많고 애착을 원하는 배우자라도 한계에 부딪힐 수밖에 없다.

변화의 결정적인 순간

한 부부가 힘든 애착 상황에서 서로 진정한 1차 감정을 보이고, 이런 감정이 고통스러운 유년기의 경험에 기인한다는 것을 알아내는 일에 성공한다면 더 이상 괴로운 핑퐁게임이 일어날

틈은 없다. 계시록에 등장하는 기사도 부부관계에 발을 디딜 자리를 찾지 못한다. 부부는 용감하게 진짜 감정을 드러내는 것을 통해 서로가 정서적으로 가깝고, 안정적으로 연결됐다고 느끼는 중요한 change moment, 변화의 순간을 경험한다. 이런 변화의 순간이 부부 생활에 자주 등장할수록 부부는 더욱 강하게 안정감을 느낀다. 이에 걸맞게 '애착의 경고음'이 울리는 횟수는 점점 줄어든다. 상대방이 내가 보내는 애착 신호를 듣고 이에 믿을만한 대답을 하고, 공감을 하며 나를 달랠 수 있다는 사실을 안다. 부부가 자주 이런 중요한 경험을 하면 부부 생활에서 점점 더 강한 애착을 느낄 수 있다. 수전 M. 존슨은 "사랑하는 사람이 우리를 위해 존재하고, 우리가 부르면 대답을 해 준다는 것을 알면 우리는 자신의 가치에 대해서 더욱 확신을 합니다."라고 한다. "의지할 수 있는 사람이 있고, 혼자가 아니라는 것을 알면 세계가 덜 위협적으로 느껴집니다."

고찰의 질문

- 다른 사람이 변하기를 기다리나? '왜 항상 내가 먼저 무엇인가 해야 하지?'라는 질문이 익숙한가?

- 배우자가 유년기에 어떤 경험을 했는지 알고 있나?

- 아이 자아가 언제 튀어나와 행동하는지 아는가? 무엇으로 이것을 깨닫는가?

- 어쩔 줄 몰라 하고 자신의 감정을 더 이상 제어하지 못한다는 느낌이 들 때가 많나?

- 무엇을 통해 마음을 진정시킬 수 있으며, 배우자는 이럴 때에 어떤 식으로 당신에게 도움을 주나?

- 당신 옆에 있는 사람이 어떤 상황에서 예전의 경험을 떠올리며 아이 자아의 상태로 행동하고 상황을 조종할 때 당신이 그를 위해 무엇을 할 수 있는지 물어도 된다고 생각하나?

서로를 필요로 해도 된다

혼자 혹은 배우자와 함께 이런 애착 형성 과정을 진행하는 중이라면 당신은 자신의 애착유형을 더 의식적으로 인지하고 친밀함과 가치를 인정해 주는 일, 다른 사람이 자신을 봐주는 일을 얼마나 많이 필요로 하는지, 자신이 다른 사람의 안정적인 관심에 얼마나 의존하는지를 알게 될 것이다. 불안정 애착유형 혹은 회피적 애착유형의 사람인지에는 상관없이 이런 사실을 깨닫는 순간, 처음에는 거부반응이 나올 것이다. 절대 무슨 일이 있어도 의존적이고 싶지는 않다! 아무래도 의존에 대한 평판이 나쁘고 관계에 있어서는 더욱 그렇기 때문이다. 사람들은 너무 친밀하면 해롭고, 자율성은 해방된 부부생활의 표시라고 생각한다. 그러나 성인 연령에서의 애착에 관한 지식은 이런 널리 퍼진 추측을 반박한다.

14

당신 곁에서

절대 의존하면 안 돼! 이런 슬로건에 따라 사는 사람은 쓸데없이 어렵게 살아간다. 안정적인 애착을 통한 안전 장치가 빠진 자율적인 삶이란 불가능하기 때문이다. 모순처럼 들리나? 실제로는 그렇지 않다!

여자들은 자기공명영상(MRI) 기기 안에 누웠다. 그 안에 들어가면 MRI에서 나오는 전형적인 시끄러운 소음을 참아야 하고 추가적으로 마음을 불안하게 하는 안내 설명까지 듣는다. "앞에 있는 컴퓨터 모니터에 파란 원이 보이면 아무 일도 없을 거예요. 하지만 빨간 십자 표시가 나타나면 발목에 가벼운 전기 충격이 가해질 거예요."

미국의 심리학자이자 신경학자인 제임스 A. 코언James A. Coan과 그의 동료는 여성에게 이렇게 '위협'했다. 여성들은 손을 잡아주는 행위가 친절함의 제스처 이상의 역할을 한다는 것을 입증하는 실험에 자진해서 참가했다. 제임스 코언은 실험을 세 가지 방식으로 구분해서 진행했다. 첫 번째 방식에서는 실험을 하는 동안 낯선 사람이 여성의 손을 잡아 주고, 두 번째 방식에서는 여성이 혼자 있었고, 세 번째 방식에서는 남편이 여성의 옆에 앉아 손을 잡았다. 피험자가 어떻게 반응하는지는 각각 기능적 자기공명영상으로 표시가 됐다.

제임스 코언은 뇌파가 뚜렷이 차이를 보이는 것을 확인할 수 있었다. 여성 피험자는 전기충격을 가한다고 알리는 것만으로 벌써 극심한 긴장 상태에 빠졌다. 아무도 없이 자기공명영상 기기 안에 혼자 누웠을 때 가장 극심한 흥분 상태를 보였다. 낯선 사람이 안심을 시키며 손을 잡아줄 때에는 스트레스를 느끼는 정도가 약간 줄었다. 그리고 남편이 손을 잡아주는 것을 느꼈을 때에 피험자의 스트레스 수치가 가장 낮았다. 자기공명영상 데이터 상에서도 분명한 변화를 볼 수 있었다. 다른 두 방식의 실험 과정에서 경고음이 울리던 뇌의 영역이 안정을 찾았다. 남편이 부인의 손을 잡으면 뇌에서 전기충격에 침착하게 반응하는 것을 의미한다. 신체 접촉은 안정감을 주고, 스트레스 반응을 줄인다.

신경학자인 제임스 코언은 치료사와 학자로서의 길을 걷기 시작했을 무렵에 이미 실험에 대한 아이디어를 얻었다. 코언은 TED 토크쇼에 나와 '왜 우리는 손을 잡는가(why we hold hands)'에 관한 주제로 강연을 하면서 치료사로 일한지 얼마 안 됐을 때에 치료한 80세 남성의 사례를 소개했다. 남성은 제 2차 세계 대전 당시에 끔찍한 일을 겪고 심각한 외상후 스트레스 장애에 시달렸다. 남자 환자를 치료하는 일은 매우 힘들었는데, 남성은 자신의 기억을 떠올리는 일을 두려워했다. 코언은 거의 치료를 포기하려고까지 했는데 연로한 환자가 갑자기 부인이 치료를 위한 자리에 함께 해도 되는지 물었다. 코언은 기꺼이 찬성했다. 그래서 부인이 치료에 동행을 했다. 처음에는 아무 것도 변하지 않았다. 노인은 이전과 다름없이 협조하기를 거부했다. 그런데 코언이 다시 답하기 어려운 질문을 남자에게 했을 때 부인이 갑자기 남자의 손을 잡아주었다. 그러자 남자는 이야기를 풀어놓기 시작했다. 부인이 안정감을 전해준 제스처는 환자가 끔찍한 기억을 되살리는 일을 가능하게 했다. 전쟁에 대한 트라우마를 이제 치유할 수 있었다.

억눌린 욕구

남자는 자기가 제일 믿는 사람의 손길을 필요로 했다. 무엇보다 부인이 가까이 있어주어서 자신의 외상후 스트레스 장애 경험을 털어놓을 수 있었다. 부인의 부드럽고, 안정감을 전하는 손길은 그에게 '당신은 혼자가 아니에요. 내가 당신 곁에서 아무 일도 일어나지 않게 잘 보살피고 있어요.'라는 신호를 보냈다. 코언은 이런 무언의 메시지가 없었더라면 남자가 정신 치료를 받으려고 하지 않았을 것이라고 확신했다. 그는 예전의 에피소드와 훗날 진행한 실험으로 어린아이만 애착대상이 전달하는 안정감을 통해 신체적, 심리적 친밀함을 얻으려는 것이 아니라 성인이 된 후에도 역시 안정감을 주는 애착 욕구가 있다는 사실을 인상적으로 입증했다. 이런 욕구는 우리가 사는 내내 따라다니며 주식시장에서 거래를 담당하는 사람이 되고, 뛰어난 선생님으로 일하고, 한 팀을 이끌거나 아이를 키운다고 해서 사라지지 않는다.

다만 문제는 우리가 이런 욕구를 대부분 인정하지 않고, 떨쳐버리거나 어쩌다가 깨닫기라도 하면 부끄러워하는 데에 있다. 상대방이 잘 모르는 사람이라면 이해할 만 하다. 하지만 많은 사람들은 친한 관계에서조차 자신의 진정한 감정을 여실히 보여줄 용기를 내지 못한다. 사람들은 대부분 자기가 머뭇거리는 것을 알지 못한다. 그보다는 의존성으로 여겨질 수 있는 모든 경험을 직감적이고, 무의식적으로 피한다. 자율성을 중요한 특성이라고 생각하기 때문이다. 정서적 독립성은 오래 전부터 사회적 이상이 됐다. 이와는 다르게 애착 욕구와 의존의 경향은 약점으로 깎아내려진다.

나는 나, 너는 너

지나치게 개인주의와 독립성의 가치를 높이 평가하는 일은 1970년대에 시작됐다. 그 당시에 게슈탈트치료Gestalt Therapy의 창시자인 프레데리크 S. 펄스Frederick S. Perls는 다음과 같이 정리했다.

"나는 나고, 너는 너다. 나는 너의 기대에 맞추어 살기 위해 이 세상에 존재하는 것이 아니며, 너도 나의 기대를 충족시키려고 존재하는 것이 아니다. 나는 나고, 너는 너다. 우연히 우리가 만난다면 멋진 일일 것이다. 만약 그렇지 않다고 해도 어쩔 수 없다."

펄스는 이런 '게슈탈트 기도문'과 또 다른 많은 기도문과 함께 '나의 시대'를 선언했다. 자아실현, 다른 사람과 이들이 원하는 것으로부터의 독립은 이제 점차 개인적 발전의 목표가 됐다. 이런 사상의 또 다른 저명한 대표자이자 인본주의 심리학자인 에이브러햄 매슬로Abraham Maslow는 자아실현적 인간이라는 개념에 들은 의미를 밝혔다. 매슬로는 '결핍욕구'와 '성장욕구'의 차이를 두고, 두 가지 욕구의 차이점을 설명했다. "결핍욕구적 사람은 다른 사람이 있어야 한다. 대부분의 주요 욕구(사랑, 안전, 주의, 우선, 보살핌에 대한)를 단지 다른 사람을 통해서만 충족시킬 수 있기 때문이다. 하지만 성장을 지향하는 사람은 다른 사람이 오히려 방해가 된다… 이들은 다른 사람의 좋은 의도에서 독립하기 위해, 심지어 이들의 애정에서도 벗어날 수 있을 만큼 충분히 세졌다."

그 당시에 친밀한 애착은 인본주의 심리학자에게 큰 의미를 부여하지 못했다. 심리학자인 카를 로저스Carl Rogers는 자아실현적인 인간의 주요 특징을 "이들은 친밀하고, 다른 사람과 원활하게 소통하고, 심하게 갈등하거나 과잉으로 슬퍼하지 않고도 개인적인 애착을 다시 포기할 수 있다."고 표현했다.

'나의 시대'는 과도기가 아니었다. 정반대로 우리는 우리의 자아의 발전이라는 문제에 그 어느 때보다 더욱 열심히 매달렸다. 자아개선, 자아향상, 자아 코칭은 우리가 사는 시대의 슬로건이 됐다. 협동 대신에 경쟁과 개인주의적 사고가 지배할 때가 많다. 자율성과 과도하게 강조된 개인주의는 예전과 같이 우리 사회에서 개별화를 이끈 것 뿐 아니라, 두 사람의 사이에서도 덫이 될 수 있는 이상이 됐다. 특히 독립에 대한 사회적 이상이 개개인의 불안한 애착 구조와 만날 경우에 특히 문제가 된다. 그런 상황에서 친밀한 관계는 사실상 이루어질 수 없는 프로젝트가 되고 만다.

친밀함보다 자율성이 더 중요할까?

안정적으로 애착이 형성된 사람은 '의존은 금물'이라는 것에 특별히 크게 영향을 받지 않는다. 이런 사람은 자신의 욕구에 귀를 기울이고 가끔 자신의 약한 모습을 보이는 일을 두려워하지 않는다. 하지만 불안정 애착유형의 사람은 한 편으로는 예전의 애착에 대한 실망 때문에, 다른 한 편으로는 자율성에 관한 잘못된 생각 때문에 친밀함과 안정감에 대한 욕구를 말하지 못하고 더욱 더 불안해한다. 아이였을 때 부모의 품에서 안전한 기반을 찾지 못해서 불안정 애착유형이 발달한 사람에게 의존성은 견딜 수 없다. 이런 사람은 확신을 주는 애착을 바라는 지극히 평범한 욕구를 채우기 위해 싸우거나 앞에서 보았듯이, 남들이 자신을 의존적이라고 아예 생각도하지 못하게(자신도 눈치 채지 못하게) 포장을 해야 한다. 이때 도움이 되는 것은 사회적 자율성 문화다. 사랑하는 배우자와의 솔직하고, 진정한 관계는 불안하게 애착이 형성된 사람에게 큰 기회를 준다. 하지만 우리는 애정관계 안에서조차 '자율성 퍼스트'라는 바리케이드에 부딪혀 기회를 이용하지 못한다.

오늘날에 그렇게 많은 관계가 만성적으로 힘들고 많은 관계가 깨지고 자신이 관계불능이라고 믿는 사람이 점점 많아지는 것은 자율성을 강조하고 의존을 평가 절하하는 태도가 주요 원인이다. 수전 M. 존슨은 우리는 누군가와 사랑을 하면 그 사람이 곧바로 우리에게 다가오게 만들고, 우리를 위해 '매우 소중한 존재가 돼서 우리가 어떤 일을 하고, 스스로를 어떻게 생각하는지에 영향을 끼치게 합니다.'라고 말한다. 하지만 우리는 그렇게 하는 과정에서 심한 갈등에 빠진다.

사람들은 애정과정에서 불가피하게 등장하는 이런 의존성을 견딜 수 없다고 느낀다. 존슨에 따르면, 의존은 우리가 자율적이 되려고 애쓰는 것에 부딪히고 어쩌면 이전에 좋지 못한 애착에 관한 기억을 떠올리기 때문일 수도 있다. 이런 애착을 '지나가버린 것으로 치부한 뒤에 우리 대부분은 다른 사람이 우리를 정의하고, 우리가 무엇을 하고, 어떤 감정을 느끼고, 스스로를 어떻게 여기는지를 결정하는 데 힘을 행사하는 것을 격렬하게 거부한다.'

건전한 의존은 자아실현을 가능하게 한다

애착연구는 이제 '의존'이라는 주제를 다른 관점에서 바라보게 한다. 애착연구는 어떤 사람은 문제가 끊이지 않고 생기는 반면에 어떤 사람은 관계를 원만하게 잘 해나가는 이유가 뭔지에 대한 질문에 시대적 흐름에 상반되는 인상적인 대답을 내놓았다. 즉 의존은 깊은 관계의 주요 특징이며, 잘 유지되고 있는 관계의 본질적 요소다. 우리가 둘이서 느긋하게 쉬면서 바깥세상 일에 전혀 신경을 끄고 지내는 일을 의미하는 것이 아니다. 존 보울비가 말한 '효율적인' 의존이란 수동성과 자립적이지 못함과는 아무 관련이 없다. 정반대로, 이런 의존성은 우리가 나이에 상관없이 용감하고, 호기심을 갖고 세상으로 나올 수 있게 하는 필수적 전제조건이다. 좋은 방식으로 관계 안에서 사랑하는 사람에게 의존해도 된다고 느끼면 이것은 우리의 자존감과 정신적 균형을 높이고, 모순적으로 들리지만 독립성과 자율성 역시 강해진다.

인본주의 심리학자들이 수십 년 전에 칭송했던 자아실현을 의존 없이는 이룰 수 없다는 것은 역설적이다. 우리는 안정적인 애착을 통한 안전장치가 없다면 진정으로 자율적이지 못하다. 우선 안전하다고 느껴야만 독립성을 형성하고, 키울 수 있다. 또한 관계(아이였을 때에는 부모에게, 성인일 때에는 배우자 혹은 믿을 수 있는 친구에게)의 '안전한 항구'로부터 세상을 향해 노를 저어갈 수 있다. 우리는 다시 돌아오고 싶을 때 항구가 여전히 그곳에 있다는 것을 안다. 이렇게 안심을 해야 스스로 다른 자신의 길을 가고 독립성을 받아들일 수 있다.

우리의 애착 욕구가 먼저 채워지고 다른 사람의 욕구도 충족돼야지만 비로소 우리는 모든 가까운 관계에서 피할 수 없는 헤어짐과 서로 상이함의 문제를 성숙하고, 어른스럽게 다룰 수 있다. 우리가 애착의 욕구를 부인하거나 경시하면 진정한 친밀함을 막고 오랜 기간에 걸쳐 작동하는 파트너십을 가로막는 내적 바리케이드를 세운다.

평생 의존하기

애착연구에서 얻은 가장 큰 깨달음은 이것이 아닌가 싶다. 바로 아이만큼이나 어른도 신뢰할 수 있는 애착을 크게 갈망한다는 사실이다. 우리가 성숙한지 아닌지는 우리가 다른 사람들에게서 독립해서 제 기능을 할 수 있는지에 놓인 것이 아니라, 우리가 긍정적이고, 효율적으로 다른 사람에게 의존성을 형성할 수 있는지에 달려 있다. 아이가 부모의 민감한 반응과 조건 없는 관심에 의존하는 것처럼 성인 남녀인 우리도 적어도 자신이 중요하게 여기는 사람 한 명이 보이는 관심과 인정에 의존한다. 애착 전문가인 마리아 솔로몬은 "우리는 이해와 인정, 경탄을 받고 싶어 합니다. 누군가 우리의 말에 귀를 기울여 주기를 바라죠. 우리는 자신에게 있는 약점이 받아들여지길 원합니다."라고 한다. 솔로몬은 친밀한 관계의 '안전한 취약성' 속에서 인격이 제일 잘 발달할 수 있다고 확신한다.

하지만 우리가 속에 있는 취약성이 부끄러워 이를 부인하고 밀어내려고 하는 한, 애정관계에서(그리고 다른 곳에서도 분명히) 계속해서 자신을 작고, 의미가 없다고 느끼는 아이처럼 행동할 것이다. 우리는 '칭얼거리고', 입을 삐죽거리며 뒤로 빼고, 자기가 크다는 느낌을 가지려고 다른 사람을 멸시한다. 부당한 분노를 보이고, 겁에 떨며 다른 사람에게 매달리거나 상대방을 모른 척한다. 돈과 집안일 혹은 아이들 방 아니면 성적 욕망을 채우기 위한 싸움도 어른끼리 벌이는 것이 아니라, 예전의 우리의 모습인 아이가 되어 자신의 애착 욕구를 보지 못한다고 이런 식으로 상대방에게 신호를 보낸다. 이런 미성숙한 행태는 우리가 예전에 아이처럼 의존과 친밀감을 엄청나게 갈망하지만 그것의 존재를 상당히 불쾌하다고 느끼게 우리를 속여야만 한다. 하지만 우리는 어른으로서 이런 욕구가 있다는 것을 깨닫는 일과 이것을 부끄러워하지 말아야 한다는 것을 중요하게 생각해야 한다. 수전 존슨은 부부가 "친밀함을 위해 독립성을 희생하지 않아도 된다는 사실을 배웠습니다. 이제 우리가 서로를 얼마나 필요로 하는지 압니다."라고 깨달으면 애착 형성과정은 성공적이라고 말한다.

15

새로운 만남

애착유형은 변한다. 안정감이 생기고, '나는 사랑받을 자격이 있다.'라는 확신이 커간다. 이런 확신은 솔직하고, 신뢰할 수 있는 만남의 바탕이 된다.

9편의 러브 스토리와 하나의 공통점

이 책에서 사랑과 만남에 대한 이야기를 들려준 남자와 여자는 시작의 첫발을 디뎠다. 이들은 혼자 혹은 배우자와 함께 애착 형성과정에 들어서고 자신의 애착유형을 알아갔다. 마리아와 막스, 하넬로레, 조와 울리케, 요하나, 마티아스, 아날레나와 톰, 아그네스, 엘레나와 파울. 이들은 모두 혼자서 혹은 둘이서 애착 형성과정을 끝까지 해내고 개인의 '애착 효과'를 알게 됐다. 예전에 자신이었던 아이를 익히고, 유년기에 형성된 관계 모델이 옳은지를 검토했다. 아이였을 때 관계에 대해 배운 것은 어린 소녀와 소년에게 도움이 많이 됐다고 확신했다. 하지만 지금 이제 이런 지식은 구식이 되어 관계를 통해 얻을 수 있는 행복을 막는다. 위에서 소개한 남자와 여자는 수십 년 전에 입었던 감정의 갑옷이 낡았다는 것을 배웠다. 자주 겁이 많이 나기도 하지만 이런 갑옷에서 빠져나올 자신감이 생겨서 새로운 만남을 받아들일 수 있다. '오랜' 연인과 함께, 아니면 아직은 모르는 새로운 연인과 함께.

마리아와 막스는 둘이 애착에 관한 두려움이 너무 다른 나머지 갈등이 반복된다는 것을 이해할 수 있었다. 마리아는 자신이 불안정 애착유형의 사람이라는 사실을 알아냈다. 넘치도록 애정을 주었지만, 약간 신뢰하기 힘들었던 아빠와 보낸 유년기는 마리아에게 조심하라고 충고를 하는 관계 모델로 이끌었다. 막스는 유년시절에 비슷한 경험을 했지만 다른 결론을 얻었다. 너무 친밀하게, 간섭을 많이 하는 엄마와 살던 형태는 막스를 너무 밀접한 관계를 이루지 않게 주의하는 회피자로 만들었다. 막스와 마리아는 전형적인 추격자와 도망자로 구성된 한 쌍이다. 이들은 함께하는 애착 형성과정 속에서 마음을 열어 보이는 법을 배웠다. 두 사람은 어린 시절에 상처받은 일에 대해 서로 이야기를 털어놓고 용기를 내어 점점 더 많이 자신의 진정한 감정을 보였다.

하넬로레는 애착 형성과정에서 자신에 대한 이해심과 동정심을 넓혔다. 또한 엄마와의 불안정하고, 혼란스러운 관계로 말미암아 불안정 애착유형이 발달했다는 점을 깨달았다. 자신의 애착유형이 자신에게 가르친 것은 한 편으로는, '사랑을 받으려면 노력해야지. 더 애를 써. 사랑은 그냥 거저 쥐어지는 것이 아니야.'와 다른 한 편으로는, 자신이 받은 사랑을 절대 신뢰해서는 안 된다는 것이었다. 하넬로레는 지금 와서 왜 자신이 다른 사람과의 관계에 그렇게 매달리려고 하는지, 다른 사람에게 자신을 맞추려고 하는지 이해가 됐다. 이런 행동 탓에 자기와 전혀 어울리지 않는 상대를 만날 때가 많다는 사실도 분명해졌다. 애착 형성과정은 하넬로레에게 말 그대로 눈을 뜨게 해주었다. 이제는 이전에 그냥 지나쳤던 남자들이 눈에 들어온다.

조와 울리케는 나르시시즘에 젖은 한 쌍이다. 조는 지나치게 회피적인 애착유형을, 울리케는 불안하게 애착이 형성된 '에코이스트'다. 이들 부부도 역시 애착 형성 과정에서 먼저 각자 아이였을 때 자신을 따라다닌 관계 모델을 알게 됐다. 이것은 서로를 향해 이해심을 갖고, 함께 대화를 나누는 일을 장려했다. 울리케는 이런 과정에서 남편보다 더 활짝 마음을 열고 진실한 감정을 쉽게 보였다. 조는 아직도 자신의 '특출난' 자아상을 고수했다. 하지만 자기 내면에 존재하는 전부를 다 누렸지만, 사랑받지 못한 아이였던 자기 모습을 점차 더 많이 발견할수록 자신과 울리케를 더욱 온화하게 대했다.

요하나는 안정 애착유형의 사람으로 관심을 갖고, 민감하게 반응을 보인 부모 아래에서 자라는 행운을 누렸다. 애착 형성과정은 요하나가 엘라의 행동을 더 잘 이해할 수 있게 도와주었다.

요하나는 자신의 애착유형에 대해 탐구할수록 엘라가 완전히 다른 방식으로 성장하고 양가성 애착유형을 지닌 사람이라는 것을 깨달았다. 이것을 알자 엘라가 가끔은 자기에게 너무 매달리고, 가끔은 자기를 거부하는 행동을 하는 것을 받아들이기 쉬워졌다. 요하나는 이제 엘라의 모순이 개인적으로 자기를 향한 것이 아니라는 것과 자신이 안정적으로 애착이 형성된 사람으로서 배우자인 엘라가 유년 시절에 충분히 받지 못한 모든 인내와 사랑을 전할 수 있고, 주고 싶어 한다는 것을 안다.

마티아스는 예상하건대 나르시시즘에 젖은 엄마 아래서 성장했을 것이다. 엄마는 아들인 마티아스를 자신의 허영심을 뽐내기 위한 거울로 이용했고 아들이 원하는 것에는 관심이 없었다. 마티아스는 친밀함을 부담스러워하고, 사랑이 두려움을 가져올 수 있다는 것을 배웠다. 그는 '회피자'가 됐다. 하지만 애착 욕구는 여전히 남았다. 마티아스는 지금 '거리를 둔 사랑'을 한다. 고정적 연인을 진정으로 받아들이지 않고 다른 사람과 아직도 번번이 바람을 피우면서 애인에게 거리를 둔다. 마티아스는 이제 예전의 경험과 현재 자신이 관계에서 겪는 문제 간에 연관성이 있다는 사실을 안다. 그는 애착 형성과정은 아직 마무리 짓지 못한다. 관계에서 통제력을 잃을 수 있다는 두려움이 아직 너무 크기 때문이다.

아날레나와 톰은 둘 다 회피적 애착유형의 사람이다. 아날레나는 많은 형제자매 사이에서 눈에 띄지 않고 일찍 자립적으로 커야 했고, 톰은 부모 사이에서 이리저리 치인 아이로 자랐다. 두 사람은 서로 함께 관계를 맺었지만 한동안 마치 싱글처럼 생활을 했다. 이렇게 사는 것이 어느 정도 편하고, 안전하다고 느꼈다. 그러다가 유방암에 걸렸을지도 몰라 겁이 났을 때 아날레나는 그렇게 오랫동안 억누르고 있던 무서움과 불안감을 더 이상 모른 체할 수 없었다. 아날레나는 지금까지 회피적 사람은 자신의 희망 사항과 욕구를 전부 혼자서 알아서 해결해야만 한다고 여겼다. 하지만 이제 충격적인 소식의 영향으로 자신이 진정으로 무엇을 바라는지를 느낀다. 이로 말미암아 처음에는 아날레나와 톰의 관계가 심한 난기류에 빠졌지만 톰도 애착 형성과정을 거치면서 자신의 회피적 태도 때문에 어떤 대가를 치러야 하는지를 알게 됐다. 두 사람은 조금씩 자신의 달팽이 껍질에서 나와 상대방에게 자신의 두려움과 소망을 전했다. 물론 여전히 두 사람은 회피적 애착유형의 사람이다. 하지만 조심스럽게 가까이 다가감으로써 회피적 애착유형의 효과가 줄어들고 있다.

남자친구의 딸에게 엄청난 질투심을 보이는 아그네스는 애착 형성과정에서 예전에 작은 소녀 모습의 자신을 발견했다. 엄마 때문에 정기적으로 이웃집에 가서 지내고, 모르는 남자들이 어린 딸에게서 엄마를 빼앗아가는 것을 보고 있어야 했던 자기의 어릴 적 모습을. 아그네스는 "그 작은 소녀는 사랑이 너무 부족했어요. 그에 비해 남자친구의 딸은 사랑을 듬뿍 받지요"라는 사실과 마주쳤다. 그러면서 어른인 자기가 질투심에 불타는 것이 아니라, 예전에 자기였던 겁 많고, 아무도 돌보지 않던 아이가 질투를 한다는 것도 깨달았다. 아그네스는 이제 왜 질투심이 생기는지 이해가 됐고 어른의 입장으로 남자친구의 딸에게 다가갈 수 있다.

엘레나는 알코올중독에 걸린 엄마와 충동적이고, 다혈질인 아빠 아래서 컸다. 엘레나는 자신에게 모범이 될 만한 부모가 없었고, 마음이 혼란스럽거나 갈피를 잡지 못할 때 위로해줄 사람이 아무도 없었다. 엘레나는 양가성인 아이가 됐다. 이런 애착유형은 어린 시절에 심하고, 많은 부담을 주는 트라우마적 일을 겪은 사람에게서 전형적으로 나타난다. 엘레나는 왜 마리오와 '밀고 당기는' 행동을 하는지 알게 됐다. 원인이 이해가 되자 다가가고 회피하는 일을 반복하는 악순환을 끊을 수 있었다. 아직도 감정에 휘말리고, 감정 때문에 자제력을 잃는 일이 생길 때가 있지만 이제는 뒤돌아 생각했을 때에 자신의 행동이 이해가 되고 마리오에게 그 이유를 설명할 수 있다. 엘레나는 좋은 방향으로 발전하고 있다.

파울은 부인인 잉가를 속였다. 자기에게 이런 일이 일어날 것이라고는 추호도 생각을 하지 못했다. 왜 그런 일이 생겼을까? 파울은 대답을 찾는 과정에서 이미 오래전부터 무엇인가 삐그덕 거린다는 것을 깨달았다. 부인이 자신에게서 점점 더 사라지고 있다는 점이었다. 불안정하게 애착이 형성된 파울과 회피적인 잉가는 친밀함에 대한 파울의 욕구와 거리를 두고 싶어 하는 잉가의 욕구가 일정하게 균형을 이루는 동안에는 조화를 이루며 살았다. 하지만 잉가가 더 많은 자율성을 갈구하자 파울은 점점 더 불안해하며, 친밀함에 대한 욕구가 쌓여갔다. 파울은 자신의 애착유형이 외도에 대한 변명이 될 수 없다는 사실을 잘 안다. 하지만 이것을 깨달아서 자신과 잉가 사이에 있는 중요한 것을 바꾸었다. 두 사람은 이제 더 이상 외도에 대한 일에 신경을 끄고 각자의 애착 욕구를 서로 알아가고 있다.

애착의 안정감 얻기

네 쌍의 부부 혹은 연인, 네 명의 여성, 그리고 두 명의 남성이 사랑에 관한 이야기를 들려준다. 이들의 이야기는 제각각 다르지만 우리는 모든 이야기에 하나의 공통점이 있다는 것을 안다. 바로 관계에서 일어나는 문제는 대부분 애착의 문제라는 점이다. 예전에 겪은 애착 경험이 아직도 사랑이라는 문제를 지휘하고 두 사람이 행복하게 지내지 못하게 가로막는다.

하지만 이런 깨달음이 최종 판단은 될 수 없다. 인생의 처음부터 '안전'하게 발전할 행운이 없었더라도 불안정한 애착유형을 완화할 수 있기 때문이다. 자신이 어떤 애착유형의 사람인지 알면 곧바로 유형이 끼치는 효과를 줄이기 위해 스스로 무엇인가할 수 있다. 새로운 경험을 통해 유년기에 안타깝게 결여됐던 심리적 안정감이 생기는 것을 애착 연구에서는 earned security, 획득된 안정이라고 부른다. 가끔은 안정적으로 애착이 형성된 배우자가 불안해하는 배우자에게 이런 경험을 할 수 있는 기회를 제공할 수 있다. 하지만 함께 하는 애착 형성과정과 치료적 도움도 획득된 안정을 얻는 데 도움을 줄 수 있다.

사랑 때문에 문제가 일어나면 책의 첫머리에서 이미 말했듯이 '더 깊게 잠수를' 해보는 일을 추천한다. 당신 혼자서 혹은 둘이서 아니면 전문적 도움을 받던지 아무래도 상관없다. 과거와 현재 사이에 놓인 중요한 연관성을 찾으면 관계에서 오는 행복을 더 자율적으로 꾸밀 수 있다. 과거를 알지만 더 이상 과거에 조종당하지 않으면서.

위험한 불안감

**아이의 애착유형은 어떻게 연구가 될까? 애착 불안과 청
소년의 과격화 사이에는 어떤 연관성이 존재할까? 부부
관계에 대한 애착연구의 중요성에 대해.**

성인의 애착 능력에 관한 주제는 1980년대에 와서야 비로소 애착 연구의 초점 안으로 들어왔다. 신디 하잔Cindy Hazan과 필립 R. 셰이버는 그 당시에 최초로 애착 형태가 애정관계에 어떤 영향을 미칠까라는 질문을 던졌다. 하지만 애착연구 자체는 훨씬 더 오래 됐다. 1950년대에 영국의 정신과 의사이자 정신분석가인 존 보울비가 이런 방향으로의 연구를 창안했는데 보울비는 당시 수십 년 전부터 과거 부모와 아이의 관계와 심리적 안정 혹은 아이의 불안정에 연관성이 존재한다는 인상 깊은 지식을 알렸다. 보울비는 동료인 메리 에인스워스(Mary Ainsworth)와 함께 최초 연구자 중 한 명으로 인생의 첫해 몇 년 동안에 변함없고, 신뢰할 수 있고, 공감할 줄 아는 양육자의 중요함은 아무리 강조해도 지나치지 않다는 점을 입증했다. 어린아이는 어른에 대해 안정적인 애착을 경험하지 못하면 이런 부정적인 경험을 일종의 '관계모델'에 저장한다. 이런 방식으로 저장된 지식(깨달음)은 계속해서 아이가 어른이 될 나이가 되도록 계속해서 영향을 미친다. 관계에 대한 질은 이후에 정신적, 심리적인 건강은 물론 우리의 관계능력과 애착 능력까지 결정한다.

애착이론의 기본은 누가 뭐래도 메리 에인스워스가 유아를 대상으로 한 연구를 바탕으로 한다. 에인스워스가 고안한 '낯선 상황' 실험 방식으로 매우 어린아이들의 다양한 애착유형을 구분할 수 있다.

네 군데 경험 세계, 네 가지 애착유형

'낯선 상황' 실험에서 연구자는 12개월에서 20개월 사이의 유아를 두 차례에 걸쳐 짧게 분리 상황에 노출시킨다. 먼저 엄마가 잠깐 방을 나가면 연구자는 엄마가 없는 동안 아이가 어떻게 행동을 하는지, 또 엄마가 잠시 뒤에 다시 왔을 때 아이의 반응이 어떤지 촬영을 한다. 이런 짧은 헤어짐은 다시 반복되는데 두 번째에는 엄마가 다시 들어오기 전에 낯선 사람이 아이에게 다가와 다른 사람이 아닌 확실히 엄마가 와서 아이를 돌볼 것이라고 말을 한다. 이때 아이들이 보이는 반응의 차이는 우리에게 많은 것을 말한다.

메리 에인스워스는 우선 단순히 '안정 애착유형'과 '불안정한 애착유형' 아이를 구분지어 묘사했다. 뒤따라온 다른 연구에서는 '불안한' 아이 집단에서 다양한 차이를 두었다. 현재 애착연구가들은 성인도 네 개의 애착유형으로 나누지만 부분적으로는 안정적, 불안-회피적, 불안-양가성, 그리고 비조직화 유형이라고 다르게 부르기도 한다.

안정 애착유형의 아이

안정 애착유형의 아이는 낯선 상황에서 다음과 같이 행동한다. 엄마가 방을 나가자마자 아이는 엄마를 그리워하고, 슬픈 반응을 보인다. 낯선 사람이 방으로 들어오면 호기심을 보이고 대부분은 함께 논다. 엄마가 다시 돌아오면 기뻐하며 엄마에게 기어가거나 안도감에서 울음을 터뜨리며 엄마 품에 안기거나 걸어다닐 수 있으면 팔을 벌리고 엄마를 향해 걸어간다. 하지만 아이는 잠깐 엄마에게서 안정감을 느낀 후에 다시 호기심이 생겨서 혼자 혹은 엄마의 품 안에서 주위를 탐색한다. 이런 아이는 엄마와 잠깐 분리가 되어도 기본적으로 불안해하지 않는다. 엄마가 방을 나가면 울음을 터뜨리지만 낯선 사람이 다가와 아이의 관심을 빨리 끌고, 아이를 진정시킬 수 있다.

안정 애착유형으로 발달하려면 어린아이에게 필요한 것은 무엇일까? 민감함! 메리 에인스워스는 부모와 애착대상이 아이에게 가능한 한 적절한 시기에 적당한 방법으로 민감하게 반응을 보인다는 것을 밝혀냈다.

적절한 시점에 반응을 하는 것은 다음과 같은 것을 의미한다. 예를 들어, 엄마가 매우 바쁘거나 아이가 키우기 편했으면 하는 바람이 있으면 아이가 보내는 신호에 매번 반응을 하는 일이 가끔 귀찮을 때가 있다. 그러면 우선 자신의 일을 끝마치고, 친구와 편안하게 통화를 하거나 재택근무를 할 경우에 회사에 이메일을 보내 놓는다. 하지만 아이에게 이렇게 계속 기다리는 일은 괴로움이다. 아이는 이제 엄마가 자기에게 정말 다가올지 아닌지를 알지 못한다. 아이는 점차 더 많이 두려워하고, 불안해한다. 하지만 엄마가 아이가 '지금, 당장' 자기를 필요로 하는 것을 눈치 채고, 아이의 두려움을 이해하면, 자신이 원하는 것은 우선 뒤로 미루고 아이에게 주의를 기울일 것이다. 아이가 버릇없거나 나약해지는 것을 원하지 않아서 혹은 엄격함을 보여줌으로써 자립성과 자제심을 기르기를 바라는 마음에서 어린아이가 원하는 것에 즉각 반응을 보이지 않는 부모도 있다. 하지만 어린아이에게 이런 교육 방식은 비생산적일 뿐이다. 오히려 아이의 욕구를 방치하고, 불안감만 줄 뿐이다.

적절하게 반응하는 것은 다음과 같은 것을 의미한다. 어른은 아이가 원하는 것만을 준다. 어른은 절대 아이에게 자신이 원하는 것을 강요하지 않는다. 민감한 엄마와 아빠는 아이의 자율성을 존중한다. 부모는 아이가 무엇인가를 스스로 할 수 있거나 혼자 하기를 원하면 아이를 대신해서 그 일을 해주지 않는다. 아이의 행동을 유도하고 아이가 언제 부모를 필요로 하는지, 언제 뒤로 물러나야하는지를 알아차리도록 노력한다. 부모가 민감하게 행동하면 아이는 자기가 사랑과 존중받는다는 것을 느낀다.

불안-회피적 애착유형의 아이

엄마가 방을 나가더라도 겉으로 아예 특별하게 반응하지 않는 아이도 있다. 낯선 사람에게도 더 이상 주의를 기울이지 않으며 마치 세상과 동떨어진 듯 놀이에 푹 빠져서 방해를 해서는 안 될 것 같다. 그런데 이런 아이는 엄마가 다시 돌아와도 반응을 보이지 않는다. 더 나아가 엄마와 눈을 마주치는 것조차 피한다. 아이는 실제로도 무서워하지 않고, 엄마가 없는 세상이 괜찮다고 생각하는 것일까? 사실은 전혀 괜찮지 않다. 아이는 슬퍼할 이유가 당연히 있는데 보기에는 개의치 않는 듯한 행동을 한다. 이런 아이는 분명 태어나서 처음 몇 달 안에 기억에 남을 경험을 했음에 틀림없다. 안타깝게도 안정감을 느끼는 경험이 아니라, 정반대의 경험이었을 것이다. 아이는 애착과 심리적 관심에 대한 욕구를 무시당했거나 심하게는 거부를 당한 일을 배웠다. 이런 경우에 아이 엄마 자체가 불안한 인상을 줄 때가 많다. 그러면 가끔은 아이에게 너무 달려들거나 가끔은 아이를 아예 무시한다. 아이는 엄마의 일관적이지 못한 태도를 예측하지 못한다. 그래서 자신의 괴로움과 문제를 혼자 해결해야만 한다고 배우고 두려움과 불안감을 억누른다. 이런 일을 경험한 아이는 불안-회피적 애착유형으로 발달한다. 이런 유형의 아이는 낯선 상황에서 엄마를 그리워하지 않는 것처럼 행동한다. 그냥 계속해서 놀며 엄마가 돌아와도 반응을 보이지 않는다. 심지어 엄마와 눈을 마주치려는 것도 회피한다. 아이는 엄마에게 무섭거나 버림받은 것 같다고 느끼는 것을 알리지 않고 마치 모든 것이 괜찮은 것처럼 행동한다.

이런 아이는 부모가 자신의 감정 세계를 가능한 한 들여다보지 못하게 하면 제일 좋다고 확신한다. 몸 상태가 안 좋아도 숨기고, 고통과 두려움, 괴로움이 저절로 사라질 때까지 기다린다. 엄마나 아빠가 야단을 치고, 이해하지 못하고, 무시하거나 내버려둘 위험은 절대 감수하지 않는다. 아이들은 나쁜 일 때문에, 혹은 아예 가능한 한 사람들 눈에 띄지 않으려고 애쓴다.

348

애착연구가는 어린아이를 '낯선 상황'에서만 관찰하는 것이 아니라 이후에 이들의 스트레스 반응까지 연구했다. 연구가들은 스트레스 호르몬인 코르티솔의 수치를 측정하기 위해 아이의 침액을 채취했는데 검사 결과에서 큰 차이가 났다. 안정적으로 애착이 형성된 아이의 코르티솔 수치는 실험이 끝난 후에 다시 내려갔다. 하지만 이와는 다르게 회피적인 애착유형이 형성된 아이의 코르티솔 수치는 상승했다. 아이가 감정을 억누르고, 울음을 참을수록 더 많은 스트레스 호르몬이 침액에 포함됐다. '자제력'은 아이들에게 단순히 스트레스일 뿐이었다. 스트레스는 장기간에 걸쳐 정신적, 신체적 건강에 해를 끼친다.

불안-양가성 애착유형의 아이

이런 아이는 낯선 상황에서 괴로움을 크게 호소하고 애착대상 옆에 가까이 있으려고 한다. 엄마가 다시 돌아오면 어쩔 때에는 엄마에게 완전히 찰싹 매달려서 떨어지려고 하지 않는다. 모든 것을 시도해도 아이를 쉽게 진정시키기 어렵다. 그런데 엄마는 즉흥적으로 아이를 안아주었다가 아이가 아직 진정을 하지 못했는데도 금세 다시 내려놓는다. 불안-양가성 애착유형의 아이 엄마는 아이를 다루는 데 세심하게 신경 쓰지 않는다. 어느 때에는 아이를 넘치는 관심과 애정으로 대하다가도 더 중요하다고 생각되는 다른 일이 생기면 아이에게서 얼른 시선을 거둔다. 게다가 이런 엄마는 대부분 아이가 자립적으로 무엇인가 하게 그냥 두지 않는 경향도 강하다. 아이가 자신의 의지를 보이는 순간 엄마가 바로 개입을 한다. 과잉보호를 하고, 불안하게 감시를 하는 경향도 있다. 심리학자인 데이비드 호우는 "아이가 탐색을 하고, 자율성을 내보일 때 부모가 겁을 먹으면 아이들은 재빨리 눈치를 챕니다."라고 충고한다. "아이가 독립적으로 되려고 시도할 때면 언제가 됐더라도 두려움을 느끼는 것은 단순히 시간문제일 뿐입니다." 불안정하게 불안-회피적으로 애착이 형성된 아이는 안정적인 애착대상이 있기를 갈망하고, 이들의 관심과 주의를 끌려고 모든 일을 다 하지만 동시에 관심을 받아도 다시 빨리 빼앗길 수 있다는 것을 벌써 이른 시기에 배웠다. 이런 아이는 애착대상에서 떨어지는 일을 감당하는 일이 너무 벅차기 때문에 크게 울고, 매달리고, 다시 마음을 추스르는 일을 매우 힘들어한다.

비조직화 애착이 형성된 아이

네 번째 애착유형으로 분류되는 아이들은 낯선 상황에서 극심하게 혼란스러운 행동 패턴을 보인다. 이들은 엄마가 나갔다가 다시 실험실에 들어오면 울음을 터뜨린다. '엄마에게 가고 싶어'라는 신호를 보내지만 동시에 엄마에게서 도망가는 반대의 행동을 보인다. 가끔은 방바닥에 꼼짝하지 않고 누워 있다가도 전혀 예상도 하지 않았는데 다음 순간에 엄마의 다리에 매달리기도 한다. 이런 아이가 갈등상황에서 전형적으로 보이는 행동 양상이 있다. 즉 몇 초 동안 내내 가만히 쳐다보기만 하는 것이다. 비조직화 애착유형은 중요한 애착대상이 아이를 겁주고, 혼란스럽게 하고, 적대적으로 대하거나 혹은 스스로 무기력하고 힘든 개인적문제로 아이에게 심리적으로 무리가 갈 정도로 많은 것을 요구했을 때에 형성된다.

낯선 상황 실험은 우리에게 시사하는 바가 많은 관찰방식이다. 즉 지금까지 부모와 아이의 관계가 어떤 역사를 거쳤는지를 간단한 방법으로 가시화한다. 아이가 하는 반응에는 아이가 과거에 어떤 경험을 하고 이를 통해 무엇을 기대했는지가 담겨 있다. 실험실 문을 열고 다시 들어오는 엄마에게 반응을 보이는 작은 아이는 마음속으로 엄마가 분명 자신의 옆에 서줄 것이라는 기대 혹은 힘든 상황에서 혼자 헤쳐나가야 한다는 기대를 보여준다.

애착 불안은 극단주의로 이어질 수 있다

애착연구에서는 '정서적 방치'를 불안한 애착유형의 발달을 일으키는 주요 위험요인으로 꼽는다. 애착대상에 의한 정서적 방치는 아이를

- 무시하고,

- 거부하거나 경시하고 그에게 부정적인 성질 탓을 하며,

- 지나친 요구를 하고, 과잉보호를 하거나 탐구욕을 제한하고,

- 본인의 욕구를 충족시키기 위해 아이를 이용하고,

- 부적절하게 장려하고 아이에게 적절한 경험을 허용하지 않는 등의 여러 형태로 일어난다.

아이를 정서적으로 방임하는 것은 매우 극심한 방치와 기능 장애적 가족 관계를 동반하는 경우가 많다. 이런 경우에 불안정 애착유형은 아이와 아이의 발달을 위협하는 데에 그치지 않고 좀 더 큰 반경으로까지 영향력을 확장한다.

사회학자인 자스키아 뤼칭게르Saskia Lützinger는 연구팀과 함

께 테러리스트 혹은 극좌, 극우 집단에 속한 39명의 젊은 남성을 상대로 조사를 했다. 연구팀은 이런 인터뷰를 통해 젊은 남성의 가족이 다양한 형태의 압박 아래 놓여 있고, 기능 장애적구조에 처해 있다는 중요한 사실을 밝혔다. 이런 결과는 가족이 성장하는 아이들에게 어떤 방향도 제시하지 못하고, 아이들이 혼자 방치되고, 대부분 도움을 받지 못하거나 아예 어떤 지원도 받지 못한 것을 의미한다. 젊은 남성들은 학교에서 심각한 문제를 일으켰고 자신이 사회적으로 배제당한다고 느꼈다. 그러다 보니 이런 사람은 가족 구조에서 발생한 틈을 메워준다고 약속을 하는 집단화에 강하게 끌리고, 매력을 느꼈다. 자스키아 뤼칭게르는 "부모가 가정에서 보호하고, 방향을 제시해주지 못하기 때문에 밀접한 관계를 맺은 집단이 연구 대상자에게는 유일한 사회적 거점입니다. 이것이 특히 집단 메커니즘 과정과 집단에 대해 두드러지게 강한 애착에 대한 주요 요인으로 밝혀졌습니다."라고 설명한다. "기능면에서 봤을 때, 집단이 인터뷰 응답자에게는 가족을 대체하고, 이것은 응답자의 언어 사용에 있어서 자신이 속한 패를 일반적으로 '가족'이라고 부르는 데에서도 드러납니다."

심리학자인 수전 M. 존슨은 우리 인간은 사회적 존재일 뿐 아니라, '다른 사람과 특별한 방법으로 연결되는 것을 필요로 하는 존재이기도 하다.'라고 말한다. 이런 욕구가 충족되지 않고, 억눌리거나 아예 거부당하면, 우리는 스스로를 위험에 빠뜨린다고 경고한다. 그렇게 되면 자신과 배우자 혹은 부모만이 아니라, 사회도 모두 위험해진다. 애착 불안이나 애착 결핍은 개인의 심리적 건강에 영향을 미치기도 하지만 절망에 빠져 위험한 곳에서 이를 대체할 수 있는 애착을 구하게도 하기 때문이다.

안정적인 애착 배우기, 처음부터

애착연구의 가장 큰 성과는 연구를 통한 깨달음이 학문의 상아탑을 떠나 효력을 나타낼 수 있는 곳, 즉, 부모와 보모, 교사에게로 전파된 것이다. 최근에는 많은 사람들이 민감하고, 안정적인 애착의 중요성을 인지한다.

시간이 흐르면서 부모-아이 관계에 대한 연구주제로부터 많은 프로젝트가 생겨났다. 예를 들어, 뮌헨의 애착연구가이자 청소년 정신과 의사인 카를-하인츠 브리쉬는 지난 수십 년에 걸쳐 부모와 아동을 돌보는 사람이 어떻게 해야 안정적인 애착을 형성할 수 있는지에 대해 정보를 얻을 수 있는 매우 성공적인 예방 프로그램을 완성했다. SAFE('부모를 위한 안전한 훈련', Sichere Ausbildung für Eltern)는 그런 프로그램 가운데 하나다. 부모는 아이가 태어나기 이전에 벌써 이런 강좌를 들으며 '어떻게 하면 아이와 좋은 관계를 형성하고, 아이의 발달을 장려할 수 있을까? 이것저것 다 시도해도 아기가 계속해서 울거나 잠들지 못하면 무엇을 시도해 볼 수 있을까? 아기가 원하는 것과 우리가 바라는 것이 다를 때에 우리는 부모로서 이런 상황을 어떻게 다루어야 할까? 아기가 원하는 것을 매번 그대로 다 들어주면 너무 버릇없는 아이로 키우는 것일까? 나를 힘들게 했던 유년시절의 경험이 나도 모르게 아이에게 전달되지 않게 하려면 어떻게 행동해야 할까?'와 같은 질문을 던지고 함께 생각한다.

애착연구가들이 수많은 질문 가운데 주시하는 것은 다름 아닌 마지막 질문이다. 부모가 본인의 처리되지 않은 유년기의 트라우마를 알지 못하면 이것을 자신의 아이에게 전달하기 때문이다. 카를 하인츠 브리쉬는 이런 SAFE 강좌를 언젠가 모든 사람에게 보급할 비전을 세우고 있다. 브리쉬는 "이른 시기에 벌써 아기에게 지나친 절망과 냉혹함을 보이는 경향을 막고, 아이가 살아가는 데 중요한 감정과 욕구를 잘못해석하고, 멸시하는 태도를 제지할 수 있는 부모를 위한 일종의 정서적 기본면역' 같은 것이 존재하면 좋겠습니다. 빈부격차나 도시의 어느 구역에 살고 있는지에 상관없이 부모 전체를 대상으로 접종할 수 있는 면역이요. 가능한 한 많은 부모가 SAFE 강좌를 찾는다면 세상이 어쩌면 조금 바뀔지도 모릅니다. 이런 것이 진정한 평화를 위한 활동이죠."라며 강조한다.

문헌

Allen, Elizabeth S.; Bauform, Donald H.. Adult Attachment and Patterns of Extradyadic Involvement. Family Process, 43, 2004, 467 – 488.

Beaulieu-Pelletier, Geneviéve. Mitteilung der Universität von Montreal. ddp/wissenschaft.de, 10. 9. 2008.

Bowlby, John. Bindung. Ernst Reinhardt Verlag, München/Basel 2006.

ders.. Bindung als sichere Basis. Grundlagen und Anwendung der Bindungstheorie. Ernst Reinhardt Verlag, München 2018.

Brisch, Karl-Heinz; Grossmann, Klaus E., Grossmann, Karin; Köhler, Lotte (Hrsg.). Bindung und seelische Entwicklungswege. Klett-Cotta, Stuttgart 2002.

Brisch, Karl-Heinz. Bindungsstörungen. Von der Bindungstheorie zur Terapie. Klett-Cotta, Stuttgart 2003.

ders.. »Viele Eltern reagieren auf ihre Kinder nicht feinfühlig.« Interview in Psychologie Heute compact, Nr. 41, 2015.

Cassidy, Jude; Shaver, Phillip R.. Handbook of Attachment. Te Guilford Press, New York 2016 (3).

Faller, Heike. Verrückt nach mir. Interview mit Elinor Greenberg. ZEIT-Magazin Nr. 33, 08.08. 2019.

Fromm, Erich. Die Kunst des Liebens. Ullstein, Berlin 2015 (73. Aufage).

George, Carol; Kaplan, Nancy; Main, Mary. Te Adult Attachment Interview. Unpublished protocol, Department of California, Berkeley, 1996. Zitiert nach Mario Mikulincer, Phillip R. Shaver, a. a.O.

Gloger-Tippelt, Gabriele (Hrsg.). Bindung im Erwachsenenalter. Hans Huber, Bern 2001.

Greenberg, Leslie S.; Goldman, Rhonda N.. Die Dynamik von Liebe und Macht. Emotionsfokussierte Paartherapie. Ernst Reinhardt Verlag, München/Basel 2010.

Grossmann, Klaus E.; Grossmann, Karin; Winter, Monika; Zimmermann, Peter. Bindungsbeziehungen und Bewertung von Partnerschaft. Von früher Erfahrung feinfühliger Unterstützung zu späterer Partnerschaftspräsentation. Klett-Cotta, Stuttgart 2002.

Hazan, Cindy; Shaver, Phillip R.. Love and Work. An Attachment-Teoretical Perspective. Journal of Personality and Social Psychology, 59, 2, 1990.

Hehl, Franz-Josef. Von der Herkunftsfamilie zur Paartherapie. Asanger Verlag, Heidelberg/Kröning 2002.

Helms, Lillian; Bierhof, Hans-Werner. Lässt sich Untreue durch Geschlecht, Einstellung oder Persönlichkeit vorhersagen? Zeitschrift für Familienforschung, 13, 3, 2001, 5 – 25.

Hesse, Erik; Main, Mary. Desorganisiertes Bindungsverhalten bei Kleinkindern, Kindern und Erwachsenen. In. Karl-Heinz Brisch u. a. (Hrsg.), Bindung und seelische Entwicklungswege. Klett-Cotta, Stuttgart 2002.

Howe, David. Bindung über die Lebensspanne. Grundlagen und Konzepte der Bindungstheorie. Junfermann, Paderborn 2015.

Johannes. Wie es wirklich ist, ein Narzisst zu sein. Aufgezeichnet von Sara Tomsic. DIE ZEIT, Nr. 10, 28. 2. 2019.

Johnson, Susan M.. Creating Connection. Te Practice of Focused Marital Terapy. Routledge 1996.

dies.. Die Praxis der Emotionsfokussierten Paartherapie. Junfermann, Paderborn 2009.

dies.. Halt mich fest. Sieben Gespräche zu einem von Liebe erfüllten Leben. Junfermann, Paderborn 2011.

Kallos-Lilly, Veronica; Fitzgerald, Jennifer. Wir beide. Das Arbeitsbuch zur Emotionsfokussierten Paartherapie. Junfermann, Paderborn 2016.

Levine, Amir; Heller, Rachel S. F.. Attached. Penguin Random

House, New York 2010. Deutsche Ausgabe. Warum wir uns immer in den Falschen verlieben. Goldmann, München 2015 (3).

Lützinger, Saskia (Hrsg). Die Sicht der anderen. Eine qualitative Studie zu Biografen von Extremisten und Terroristen. Luchterhand, Köln 2019.

Malkin, Craig. Der Narzissten-Test. Dumont, Köln 2016.

Maslow, Abraham. Motivation und Persönlichkeit. Reinbek, Rowohlt 1984.

Mikulincer, Mario; Shaver, Phillip R.. Attachment in Adulthood. Te Guilford Press, New York 2016, S. 529 – 534.

Nast, Michael. Generation beziehungsunfähig. Edel Books, Hamburg 2016 (2).

Nuber, Ursula. Was Paare wissen müssen. 10 Grundregeln für das Leben zu zweit. Fischer TB, Frankfurt a.M. 2005.

dies.. Lass die Kindheit hinter dir. Das Leben endlich selbst gestalten. Piper, München 2019 (aktualisierte und überarbeitete Neuaufage).

Pistole, M. Carole. Adult attachment style and narcisstic vulnerability. Psychoanalytic Psychology, 12(1), 1995, 115 – 126.

Roesler, Christian. Paarprobleme und Paartherapie. Teorien, Methoden, Forschung – ein integratives Lehrbuch. Kohlhammer, Stuttgart 2018.

Rooney, Sally. Gespräche mit Freunden. Luchterhand, München 2019.

Schmidbauer, Wolfgang. Die heimliche Liebe. Rowohlt, Reinbek 2001.

Simpson, Jefry A. et al.. Attachment and the experience and expression of emotions in romantic relationships. A developmental perspective. Journal of Personality and Social Psychology, 92, 2, 2007.

Solomon, Marion. Lean on me. Te power of positive dependency in intimate relationships. Kensington Books, New York 1994.

dies.. Emotion in romantic partners. Intimacy found, intimacy lost, intimacy reclaimed. In. D. Fosha u. a.. Te healing power of emotion. New York, Norton, 2009.

Solomon, Marion; Tatkin, Stan. Liebe und Krieg in Paarbeziehungen. Junfermann Verlag, Paderborn 2013.

St Aubin de Teràn, Lisa. Joanna. Roman. Suhrkamp, Frankfurt a.M. 1997.

Strauß, Bernhard; Schauenburg, Henning (Hrsg.). Bindung in Psychologie und Medizin. Ein Handbuch. Kohlhammer, Stuttgart 2017.

Sydow, Kirsten von. Bindung und Paarbeziehung. In. Bernhard Strauß, Henning Schauenburg (Hrsg.), a. a.O.

White, Kate. »Liebe kann ein gefährliches Gefühl sein«. Interview in Psychologie Heute compact, 41, 2015.

Wilbertz, Norbert. Wenn der Versöhnungsprozess stagniert. Zum Umgang mit blockierenden, aus der Kindheit stammenden Erlebens- und Verhaltensmustern. In. Friederike von Tiedemann

(Hrsg.). Versöhnungsprozesse in der Paartherapie. Ein Handbuch für die Praxis. Junfermann, Paderborn 2017.

Willi, Jürg. Die Zweierbeziehung. Rowohlt, Reinbek b. Hamburg 2014 (2).

Ziegenhein, Ute. Sichere mentale Bindungsmodelle. In. Gabriele Gloger-Tippelt a. a.O.

참고

Die unter Kapitel 3 veröfentlichten Statements sind den folgen-
den drei Fragebögen entnommen und von der Autorin übersetzt.
Quelle. Mario Mikulincer, Phillip R. Shaver, a. a.O.

Attachment Style Questionnaire (ASQ). J. A. Feeney et al.. As-
sessing adult attachment. In. M. B. Sperling, W. H. Berman (Eds.).
Attachment in adults. Clinical and developmental perspectives.
New York, Guilford Press 1994.

Relationship Style Questionnaire (RSQ)
D. W. Grifn, K. Bartholomew. Te metaphysics of measurement.
Te case of adult attachment. In. K. Bartholomew, D. Perlman (Eds.).
Advances in personal relationships. Attachment processes in adult-
hood. Vol. 5, S. 17 – 52, 1994. London. Jessica Kingsley.

Experiences in Close Relationships Scale (ECR)
K. A. Brennan et al.. Self-report measurement of adult roman-
tic attachment. An integrative overview. In. J. A. Simpson, W.
S. Rholes (Eds). Attachment theory and close relationships, New
York, Guilford Press 1998.

Karl-Heinz Brisch. Leitfaden AAI, Adult-Attachment-Interview nach Carol George und Mary Main. Modifziert für SAFE – Mentorenausbildung. www.khbrisch.de

Gabriele Gloger-Tippelt. Das Adult-Attachment-Interview. In. Gabriele Gloger-Tippelt, a. a.O.